建築家のためのデザインガイド

図解
火災安全と建築設計

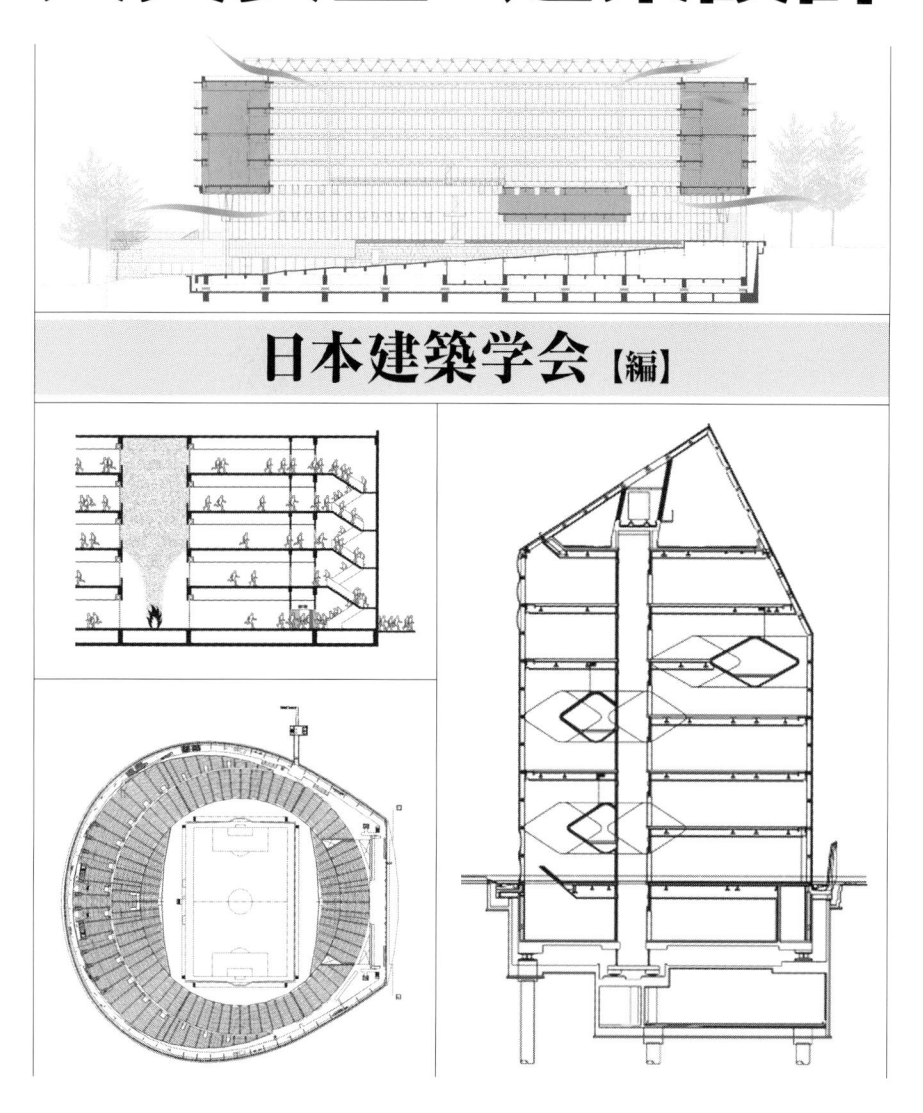

日本建築学会【編】

朝倉書店

＜編集幹事＞

吉田克之　(株)竹中工務店
濱田信義　濱田防災計画研究室
佐藤博臣　(株)イー・アール・エス

＜執筆者＞(執筆順，（ ）は執筆頁)

掛川秀史　清水建設(株)　　(2-7, 87, 90, 118-121, 124, 125)
佐藤博臣　前出　(8-17)
佐野友紀　早稲田大学　(18, 19)
嶋田　拓　(株)明野設備研究所　(20-25)
土屋伸一　(株)明野設備研究所　(26-33)
岸本文一　(株)明野設備研究所　(34-37)
太田　充　(株)明野設備研究所　(38-47)
井田卓造　鹿島建設(株)　(39, 99)
水落秀木　清水建設(株)　(50-57, 60-63, 97, 107)
濱田信義　前出　(58, 59)
吉田克之　前出　(65-71, 76-79, 94, 98, 100, 112-115, 122, 123)
八島寛治　前・(株)竹中工務店　(72-75)
竹市尚広　(株)竹中工務店　(80, 83, 88, 89, 91-93, 95, 96, 104, 108, 109, 110)
広田正之　清水建設(株)　(81, 116, 117)
福井　潔　(株)日建設計　(82, 103)
本井和彦　(株)竹中工務店　(84)
村岡　宏　(株)大林組　(85)
栗岡　均　鹿島建設(株)　(86)
安藤忠雄建築研究所　(101)
宮本圭一　鹿島建設(株)　(102)
鈴木貴良　安宅防災設計(株)　(105, 106)
谷口　元　名古屋大学　(111)
池田憲一　清水建設(株)　(126, 127)
土橋常登　日本建築総合試験所　(128-131)

＜イラスト＞(作成図をp[図番号]で示す)

森　芳信　前・(株)日建設計

7[6,7,9,10], 8[3], 11[コラム図], 12[4], 13[5], 14[1,2], 16[1], 20[4], 21[5,9], 23[4], 24[5,6], 25[9, コラム図], 26[2], 27[5-7], 28[2], 29[3-5], 30[6-9], 31[10-12], 32[13,14], 33[15], 34[1,2], 35[4,5], 36[7], 37[8,10], 38[11,12], 39[15,16], 40[3], 42[8,9,11], 43[12], 44[4], 45[6,7], 46[12], 47[13-15], 51[5,6], 55[4], 66[1], 77[コラム図], 81[5], 90[2], 91[6], 118[1,3], 124[1,2], 126[1-3]

＜作成関係委員＞

[日本建築学会建築計画本委員会]
委員長　布野修司
幹　事　宇野　求　　大原一興　　菊地成朋　　藤井晴行
　　　　野城智也
委　員　　　（略）

[計画基礎運営委員会]
主　査　大野隆造
幹　事　藤井晴行　　山田哲弥
委　員　　　（略）

[安全計画小委員会]
主　査　掛川秀史
幹　事　村井裕樹　　八木真爾
委　員　　　（略）

[防災指針編集ワーキンググループ]
主　査　吉田克之　前出
幹　事　濱田信義　前出
幹　事　佐藤博臣　前出
委　員　掛川秀史　前出
　　　　佐野友紀　前出
　　　　志田弘二　名古屋市立大学　（2003年まで）
　　　　竹市尚広　前出
　　　　建部謙治　愛知工業大学　（2003年まで）
　　　　土屋伸一　前出
　　　　富松太基　(株)日本設計
　　　　林　広明　大成建設(株)
　　　　福井　潔　前出
　　　　本間正彦　(株)大林組　（2006年まで）
　　　　水落秀木　前出
　　　　山口純一　(株)大林組　（2003年まで）
　　　　吉村英祐　大阪工業大学

はじめに

　火災安全は建物に求められる重要な性能のひとつである．その実現に必要な事項は建築法令と消防法令において詳細に規定されており，このことは安全な建物の供給という側面で一定の役割を果たしてきた．しかし法令が建築家の不満を惹起してきたことも事実である．建築家にとってみれば法令はデザインに対する制約であり，とりわけそれが過去の背景あるいは技術に立脚していることが，新しい空間を実現しようとする際の障壁となってきた．こうした中で2000年6月に建築基準法が改正され，性能規定が導入された．この改正は当初期待されたとおり，設計自由度の拡大という面で建築デザインに転機をもたらした．現在では性能設計によって新しいデザインや合理的な設計を実現した事例が急速に増加している．

　今日の世界の建築デザインを見ると，建物の形態から空間構成あるいは材料にいたるまで，著しく多様化している．わが国にも先進的な建物が多数あるが，これらの中には法の障壁を乗り越えて実現した事例が多く含まれていることはあまり知られていない．そういった側面が建築関連の媒体を通じて紹介される機会が少ないためであろう．あまり知られていないことがもうひとつある．建築設計の専門分野を大別すると，従来は建築（意匠）設計，構造設計，設備（環境）設計の3つであったが，最近はこれに加えて防災設計という分野が現れてきたことである．そして先進的な建物の実現の裏側では防災設計，すなわち火災安全設計を専門とする職能が大きな役割を果たしていることがしばしばあるのである．

　火災安全について多くの建築家が行っていることは，法令に適合させることでしかないといっても過言ではないであろう．しかしそれだけでは安全が達成できるとはいえないし，不合理な設計となることもある．法令にとらわれてデザインの発想に無意識にブレーキをかけている建築家も少なくないだろう．もし建築家が火災安全設計の技術や仕組みを習得したり，あるいは専門家の協力を求めるなら，不可能と思われたデザインが可能であったことが分かるかもしれないし，これを手がかりとして発想もさらに広がっていくであろう．

　火災安全設計に関する出版物はこれまでにもあったが，専門的過ぎたり範囲が限定されていたり，あるいは旧態化していたりといった問題を抱えていた．そこで火災安全設計の基本から応用にいたるまで広範囲に解説し，あわせて最近の性能設計事例も多数掲載することによって，火災安全設計の必要性や技術を理解するとともに建築デザインと火災安全のかかわり合いを知ってもらうことを目的として本書を企画した．

　本書は建築家だけでなくこれから建築を学ぼうとする人々，建物を建てようとする人々，火災安全設計の専門家を目指す人々，建築の維持管理に携わる人々，建築行政に携わる人々に幅広く活用されるものと信じている．本書によって今後の建築デザインが，火災安全設計の思想と技術の裏打ちのもとに自由に展開されるようになり，あわせて合理的で安全な建物が増加することを期待している．

　本書の刊行には，第一線で建築防災にかかわっている多数の設計者や研究者に参加していただいた．また建築主をはじめ，多くの企業から資料提供などのご協力をいただいた．さらに森芳信氏には建築の専門書にふさわしいイラストの作成に取り組んでいただいた．これら関係者の方々に，編集ワーキンググループを代表して深く感謝申し上げる．

主査　吉田克之

本書刊行までの経緯と編集コンセプト

　性能規定の導入という建築基準法改正の動きを契機に設置された「日本建築学会建築防災規定研究ワーキンググループ」(1999～2002年)では，建築規制のあるべき姿を追求し，改正法案に対する要望書や施行令・告示改正案に対するパブリックコメントの提出，さらには改正後の法令や告示内容の詳細な検討・研究を行なってきた．

　そうした中で，技術的基準とは別に施行された建築確認手続きの改正に伴って，国家的制度であった「建築防災計画評定」が原則廃止となったことから，同ワーキンググループのメンバーにもう一つの問題意識が生まれた．建築防災計画評定とは，大規模・高層の建築物等の防災計画に関して，法令規定への合否の判定ではなく，より根源的な視点から適切な計画であるかをエキスパートジャッジメントによって審査するものであった．その制度が廃止され，そのための指導書である「建築防災計画指針」も公的なよりどころを失うこととなった．

　このような状況を踏まえて，建築の設計者に対して「あるべき防災設計」の姿を示し，加えて性能規定の適切な活用方法を解説した何らかの新たな「指針」を作成することが必要ではないか，ということから本書の編集が企画された．

　本書はまず第1章で防災計画の必要性とその基本概念を扱っている．第2章では防災計画で使われる各種の技術や対策の種類とその考え方を解説し，第3章に実際の設計の局面において設計図書に盛り込まれるべき火災安全対策を示している．第4章では種々の建物用途別にとくに考慮すべき事項を記すとともに，性能設計を応用した多くの事例を掲載している．第5章は性能設計のための技術として，避難安全と煙性状予測，延焼拡大防止，耐火設計などの性能評価方法のほか，材料や部材の試験方法を紹介している．

　これらの内容は全体を通した「読み物」の形ではなく，各項目が2ページの見開きで完結する一種の事典のような構成として，図版を中心に分かりやすく具体的に解説することとした．事例はできるだけ新しいものを取り上げる方針としたが，中にはかなり古い事例が掲載されているページもある．それは当時の設計者たちの様々な知恵や工夫をあらためて紹介し，これからの設計者にもそういった工夫をしてほしいとの趣旨からあえて掲載したものである．なお参考文献では，必ずしも掲載した資料・データの元になったオリジナル論文の直接的紹介ではなく，より深い理解を得るために比較的利用しやすいと思われる文献を挙げているところもある点は了解いただきたい．

　本書が建築防災の専門技術者だけでなく，建築家をはじめとする様々な立場の建築関係者の座右の書となることを願っている．

幹事　濱田信義

目　次

1. 火災安全の考え方
- 1.1　火災安全設計とリスクマネジメント　　2
- 1.2　火災安全設計の方法　　4
- 1.3　火災安全対策の種類と構成　　6
- 1.4　火災の基本　　8
- 1.5　火災の実態と初期火源　　10
- 1.6　室内の火災　　12
- 1.7　煙の流れと盛期火災　　14
- 1.8　耐火建築物の火災性状と噴出火炎　　16
- 1.9　火災と人間　　18

2. 火災安全のための技術
- 2.1　出火防止　　20
- 2.2　早期発見・伝達
  - (1) 火災発生状況と火災感知器　　22
  - (2) 火災報知設備・火災警報器　　24
- 2.3　避難安全　　26
- 2.4　煙制御
  - (1) 煙制御方式・防煙区画　　28
  - (2) 排煙計画　　30
  - (3) 空調換気とアトリウム　　32
- 2.5　火災拡大防止
  - (1) 防火区画　　34
  - (2) 防火区画と要求性能　　36
  - (3) 防火ダンパー・防火シャッター　　38
- 2.6　消火・救助
  - (1) 消火設備　　40
  - (2) 消防活動・防災センター　　42
- 2.7　耐火構造と類焼防止
  - (1) 倒壊防止と防火・耐火構造　　44
  - (2) 耐火被覆・塗料と木質耐火構造　　46
- 2.8　維持管理　　48

3. 設計図に見る防災計画

- 3.1 設計段階と防災計画 　50
- 3.2 配置計画 　52
- 3.3 平面計画
  - (1) コアの配置 　54
  - (2) 用途別の防火・防煙区画 　56
- 3.4 断面計画 　58
- 3.5 立面計画 　60
- 3.6 天井の計画 　62
- 3.7 各部詳細
  - (1) 特別避難階段，非常用エレベーター，付室 　64
  - (2) 階段・非常用進入口 　66
  - (3) バルコニー 　68
  - (4) 消火栓・排煙設備 　70
  - (5) 防火区画間仕切壁 　72
  - (6) 防火設備防火戸 　74

4. 各種の用途と防災計画

- 4.1 超高層ビル
  - (1) 超高層ビルの特徴 　76
  - (2) 超高層事務所ビルの平面計画 　78
- 4.2 事務所ビル
  - (1) 事務所ビルの特徴 　80
  - (2) ファサード・天井 　82
  - (3) 小規模事務所 　84
  - (4) 耐火スクリーン・独自の防耐火技術 　86
- 4.3 超高層集合住宅
  - (1) 住宅火災の特徴 　88
  - (2) 加圧防煙システム 　90
- 4.4 物販店舗
  - (1) 物販店舗火災の特徴 　92
  - (2) 加圧防排煙システム 　94
  - (3) 大型店舗の避難計画 　96

- 4.5 集会施設　　　　　　　　　　　　　　　　　　98
- 4.6 展示施設
  - (1) 展示施設の防災・避難計画/無排煙設備　100
  - (2) 連続的な展示空間・一体空間　　　　　102
- 4.7 学校
  - (1) 学校における火災の特徴　　　　　　　104
  - (2) 階段状大空間・外気開放のアトリウム　106
- 4.8 病院
  - (1) 病院の防災計画　　　　　　　　　　　108
  - (2) 大規模病院の防災計画　　　　　　　　110
- 4.9 大規模スタジアム
  - (1) 大規模スタジアムの防災計画　　　　　112
  - (2) 寒冷地に建つ大規模多目的ドーム　　　114
  - (3) 大屋根の耐火設計　　　　　　　　　　116

5. 性能設計のための評価技術

- 5.1 避難安全性評価の考え方　　　　　　　　　118
- 5.2 避難所要時間・煙降下時間の予測方法　　　120
- 5.3 避難計算の図式解法　　　　　　　　　　　122
- 5.4 延焼拡大防止設計にかかわる評価技術　　　124
- 5.5 耐火設計と耐火性能評価　　　　　　　　　126
- 5.6 試験方法
  - (1) 防火材料　　　　　　　　　　　　　　128
  - (2) 防耐火構造・防火設備・防火区画　　　130

索　引　　　　　　　　　　　　　　　　　　　　132

1. 火災安全の考え方

1.1 火災安全設計とリスクマネジメント

火災安全設計 [1] [2]

WHO（世界保健機構）は，1948年に制定した憲章で，人間の生活環境が備えるべき条件として安全性を第1の条件としている．

こうした考えは，生活環境を提供する建築物にも適用できる．本書でいう火災安全設計とは，火災に対する建築物および在館者の安全性を確保するために実施する諸計画のことである．

いったん建築物で火災が発生すると，その結果生じる損害は広範囲に及ぶ [2]．損害の影響は，比較的短期的なものから，環境汚染などの長期的なものまでさまざまである．損害の影響の度合いは，建物の用途や規模などの条件によって異なる．

このため設計を行う際には，火災によって生じる損害の状況をイメージした上で，損害の規模を最小限に留めるように，建物のプランをはじめとして，各種設備や構造体の耐火性まで広範囲に計画する必要がある．

火災安全を実現するための関係者の役割とリスクコミュニケーション [3] [4]

建物の火災安全性は，設計において要求される性能を具体化するだけでなく，設計の意図通り施工した上で，建物使用段階においても性能の維持向上に努めることではじめて達成される．

建物の設計から維持管理に至る過程では，設計者だけでなく，さまざまな立場の人々が関係し，おのおのに果たすべき役割がある．個々の関係者が個別に自分の役割を果たすだけでは十分とはいえず，関係者間で意思疎通を行うことが必要である．このように，関係者間でリスクに関する情報交換を行うことを，リスクコミュニケーションとよぶ．たとえば建物設計段階では，建物オーナーと設計者間で，実現する建物の性能や仕様についてお互いに合意を得ることであり，維持管理段階では，建物オーナー，建物管理者，利用者間で，建物の性能を確保するための利用条件を徹底し，遵守することが必要である．

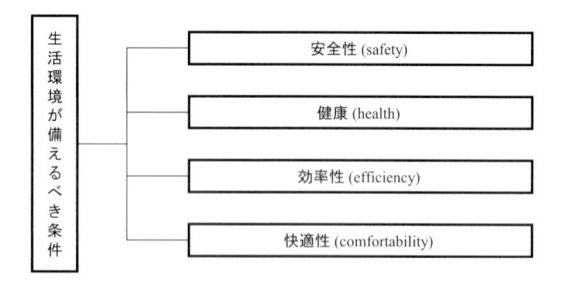

[1] WHO 憲章による人間の生活環境が備えるべき条件

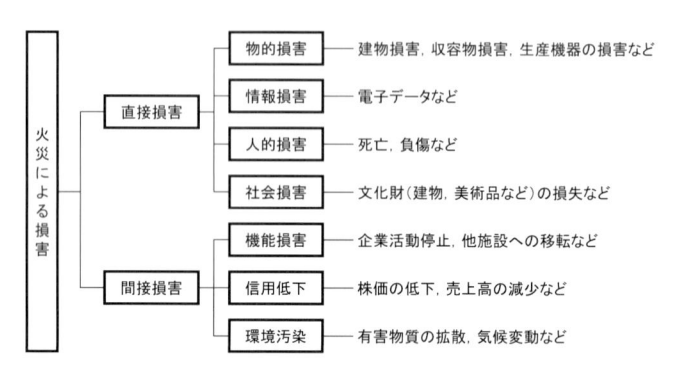

[2] 火災により生じる損害

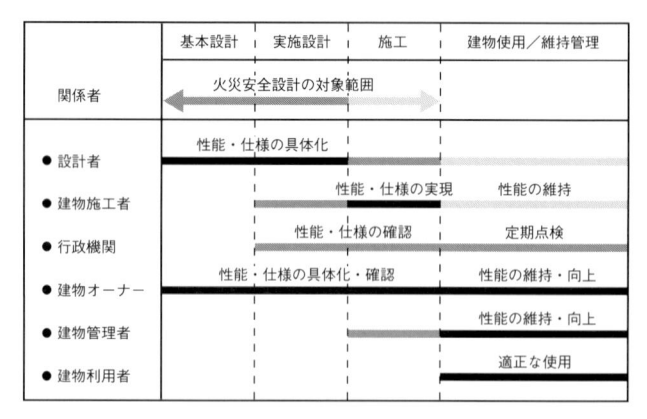

[3] 建築物の設計から使用に至る各段階での主な関係者の役割

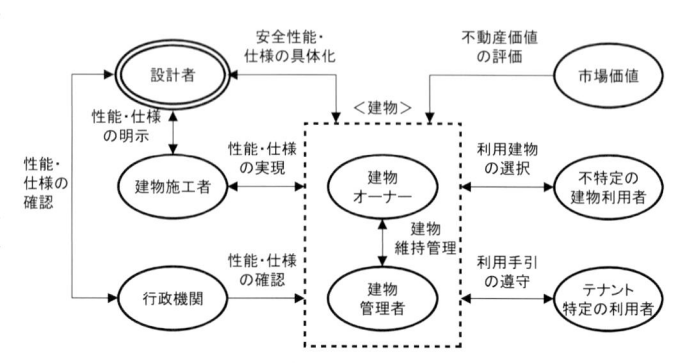

[4] 建築物の火災安全におけるリスクコミュニケーション

対処方法		定義	対策例
リスクファイナンス	リスク保有	特別な対処を行わず、損失の負担を受け入れること。	準備金の社内留保など
	リスク移転	保険契約などの金融上の対処により損害を補填すること。	損害保険など
リスクコントロール	リスク軽減	火災の発生頻度を減らすこと、または火災が発生した場合被害が拡大しないようにすること。	防火対策の実施など
	リスク回避	不測の事態が生じないようにあらかじめ原因を取り除くこと。	施設利用の制限など

[5] 火災リスクへの対処方法

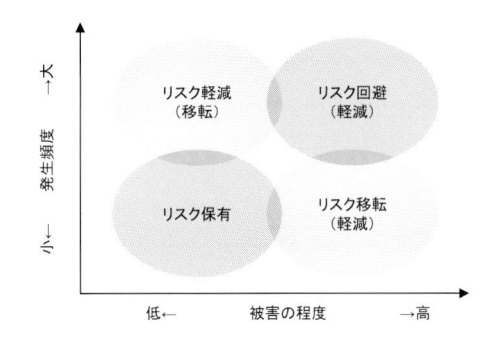

[6] 被害の程度・発生頻度と火災リスクマネジメント

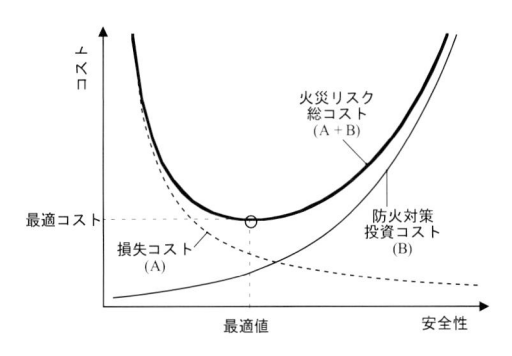

[7] 安全性とコストの最適化

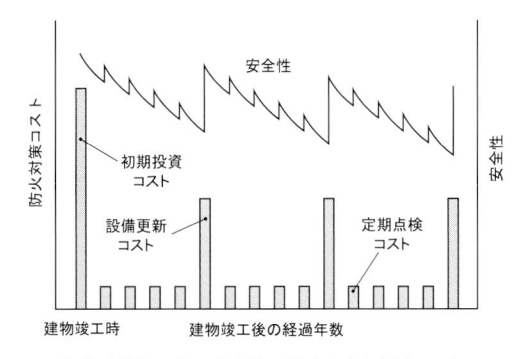

[8] 建物竣工後の安全性の推移と防火対策コスト

火災リスクマネジメント [5] [6]

火災安全設計において火災リスクへの対処方法を決めることは、対策を具体化する上で重要である。

火災リスクへの対処方法は4つに分類できる。これらのうちどれを選択するかは、火災の発生頻度と被害の程度の組み合わせに基づき、建物オーナーや設計者が意思決定を行う。

火災安全設計は主にリスク軽減を対象としており、火災によるリスクを低減させるには損害保険や施設利用制限などの火災安全設計以外の対処も必要である。

安全性とコストの最適化 [7]

火災安全設計では与えられたコストの中で安全性に配慮しながら、対象とする建物の特性に適した対策を計画することが求められる。

安全性とコストの関係をみると、安全性が高くなると損失コストが低くなるが、投資コストは急激に上昇する。一方、安全性を低くすると、投資コストは低くすることができるが、火災が発生した場合の損失コストは高くなる。

防火対策の投資コストと損失コストの総和を最小にすることで、安全性とコストのバランスのとれた合理的な設計が可能となる。

建物のライフサイクルリスクとコスト [8]

建物の火災安全性は、竣工後も竣工時と同じではなく、防火設備の劣化や使用状況の変化により変動する。一般的には年が経るに従って安全性は低下するが、防火設備の定期点検や設備の更新などの維持管理を行うことで、長期的な安全性を保つことができる。

一方、防火対策コストは建物のライフサイクルとの関係から、建物竣工時のイニシャルコストと維持管理時のランニングコスト（設備更新、定期点検）に分類される。

イニシャルコストだけでなく、ランニングコストを含めた建物ライフサイクルの観点から安全性とコストを検討する必要がある。

1.1 火災安全設計とリスクマネジメント

1.2 火災安全設計の方法

建物の特性に応じた防災計画 [1]

火災安全性は建物の平面計画だけでなく，在館者の特性や使用状況などの要因が相互に関連するため，これらの条件によって火災の広がり方や避難行動などが異なる．設計者が設計の対象とする建物でこれらの要因の関連を検討することで，総合的な火災安全性能が確保できる．

火災対策は建築基準法，消防法などの防火関連規定で定められており，一般の設計ではこれらの基準を満たすことのみを目標とする場合が多くみられる．しかし法令はあくまで「最低基準」として位置づけられているため，火災安全性能を確保する上で検討すべき事項の一部を占めているにすぎない．防災計画を通じて建物使用状況などを含めた幅広い観点から解決策を検討することで，建物の実態に即した安全な空間が実現できる．

建物使用段階での安全性の確保 [2]

過去の火災事例で指摘された問題点を分類すると，被害拡大の原因は人間・組織などの使用段階での人的な要因や建物の使い方の不備などの維持管理面での要因が多いことがわかる．

人間や組織の問題は，主に非常時の対応行動の不合理さによるもので，管理者や利用者の意識・行動に起因している．

建築物の使い方の問題は，直接的には維持管理の不適切さが影響しているが，火災安全設計の観点からみると，設計内容と利用者による建物の使い方とが整合していないことが原因ととらえることができる．

建築物の構造の問題は，主に施工段階での不適切な対応が原因となっており，施工監理の重要性を示しているといえる．

こうした問題点を解決する方策は，施工段階で監理を入念に行った上で，維持管理の重要性を建物管理者や利用者に理解させることが重要である．たとえば単に図面上で区画の位置や防災設備の設置状況を示すだけでなく，シャッターなどの防災設備の不作動が結果としてどのような被害を生むかを具体的に示すことも有効である．

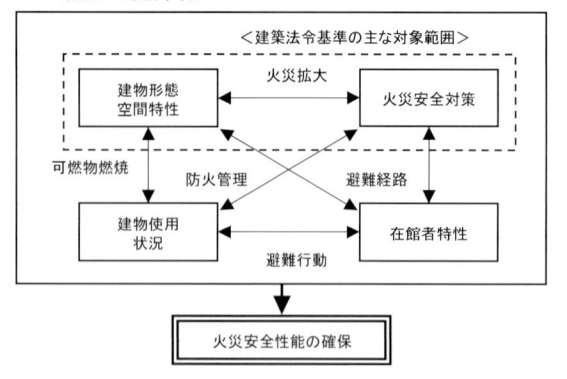

[1] 火災安全設計にかかわる主な要因と安全性の確保

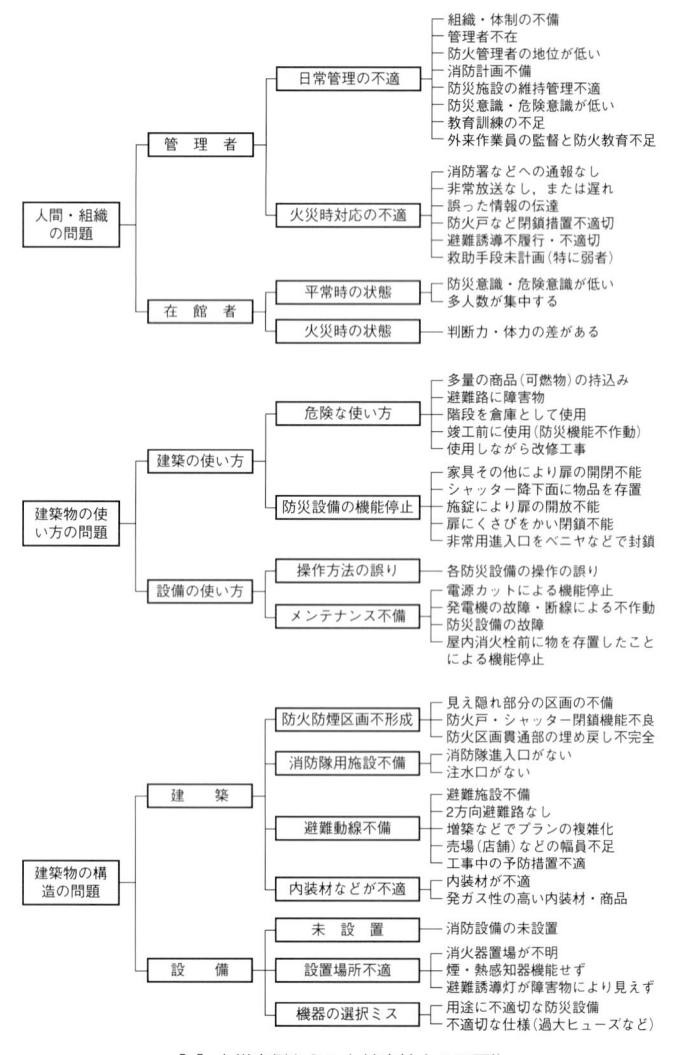

[2] 火災事例からみた被害拡大の原因[1]

	仕様設計	性能設計
設計の考え方	部材や設備などの具体的な仕様をあらかじめ明確にしておき，要求仕様に従って個々の対策の条件を決定する方法．	建築物に要求される火災安全性能を明確にした上で，目標を達成するための手段(対策)を工学的な評価手法(計算，試験など)により検証する方法．
利点	●火災安全の知識が不足していても，ある程度の安全性が確保できる． ●要求基準を満たしているかどうかの判定が容易．	●新しい空間や材料などに対する設計が可能． ●対策の組み合わせ，仕様に対する選択自由度が高い． ●対策間の関連を考慮した合理的な設計が可能．
課題	●現行法令で想定していない新しい空間や材料に対応できない． ●火災安全対策の仕様が，空間の特性にそぐわない場合がある． ●対策間の関連性を考慮できず，不合理な設計となる場合がある．	●各性能に対して，検証ツールが必要となる． ●火災性状や避難に対する専門的な知識が必要となる． ●性能検証の手間が増える．

[3] 仕様設計と性能設計の比較

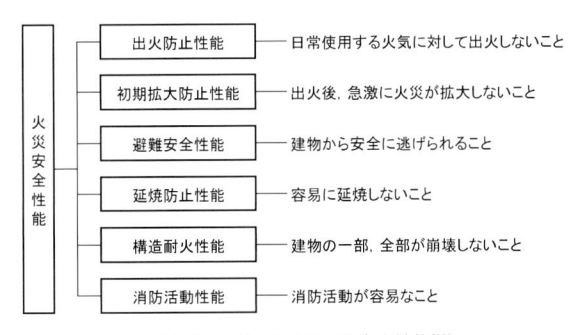

[4] 建物が備えるべき火災安全性能[2)3)]

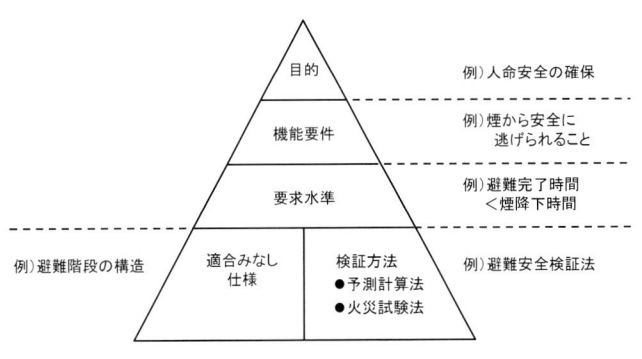

- 出火防止性能 — 日常使用する火気に対して出火しないこと
- 初期拡大防止性能 — 出火後，急激に火災が拡大しないこと
- 避難安全性能 — 建物から安全に逃げられること
- 延焼防止性能 — 容易に延焼しないこと
- 構造耐火性能 — 建物の一部，全部が崩壊しないこと
- 消防活動性能 — 消防活動が容易なこと

[5] 性能基準の枠組み(NKB レベル5システム)[4)]

- ●目的　　　　　　：建築物に特定の機能を要求する目的
- ●機能要件　　　　：目的を達成するために建築物が備えるべき条件
- ●要求水準　　　　：与えられた機能要件に対する性能表現による要求水準
- ●適合みなし仕様　：性能要求水準を満足するとみなされる具体的な仕様
- ●検証方法　　　　：性能要求水準を満たしていること確認するための計算法，試験法

仕様設計から性能設計へ [3]

建築基準法などの基準では，排煙設備の風量や区画部材の材料や厚さなどが具体的に定められている．一般的な設計ではこうした仕様を満足するように，設備や材料の条件を設定する．これを仕様設計とよぶ．

一方，達成しようとする安全目標を明確にした上で，設計者が自由にその方法・仕様を選択する方法もある．これを性能設計とよぶ．性能設計は，要求性能を達成するための対策や方法を設計者が自由に選択できるため，仕様設計に比べて柔軟で合理的な設計が可能である．その反面，火災性状や避難行動に関する専門知識が必要である．

性能基準の枠組み [4] [5]

火災安全性能は，6つに分けて考えることができる．性能基準では，それぞれの性能に対して建物が満足すべき安全基準が示される．安全基準を満たすかどうかの検証は，予測計算や試験などの工学的な評価により行われる．性能を満たす具体的な仕様（適合みなし仕様）が例示される場合もある．

建築基準法は，2000年6月に防耐火・避難関連規定の法令改正がなされ，避難安全設計，耐火設計，防火区画設計の一部で性能設計のルートが導入され，設計者が設計方法を自由に選択できるようになった．一方，消防法も2004年6月に法令改正され，消防用設備の性能設計が可能となった．

参考文献

1) 日本建築学会編：建築設計資料集成 10 技術，丸善，1983.
2) 建設省建築研究所他：建設省総合技術開発プロジェクト 防・耐火性能評価技術の開発報告書．(No.6-2, 火災安全設計分科会)，1995.3.
3) 消防庁予防課：総合防火安全対策手法の開発調査検討会報告書，2002.3.
4) NKB, Structure for Building Regulations, The Nordic Committee on Building Regulations(NKB), Report No.34, 1978.

1.3 火災安全対策の種類と構成

一般的な火災の進行過程 [1]

火災が発生すると，出火直後はくん焼状態が続き，可燃物に着炎した後，周辺の可燃物に燃え移り，急激に燃焼拡大し爆発的に火勢が拡大する．急激に火勢が拡大する現象をフラッシュオーバーという．フラッシュオーバー以降は火災盛期となり，窓などの開口部を通じて流入する酸素により燃焼が継続され可燃物の燃えつきに伴って減衰期に至る．

フラッシュオーバーに達すると，火災が室内に一挙に拡大し，酸素濃度が急激に低下する．それと同時に火災の抑制が困難になり，扉や窓を通じて火災室周辺の室や階へ火炎や煙が拡大し，建物内の在館者が著しい危険にさらされる．

火災の進行過程と火災安全対策 [2]

在館者の安全を確保するには，フラッシュオーバーに至る前に火災を抑制したり，火災の影響する範囲を限定し，拡大を遅らせることが重要である．

火災安全対策は火災が発生した場合に，初期消火や防火区画の形成によって火災の拡大に要する時間を遅らせるとともに，火災の発生を建物内に情報伝達したり，避難経路を火災や煙から長時間安全に守ることで避難に要する時間を短くする役割をもっている．こうした対策を行うことで，結果的に延焼や煙伝播による被害を最小限にとどめ，在館者が安全に避難を行うことができるようにする．

火災安全対策の種類 [3]

火災安全対策は火災の進行過程に応じて位置づけられ，それぞれに役割をもっている．個々の対策が機能を果たすことで，次の段階への火災の進行を食い止め，安全性を確保する．対策には，防火設備や耐火構造などのいわゆるハード面での対策だけでなく，火気管理や情報伝達などのソフト面での対策も含まれる．

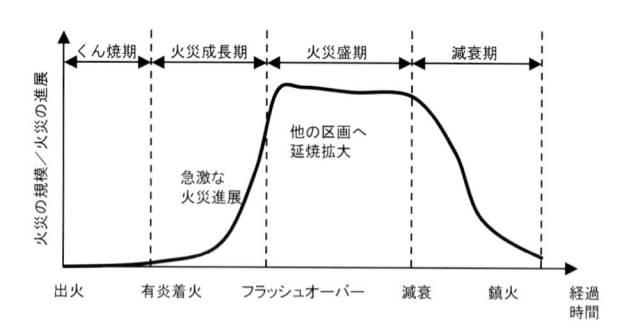

[1] 室内火災の一般的な進行過程

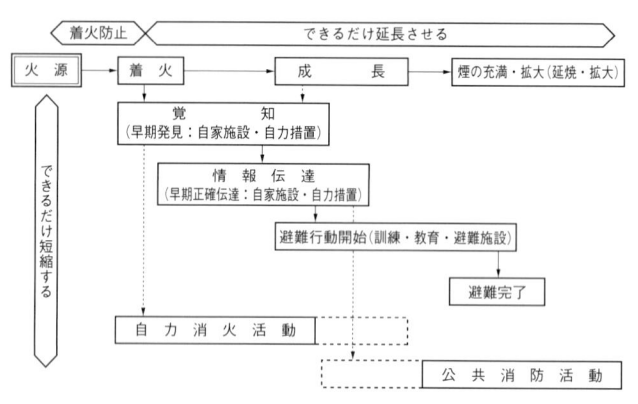

[2] 火災の進行過程と対策[1]

対策項目	主旨	主な内容
出火防止	火災の発生を防止する	火気管理・使用制限
類焼防止	周辺火災からの類焼を防止する	建物外周の防火
早期発見伝達	火災をできる限り早く発見し，居住者や消防機関に知らせるとともに，初期対策・避難準備などにあたる	巡回・監視 警報設備 防災センター
初期拡大防止	火災を小規模な段階で消火する．主として居住者などによる，または自動的な消火設備による消火	内装不燃化・消火器・屋内消火栓・スプリンクラーなど
延焼拡大防止	初期消火に失敗しても，一部分に火災を閉じ込めて，建物全体への延焼を防止する	防火区画
煙制御	避難者や消防隊が煙にまかれるのを防ぐ	防煙区画・排煙設備
避難	居住者を安全に建物外へと退出させる	避難階段・安全区画 誘導設備
構造体確保	防火区画と架構の崩壊防止	構造物の耐火
本格消火	公的消防機関による消火および救助活動	本格消火用設備 非常用進入口

[3] 主な火災安全対策の種類[2]

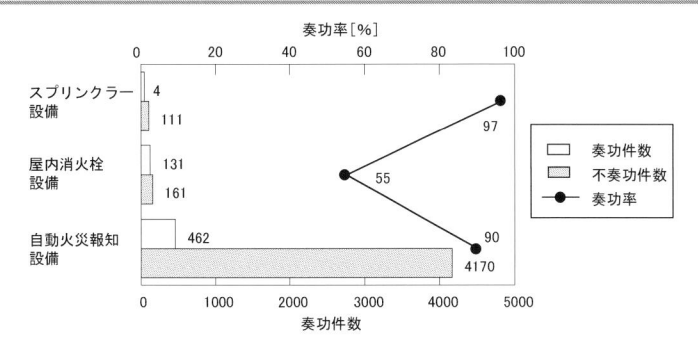

[4] 消防用設備の活用状況（東京消防庁管内：1990～1999）3)

対策の種類	概　要	対策例
アクティブ対策	設備システムなどのように，火災に対して能動的に働きかけを行い，監視・制御や火災抑制の部材を行う対策	スプリンクラー設備，排煙設備など
パッシブ対策	建築物の部材のように，火災に対して受動的に働きかけを行い，火災の拡大を制御する対策	防火区画，耐火構造など

[5] アクティブ対策とパッシブ対策

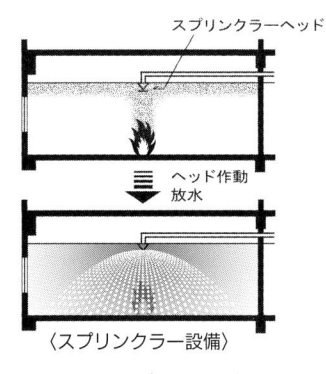

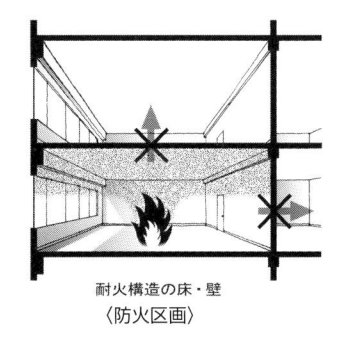

[6] アクティブ対策の具体例

[7] パッシブ対策の具体例

対策の種類	概　要	対策例
フェイルセイフ	一部の対策に不具合が生じても，他の対策により，直ちに重大な事故につながらないようにするための方策	2方向避難など
フールプルーフ	システムの異常に対して，人間が混乱することなく容易に対応できるように，単純で明快な配慮をした対策	避難方向への扉の開放など

[8] フェイルセイフとフールプルーフ

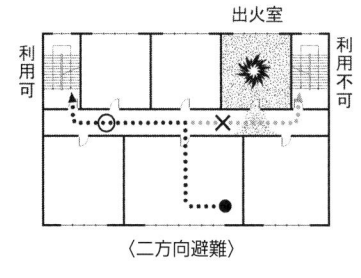

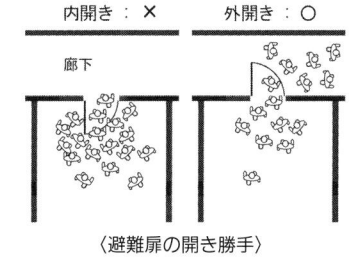

[9] フェイルセイフ対策の具体例

[10] フールプルーフ対策の具体例

火災安全対策の信頼性 [4]

火災安全対策は，設計段階で意図した機能を必ずしも満たさない場合がある．火災統計によると，工事中における設備の機能停止や予期せぬ火災などが原因となって火災安全対策が正常に作動しない事例がみられる．特に屋内消火栓設備などのように人間が直接操作する必要のある対策は，機器としては正常な状態であっても，人間の対応が不適切であると有効に機能しない．

火災安全対策を有効に機能させるためにはハード面での機器の保全だけでなく，非常時の対応行動を含めたソフト面での維持管理のあり方も検討する必要がある．

アクティブ対策とパッシブ対策 [5][6][7]

火災安全対策は火災に直接働きかけるアクティブ対策と，火や熱に耐えることで火災を抑制するパッシブ対策とに分類される．

火災発生直後はアクティブ対策により火災を抑制し，火災がある程度拡大した後は，パッシブ対策で安全な空間を確保し，被害の拡大を抑制する．

アクティブ対策は，設備の作動を伴い，パッシブ対策に比べて信頼性を維持するのが難しいため，非常時に確実に作動するように維持管理を行うことが必要である．

フェイルセイフとフールプルーフ [8][9][10]

火災安全性は建築物と人間の相互に関係するため，マンマシンシステムの一種としてとらえるのがよい．

こうしたシステムの安全対策の考え方として，フェイルセイフとフールプルーフがある．これらの手法は，対策を確実に機能させ，建物全体としての安全性を確保するためにしばしば採用されている．

参考文献

1) 水越義幸：特殊建築物調査資格者講習会テキスト，日本建築防災協会編，p.28，1972.
2) 日本建築学会編：建築設計資料集成 10 技術，丸善，1983.
3) 火災の実態，平成3年版～平成12年版，東京消防庁．

1.3 火災安全対策の種類と構成

1.4 火災の基本

燃焼 [1]

喫煙・調理・暖房・生産などの目的で管理された燃焼は生活に欠かすことのできないものである．

酸素，可燃物，熱源が共存する状態を燃焼という．燃焼は可燃物の急激な酸化現象でエネルギー(熱)・光・ガス・煙など有効なものと害のあるものを発生させる．燃焼には少量の熱と多量の煙・ガスを生成する無炎燃焼(くん焼)と火炎を伴う有炎燃焼がある．

火災と安全対策 [2]

火災は過失など意図しない管理外の燃焼で，かつ何らかの被害を人類にもたらすものである．最近は悪意に満ちた放火やテロなどに伴う火災もある．また地震国日本では地震後の火災被害にも留意した設計も忘れてはならない．設計者は，建物ごとに異なる安全目標としての何をどこまで守るかについて発注者と調整することが重要である．このとき，建物内部で発生が想定される火災と建物外部で想定される火災について，安全目標を達成するための被害防止策を検討する必要がある．

熱の移動 [3]

熱の移動には対流・放射・伝導がある．火災の成長・拡大はこの熱移動と化学反応(酸化反応)を繰り返す現象である．

対流は空気や煙などの流体の移動に伴って生ずる熱移動である．

放射は固体表面などから射出される電磁波による熱移動である．固体表面から別の表面への放射熱の移動は面1と面2の大きさと位置関係に依存する．

伝導は固体内部の熱移動で，高温側から低温側へ移動し，それを支配するパラメータが熱伝導率 λ (kW/m・K)である．

[1] 燃焼と生成物

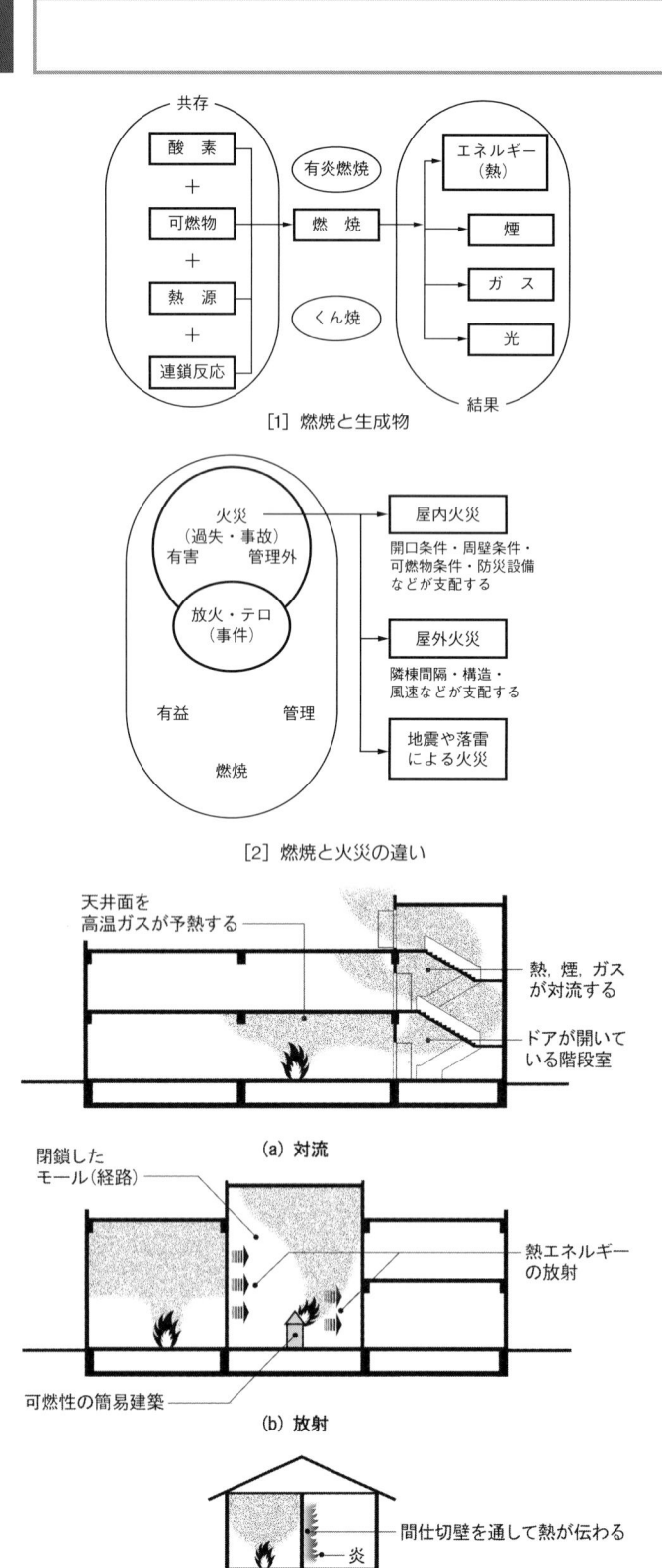

[2] 燃焼と火災の違い

(a) 対流

(b) 放射

(c) 伝導

[3] 伝熱の3形態[1)]

- 可燃物の量，性質，分布
  （仕上げと家具備品）
- 燃焼のための空気の供給
  （たとえば，開口部の大きさ
  と形式，空調システム）
- 室容積，形，天井高さ
- 壁，床，天井等の熱的性質
  （部屋の温度上昇に寄与する）

[燃焼過程の制御]

- 火災感知と警報設備
- 自動スプリンクラー消火設備
- 不活性ガス消火設備
- 二酸化炭素消火設備
- あわ消火設備

[自動消火]

- 構造材の保護（"耐火被覆"）
  （囲う，吹付ける，包む）
- 壁，床－天井，戸等の耐火性
  （火災を封じ込める）
- 耐火建物での開口部の防火処理
- 換気孔やシャフトを区画する
  （煙を制御し，熱を取り除く）

[構造による制御]

- 火災感知と警報
- 小型消火器
- 消火栓ホース
- 消防署の消防士と器具

[手動消火]

[4] 火災制御の方法[1]

	密度 (kg/m³)	比熱 (kJ/kg·K)	熱伝導率 ×10⁻³(kW/m·K)	熱拡散率 ×10⁻⁶(m²/s)
銅	8880	0.39	398	116
鉄	7870	0.44	80	23.1
普通コンクリート	2200	0.88	1.51	0.78
木材(杉)	330	1.26	0.11	0.26
ロックウール板	300	1.63	0.04	0.08
空気	1.18	1.01	0.0261	22.1

[5] 材料の熱特性[2]

	着火温度 (℃)	熱伝導率 (W/m·K)	密度 (kg/m³)	比熱 (kJ/kg·K)	単位発熱速度 (kW/m²)	単位発熱量 (MJ/kg)
セルロース系材料	360	0.1	351	1.6	84	17.8
木材	260	0.2	474	1.3	180	16.7
軟質プラスチック	332	0.147	34	1.59	413	38.7
硬質プラスチック	366	0.234	1367	1.37	697	27.7
布地	409	0.065	206	1.43	160	19.6

単位発熱量＝材料1kgが完全燃焼した時に発生する熱量，単位発熱速度＝材料の単位表面積あたり単位時間あたりに発生する熱量

[6] 主な建築材料の着火温度と熱物性値（材料分類毎の平均値）[3]

可燃性固体	着火温度 (℃)	引火温度 (℃)
ポリエチレン	430	340
ポリプロピレン	440	410
ポリ塩化ビニル	500	530
ポリメチルメタクリレート	520	300
赤松	430	263
ケヤキ	426	264
ツガ	455	253

[7] 着火温度と引火温度[4]

消火の原理 [4]

消火は酸素，可燃物，熱源の共存関係を取り除くことで達成できる．水はその冷却効果を期待するものである．水をミスト状にして可燃物の表面を広範囲に覆って冷却し，かつ空気の遮断によって消火効果を期待するものもある．また燃え広がりを抑えるために可燃物の総量を減らす，可燃物間の距離を離すなども有効である．イナージェンガスなど不活性ガスは酸素をこれらガスと置き換えることで消火する．

代表的な材料の熱特性 [5]

一般に金属は熱を伝えやすく，木材やガラスは伝えにくい．代表的な建築材料の，密度，比熱，熱伝導率，熱拡散率を示す．

着火・燃焼しやすさ [6]

可燃物は，気体，液体，固体の状態で存在する．気体が最も着火・燃焼しやすく，次いで液体，固体の順である．

液体や固体が着火や燃焼するには，温められて蒸発・気化する過程が必要である．木材の着火温度はおおむね260℃前後であり，樹種や含水率によって着火時間が若干異なる．木材の炭化速度は毎分約0.6mmである．プラスチックは木材よりも着火しやすく，発生する熱量も大きい．

着火（発火）温度，引火点 [7]

着火とは，口火がなくても気相に火炎が生じることである．着火温度とは，可燃性混合気が出す発熱が，常に外部への放熱を上回る限界の周囲温度をいう．

引火とは，可燃性液体や熱分解により可燃性ガスを出している固体の表面に，口火を近づけたとき，試料が火炎を発して燃え始める現象で，引火に必要な最低温度を引火点という．

参考文献

1) D.イーガン（牟田・早川 訳）：建築の火災安全設計，鹿島出版会，1981.
2) 日本火災学会監修：火災と消火の理論と応用，東京法令，2005.
3) 原田和典：建築火災のメカニズムと火災安全設計，日本建築センター，2007.
4) 日本火災学会編：火災と建築，共立出版，2002.

1.5 火災の実態と初期火源

建物火災の概要

消防統計によれば例年とは大きな変化はないが、平成17年中には、わが国で建物火災が33000余件発生し、1600人を超える死者と150万 m^2 が焼失した。建物火災の約6割は、戸建て・共同合わせて4500万戸以上といわれる大きな母集団の住宅で発生し、また建物火災による死者の約8割も住宅に集中し、高齢者や身体的弱者の被害が多い(⇒ 2.2(2)[8])。

出火率 [1]

代表的な建物の用途別出火件数、建物棟数あたりの出火率を示す。ここでは、用途別の建物の棟数総数は把握されていないため、消防法で定める用途別防火対象物数を母数として用いた。

出火率は、人口1万人あたりの出火件数で表すこともある。人口1万人あたりの出火率は、3～4件程度である。

出火原因と着火物 [2]

出火原因の上位は放火とその疑いである。この防止には建物に人的・空間的・時間的な死角を作らないことが肝要である。次いで、タバコ・マッチなど喫煙習慣にかかわるもの、調理・暖房・生産活動にかかわるものがあげられる。近年喫煙場所が制限され、また調理や暖房が電気による場合が多くなるなど生活様式の変化が出火原因にも現れはじめた。電気配線や機器に関連した火災が増加している。

住宅の出火原因や着火物は多様である。

木造建物の火災

わが国の戸建て住宅の大半は木造建物である。木造建物は一般に構造部材も区画部材も可燃性であることから、最初に屋根が燃え抜け、空気の流入が大きくなって耐火構造の建物に比べて短時間の15～20分ですべての可燃物が焼失する。あたかもキャンプファイアの火と似た挙動をする。軸組みが木造であってもツーバイフォーのように軸組みの構造部材を石膏ボードなど耐火性の部材で覆うタイプの建物は、耐火構造と同じような火災性状を示す。

対象物種類 (建物用途)	対象物数 01.3月末	出火件数 2000年中	出火比率 ($\times 10^{-3}$)
劇場など	4004	28	5.4
公会堂など	62869	78	1.2
遊技場など	18272	133	7.3
飲食店など	82315	698	8.5
百貨店など	135008	494	3.7
旅館など	79901	200	2.5
病院など	58783	172	2.9
社会福祉施設など	53791	91	1.7
幼稚園など	20454	9	0.4
学校	130443	365	2.8
図書館など	6425	11	1.7
浴場	8691	20	2.3
停車場	3666	45	12.3
神社・寺院など	48960	152	3.1
工場など	529922	2321	4.4
駐車場など	43060	132	3.1
倉庫	315489	791	2.5
事務所など	315489	833	2.6
特定複合用途防火対象物	345303	2502	7.2
非特定複合用途防火対象物	195739	1266	6.6

注：この表の対象物数・出火件数は、消防法施行令別表第1による区分である。なお、防火対象物数は延べ面積が150 m^2 以上のものであり、これより小規模なものは含まれていない。(平成13年度版消防白書より作成)

[1] 用途別出火比率(件/年・施設)

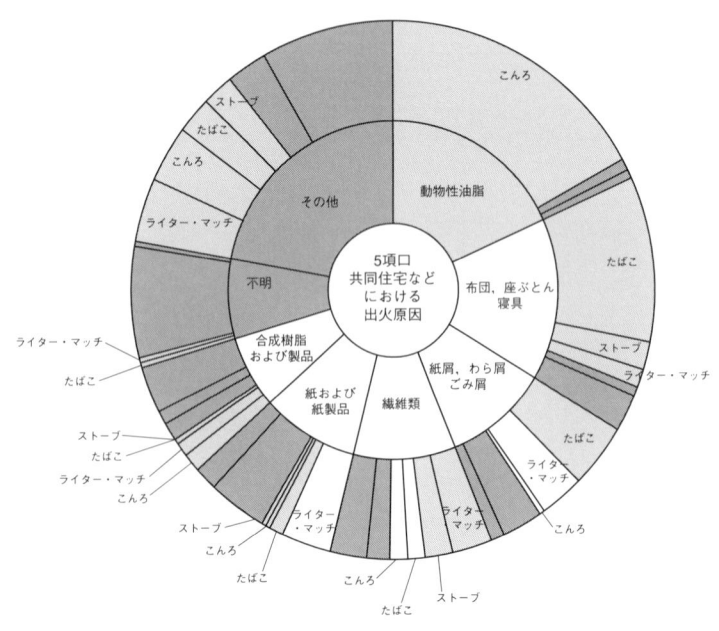

[2] 共同住宅における発火源(外円)と着火物(内円)

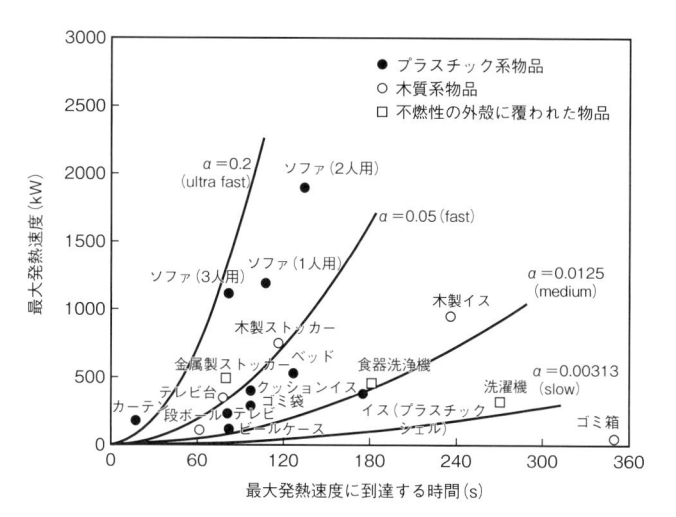

[3] 各種物品の燃焼初期の発熱速度[1]

燃 料	燃 焼 熱	
	単位重量あたり (kJ/g)	単位酸素重量あたり (MJ/kg)
メタン	50.01	12.54
エタン	47.48	12.75
ポリエチレン	43.28	12.65
塩化ビニル	16.43	12.84
セルロース	16.09	13.59
木綿	15.55	13.61
新聞紙	18.40	13.40
段ボール	16.04	13.70
葉(広葉樹)	19.30	12.28
木材(楓)	17.78	12.51

[4] 代表的な可燃性物質の燃焼熱(C. Huggatt, 1990)

初期火源 [3]

初期火源は，$Q = \alpha t^2$ でモデル化して与えることが国際的にも行われている．米国 NFPA では建物用途によって4種類の火災成長率 $\alpha(kW/s^2)$ を推奨している．わが国でもこれにならって，建物の空間用途ごとに推奨される単位床面積あたりの発熱速度の関数として α を与えている．

このようにして定められた発熱速度を用いて，火災空間内に形成される煙層の厚さや温度上昇を計算して煙が人の背の高さに到達しないうちに安全な場所に避難できることを確認する．

代表的な材料の燃焼熱 [4]

代表的な可燃性物質の燃焼熱を示す．高分子系可燃物の消費酸素あたりの燃焼熱は，おおむね 13 MJ/kg である．

参 考 文 献
1) 原田和典：建築火災のメカニズムと火災安全設計，日本建築センター，2007．

■新宿歌舞伎町明星56ビル火災と防火管理の強化

2001年9月1日午前1時頃に東京都新宿区歌舞伎町の明星56ビルで出火した火災は，44名の死者と3人の負傷者を出した．

1984年に竣工したビルで，道路に短辺約5.1 m が接し，奥行き約16 m の狭隘な地上4階，地下1階(延べ500 m²)の遊技場や風俗営業の店舗が入居するペンシルビルである．エレベータロビーと兼用の唯一の避難経路である屋内階段に，倉庫代わりにロッカーなどの大型家具をはじめ，看板，ビールケース，ダンボールなどが，大量に集積していた．その階段の3階部分で放火火災は発生した．
● 階段室など共用空間の管理の重要性の過小評価
● 悪質な建物管理者・テナントに対する法規制の限界
● 無届家の用途変更の横行
などが指摘され，その後の防火管理強化の改正の出発点となった．

法律で規制するのではなく，建物所有者がそのような行為を放置することが自分にとってどれだけ大きな損失であるかの教育の重要性を感じた事例である．

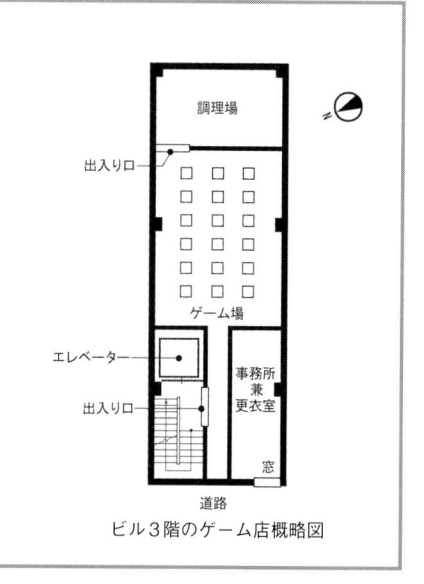

ビル3階のゲーム店概略図

1.5 火災の実態と初期火源

1.6 室内の火災

家具の燃焼

われわれの周りにある代表的な可燃物の最大発熱速度を示す [1]．同じような形状の家具であっても，詰め物や材質によって発熱速度は異なる．

フード下で，代表的な家具を燃焼した場合の重量減少計測例を示す [2]．

重量減少に材料の燃焼生成熱を掛け合わせると発熱速度 Q となる．

ウレタンフォームのように急激な燃焼を呈するものから，ベッドのように緩慢な燃焼まで多様である [3]．

家具の材質によっては，急激な燃焼への配慮だけではなく，刺激臭の強いもの，毒性の強いものなども発生するので，単に発熱速度だけではなく，燃焼生成物にも留意する必要がある．

空間内にどのような素材の可燃物が持ち込まれるか，火災安全の設計に際して慎重な想定が必要である．

法規を遵守しても，家具の燃焼特性や配置状況を精査しなければ，真に有効な対策を選んだこととはならない．

火炎の高さ・形状 [4]

火源の上に形成される火炎が天井や壁，他の可燃物に接すると火災は急激に拡大する．また，火炎の面積が大きいと熱放射によっても他の可燃物へと火災を拡大する．火炎は，火源の形状・大きさや発熱速度に依存して形成される．

また，火炎の高さは，火源の空間内の平面的な位置によって異なる．部屋の中央にある場合の火炎高さを1とすると，同じ火源を壁際に移動させれば2倍の高さとなり，コーナーでは4倍の高さとなり，火災拡大の危険性は増大する．天井や壁を不燃化するのは，急激な火災拡大を防止するためである．

可燃物	最大発熱速度
ゴミの入った屑かご	50 kW
詰め物クッション	100 kW
木製タンス	1～3 MW
布張椅子	0.3～1.5 MW
OA機器（電算機端末）	150～200 kW

[1] 最大発熱速度の例[1)]

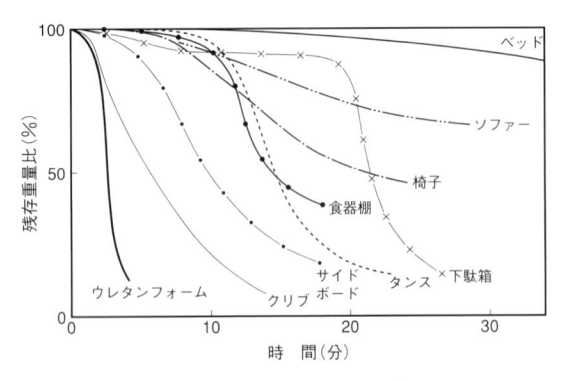

[2] 家具類の重量減少曲線[1)]

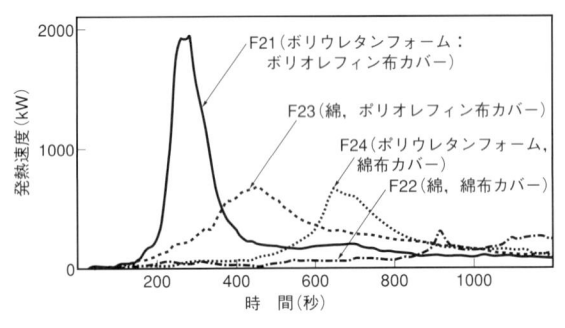

[3] 安楽椅子の材質による発熱速度の差異(V. Babrauskas, 1995)

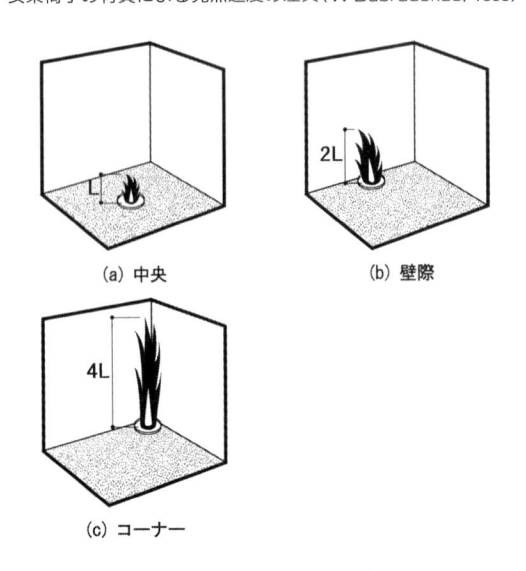

[4] 着火場所による火炎の高さ

[5] 室内での火災の成長

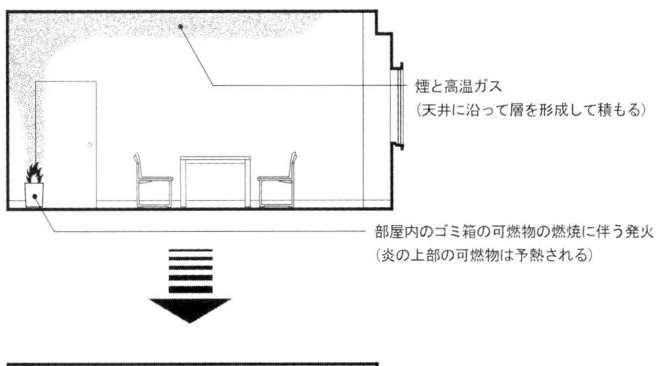

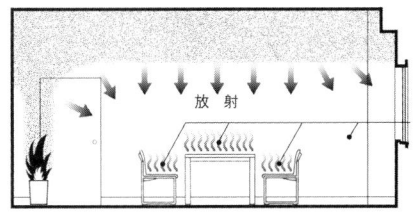

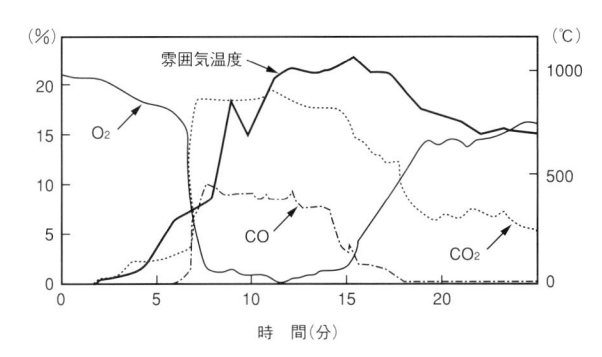

煙と高温ガス
（天井に沿って層を形成して積もる）

部屋内のゴミ箱の可燃物の燃焼に伴う発火
（炎の上部の可燃物は予熱される）

放射

部屋内の未然の全可燃物が天井や上部の壁面からの放射で発火点近くまで予熱される．

炎が突然部屋をなめ尽くすようにフラッシュオーバーが生じ，大半の可燃物は火の中に包み込まれる．
（燃焼ゾーンが部屋全体に広がる）

[6] 火災室における温度・ガス濃度の測定例（齋藤文春，1968）
急激な温度上昇とともに酸素濃度が激減，CO，CO_2 が増加している．

室内での火災の成長 [5]

火災は発見が遅れ初期消火に失敗すれば，初期火源は周辺の家具など隣接する可燃物へと放射や接炎によって燃焼範囲を拡大し，局所的なものから空間全域の火災へと成長する．成長速度は周辺の可燃物の種類・量・配置など，着火しやすさに支配される．木製やプラスチックの家具などは一般に容易に着火する．

たとえば，狭い部屋などでは家具の不燃化や不燃扉つきの家具とすると拡大遅延効果は大きくなり，整理整頓するとその効果はさらに著しい．

室内の延焼拡大経路

壁面を伝う垂直方向の延焼拡大速度は，対流や火炎により燃焼部分上部が予熱されるので，水平方向に燃え広がる速度よりも速い．

天井部分は燃焼によって生成した熱がこもるため，床材よりは着火しやすい．

じゅうたんなど可燃性の床材料も燃え広がりを助長する場合がある．

フラッシュオーバー [6]

火災の成長段階で一定の条件が揃うと爆発的に部屋全体が火炎に包まれ，窓ガラスが破れて外部に火炎が激しく噴出する．この状態をフラッシュオーバーとよんでいる．天井近傍の温度が 600°C 程度になるとこの現象が現れることが多い．

天井が高く，空間の気積が大きい場合や，火災荷重が 10 kg/m² 以下の場合にはこの現象は起きないといわれる．

フラッシュオーバーの前後では，空間の温度は急激に上昇し，CO や CO_2 濃度は急激に増大し，O_2 濃度は急激に減少する．

火災発生からフラッシュオーバーに至るまでの時間を長くすることが，避難や消防活動にとって重要である．カーテンやじゅうたんなどの防炎化，内装材料の不燃化もこの効果を期待するものである．

参考文献
1）日本火災学会監修：火災と消火の理論と応用，東京法令，2005．

1.6 室内の火災

1.7 煙の流れと盛期火災

室内の煙の流れ

室内の初期火源から高温の煙などの流体が生成され，周囲の空気を巻き込みながら上昇し（火災プルームとよぶ）天井に至る．天井面に衝突すると方向変換して水平に広がる（天井ジェットとよぶ）．さらにこの流れが壁面に到達するとまた方向変換して下降流を発生させ，空間上部に高温層を形成する．

廊下での煙の流れ [1]

扉などの上部のたれ壁高さまで降下した煙は，廊下や外部へと流出する．廊下が長いと煙は浮力を失って 2 層を維持できなくなる場合がある．

廊下を流れる煙の速度はおおむね一般の人々の歩行速度と同程度 1 m/s である．

病院や身体的弱者が多数存在する施設では，一般の施設より全体として歩行速度が遅くなるため避難に時間を要するので，煙制御対策の確実性が強く望まれる．

竪穴などの煙の流れ [2]

階段やエレベーターシャフト，アトリウムなどの竪穴を経由して廊下などに出た煙は，これらの開口部や隙間を通じて建物全域へと拡散する．竪穴での煙の拡散は煙突効果により 3〜5 m/s で，廊下よりも非常に早い．竪穴への煙の流入を防止することの確実性が重要となる所以である．

廊下や階段などの避難経路に煙制御対策を準備するのは，人が煙や熱に対してきわめて弱いことに起因する．

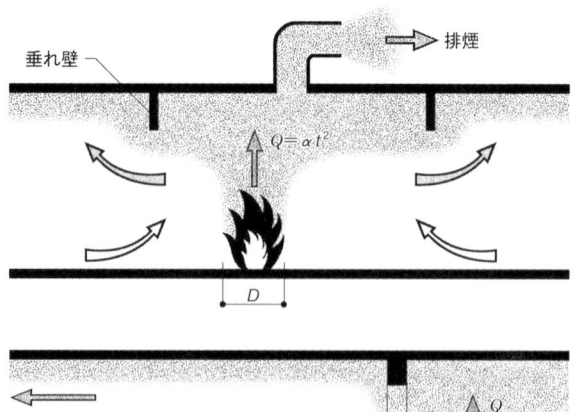

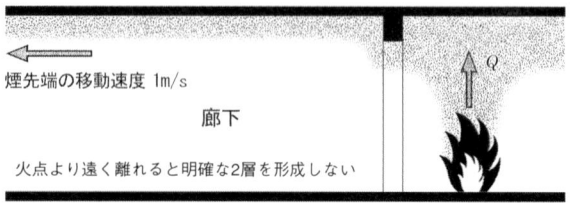

垂れ壁　→ 排煙

$Q = \alpha t^2$

D

煙先端の移動速度 1 m/s

廊下

Q

火点より遠く離れると明確な2層を形成しない

[1] 廊下での煙の流れ

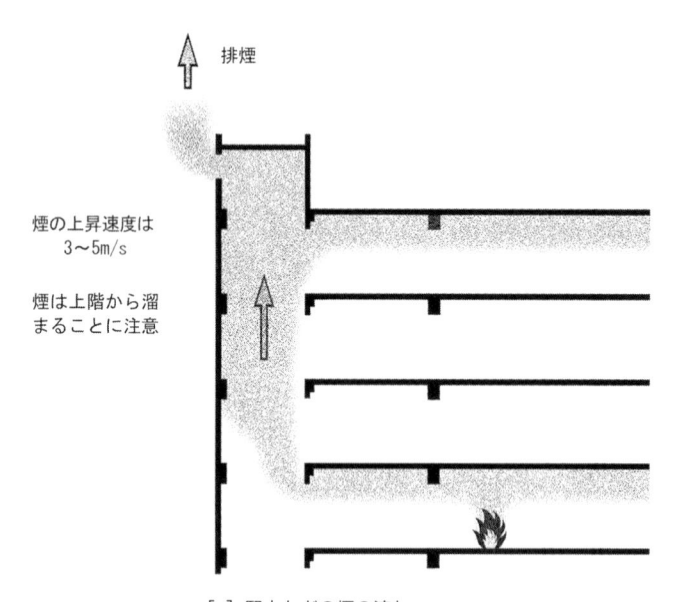

→ 排煙

煙の上昇速度は 3〜5 m/s

煙は上階から溜まることに注意

[2] 竪穴などの煙の流れ

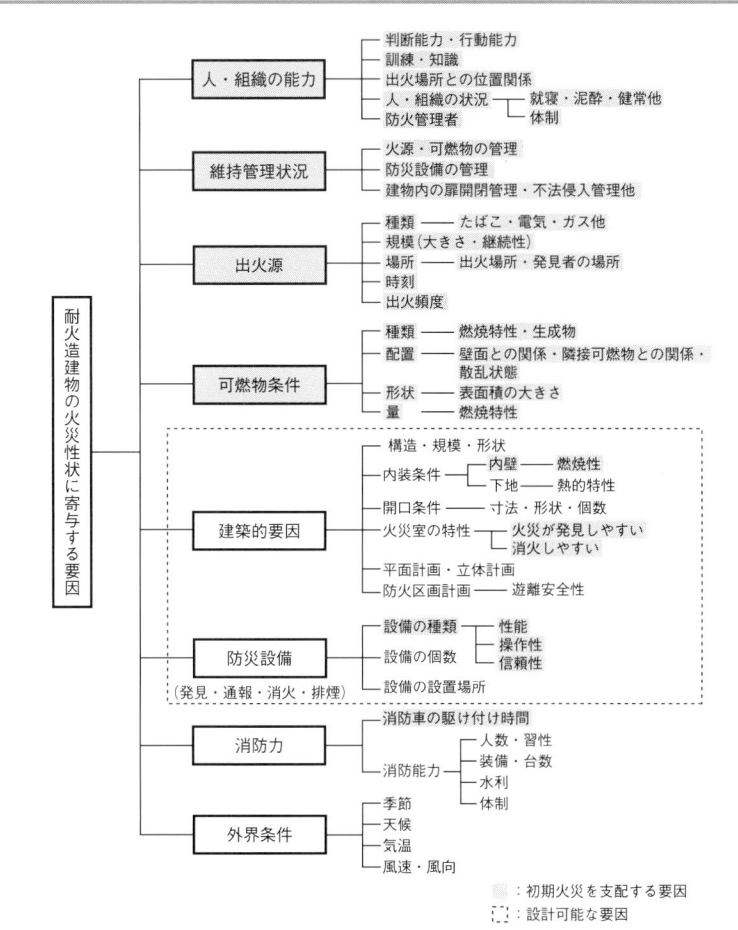

火災性状に寄与する要因 [3]

耐火建築物の盛期火災時の火災性状は，可燃物の種類・量・形状など，建物の構造・空間形状・規模・内装・開口条件，防災設備など建築設計段階に決定あるいは過去の研究成果や法令・経験などからある程度想定できるもの，並びに通常の維持管理や居住者の組織などの火災時の対応力，消防隊の能力，気象条件など多数の要因に支配される．

これら要因のうち設計段階では，図中に破線で囲った部分の建築的な要因や防災設備の選択が法令に示された仕様書規定に従うかまたは性能設計に基づいて行われる．それ以外の要因は，建物の利用段階や火災発生時に関するもので，大きく変動する可能性のある要因も多いことを設計者は認識するべきである．

したがって，本当の意味での火災被害の局所化には，単純に法令を遵守する（コンプライアンス）だけでは不十分であることを設計者は見落としてはいけない．また，自分の設計した物件がどのような火災拡大危険要因を内在しているか，きちんと建物所有者や居住者に説明すること（リスクコミュニケーション）が大切であることも十分理解する必要がある．

また，図中に網掛けした部分は，特に初期火災性状に大きく寄与する要因であり，これについても，人命安全の確保の視点から重要な要因であるので，それぞれの要因がどのような状況にあるのか確認することも忘れてはならない．

時間-温度曲線と耐火性能 [4]

フラッシュオーバー前後の火災の性状を，火災の継続時間と温度上昇を示す時間-温度曲線で表す．

この曲線をもとに，耐火性能の評価が行行われる．耐火性能の評価方法には，
①標準的加熱曲線に基づいて性能確認実験を行って合否判定する方法
②対象とする空間固有の火災性状曲線をもとに，建物構造や防火区画が崩壊しないことを確認する方法
がある．

[3] 火災性状に寄与する要因

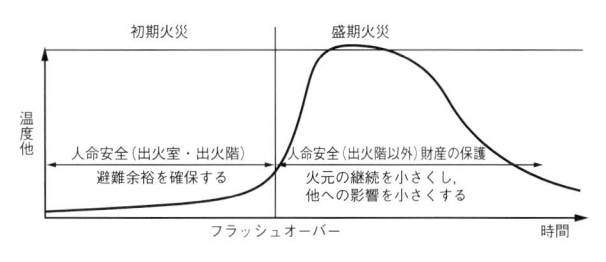

[4] 火災性状と救助・保護のタイミング

1.7 煙の流れと盛期火災

1.8 耐火建築物の火災性状と噴出火災

耐火建築物の火災性状

耐火建築物内の燃焼は，酸素の取り入れ口としての開口部と可燃物の燃えやすさとしての表面積に依存する．両者の大小関係で，換気支配型燃焼となるか，燃料支配型燃焼となるかに分けて考えることが多い．燃焼によって空間内に生成した熱量 Q_H (kW) は，周壁の熱吸収量 Q_W，開口部より外部に持ち去られる放射熱量 Q_R，噴出火炎が持ち去る熱量 Q_L，空間内ガスを火災温度に高める熱量 Q_B の和と釣合う [1]．

1980 年代の代表的な空間用途と火災荷重の関係を [2] に示す．現行の法規では，耐火上の安全対策が建物固有の使われ方を考慮して適切であるか検証する方法を認めている．しかし，残念ながら用途別の可燃物に関する調査は十分とはいえない．

過去の調査結果に基づいて，火災荷重と表面積の間に一定の関係が成り立つとして，空間の一般的な開口部面積と関連付け，どの用途がどのような火災性状を示しやすいか概念的に示した [3]．これらの設計パラメータは日々変化する要因であるから，十分に余裕を持たせることが必要である．

換気支配型燃焼

換気支配型の燃焼は，窓の小さな建物で発生する場合が多い．開口部の面積 A と高さ H と床面積あたりの可燃物の木材換算重量 W（火災荷重 (MJ/m^2) とよぶことがある．プラスチックは木材の約 2 倍の発熱量をもつ．W がわかれば，川越-関根の式によって火災継続時間や温度上昇は簡単に求めることができる．単位時間あたりの燃焼速度 R (kg/min) は実験結果より，$R = 5\text{-}6\,A\sqrt{H}$ で与えられ，火災継続時間 T は，$T = W/R$ で求められる．

燃料支配型燃焼

カーテンウォールなど開口が大きく，可燃物の量が比較的少ないときに可燃物の表面積に比例した燃焼を呈する．これを燃料支配型燃焼とよぶ．同じ 1 kg の木材であっても，割り箸と，丸太では表面積が異なるので，前者の方が短時間で燃え尽きる．

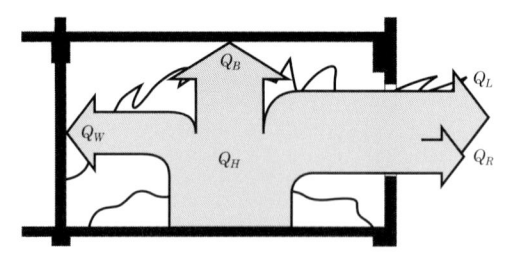

$$Q_H = Q_W + Q_B + Q_L + Q_R$$

Q_W：周壁の吸熱量(kW)
Q_R：開口部より外部への放射熱量(kW)
Q_L：噴出炎の持ち去り熱量(kW)
Q_B：空間ガスを火災温度に高める熱量(kW)
Q_H：燃焼によって空間内に生成した熱量(kW)

[1] 耐火建築物内の燃焼

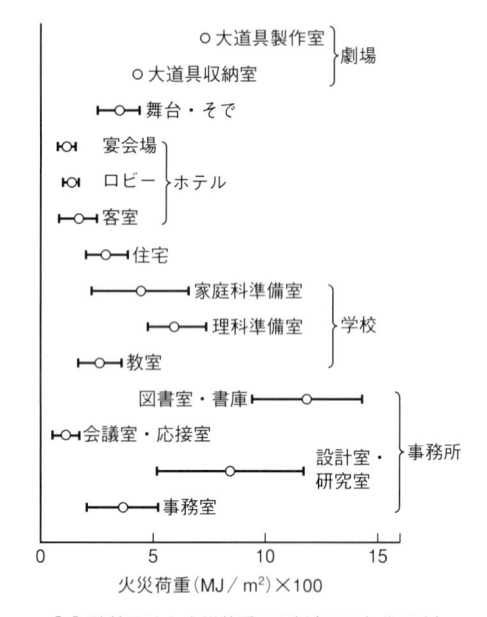

[2] 建築用途と火災荷重の関係（1980 年代調査）

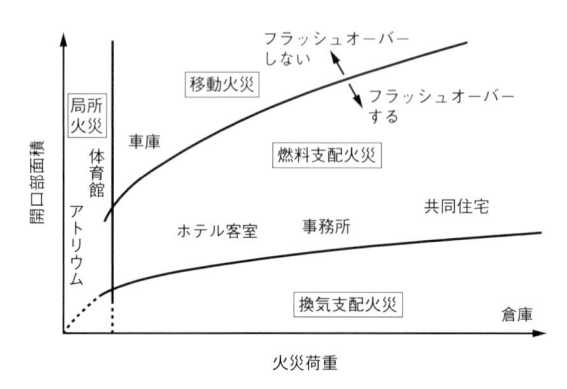

[3] 火災の分類と室用途[1]

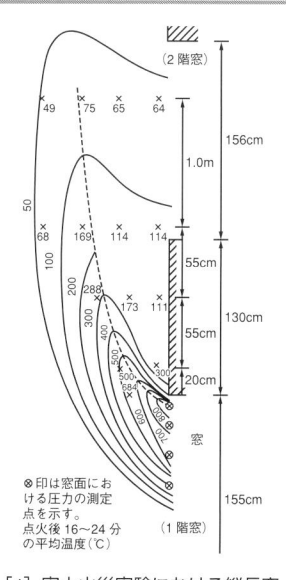

[4] 実大火災実験における縦長窓からの噴出気流の等温線図[2]
（窓幅0.82 m, 高さ1.55 m）

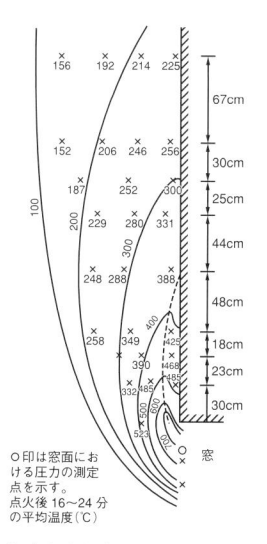

[5] 実大火災実験における横長窓からの噴出気流の等温線図[2]
（窓幅3.0 m, 高さ1.0 m）

[6] 広島基町高層住宅のバルコニー経由の延焼拡大状況[3]
アクリルの手すり板を燃焼経路として複数階に火災が急激に広がった

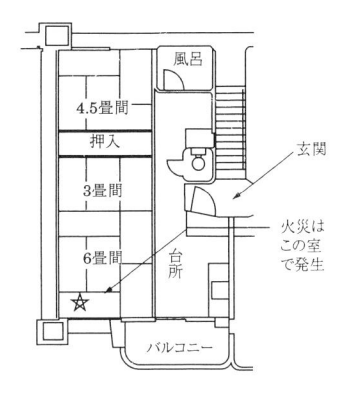

[7] 広島基町高層住宅の平面図（奇数階）[4]

噴出火炎

火災が成長すると窓から火炎が噴出する。この火炎の長さを的確に把握し、防護対策を準備することは火災の被害範囲を局限化するために重要である。

開口部からの噴出火炎の長さは発熱速度と開口部の形状による。窓の形状が縦長の場合では火炎の中心軸は、壁面から離れる傾向にあり[4]、横長の窓では、壁に貼り付くようになる[5]。

スパンドレル

国土交通省告示では、噴出火炎による上階延焼防止に関してスパンドレルの長さを最低90 cmとすることが規定されている。しかし建物毎に火災性状は異なるので、必要となるスパンドレルの長さも一様ではない。ガラスカーテンウォールの外壁を設計する場合には、外観だけではなく、上階延焼防止の観点の考察を忘れてはいけない。

バルコニー [6][7]

外部の避難経路として設けられるバルコニーは上階延焼を防止する手段のひとつとしても有効である。ただし住宅などでは、個人の占有部分となって、避難の障害や火災拡大の経路となる大量の可燃物が置かれる場合も少なくない。設計者は建物購入者にこのことがいかに危険なことかということを伝える責任を十分に果たしていない。複数の防火区画を連続するバルコニーは避難経路として有効であることはいうまでもない。病院や養護老人ホームなどでは全周バルコニーとするのは、このためである。

上階延焼防止の観点からみるとバルコニーの形状（連続化か、独立型か）や手すり板の構造・材料の選択にも注意が必要である。

参考文献

1) 原田和典：建築火災のメカニズムと火災安全設計，日本建築センター，2007．
2) 横井鎮男：日本火災学会論文集，Vol. 7, No. 1, 1957．
3) 田村義典：火災学会誌，227, 1997．
4) 須川修身：火災学会誌，227, 1997．

1.9 火災と人間

煙の害

燃焼によって，熱や光以外に煙やガスが発生する．煙が発生することで在館者の安全や避難行動が阻害される．煙の害には，視覚的害，生理的害，心理的害がある．視覚的害では避難時の見透しの低下，生理的害では煙・ガスによる呼吸困難や目の痛み，心理的害では煙に巻かれることによる不安やパニックの発生などがあげられる．

見透し距離 [1]

煙の発生量や色は，円滑な避難を阻害する．同じ材料が燃えても火災の状況によって，異なる化学組成や量の煙を発生させる．見透し距離を左右する煙濃度は減光係数によって表わされる．減光係数が上昇するほど見透し距離は低下するが，刺激煙の方がより激しく低下する．

有毒ガス [2]

燃焼中の材料から発生するガス(CO，CO_2，HCN など)は，ある濃度以上になると，また他のガスと混合すると死亡の原因となる．セルロース系の可燃物による煙は，目だけではなく呼吸器系にも強い刺激を与え，避難行動を特に阻害する．

放射熱 [3]

火源上に形成された火炎や空間の上部に蓄積した煙層からの放射熱も，安全な避難に影響を及ぼす．放射熱の強さが 2 kW/m^2 を超えるあたりから，人が耐えられる時間は極端に短くなる．

火災覚知と避難開始 [4]

在館者が避難を開始する時間は，視覚，嗅覚，聴覚あるいは警報装置などによって火災の情報を受け，火災であることを自覚するまでの時間(覚知時間)と，そこから避難行動を開始するまでの時間(初期対応行動時間)で決まる．業務施設では火災覚知後，大切なものを持ち出そうとしたり指示を待つなど，職場での役割や責任感からすぐに避難を開始しない例も多くみられる．

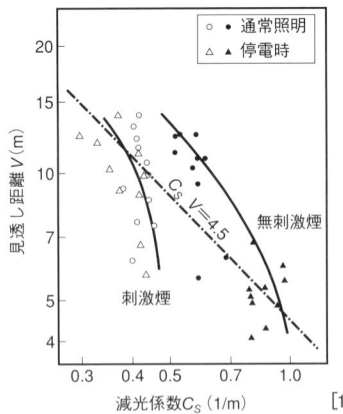

[1] 煙濃度と見透し距離[1]

	目			鼻			喉		
	煙いと感じ始める	チクチクした痛み	かなりの痛感	涙が止まらない	鼻汁が出る	かなりの痛感	ヒリヒリする	かなりの痛感	息苦しい
木材(杉) くん焼燃焼 有炎燃焼		2.28	0.44	0.37~0.47		0.09 0.28		0.02	0.30
麻 くん焼燃焼	0.02~0.07	0.025~0.07	0.06	0.06	0.08		0.07		0.095
綿，シーツ くん焼燃焼		0.016	0.06	0.14	0.14	0.016	0.016	0.06	0.22
新聞紙 有炎燃焼		0.23		0.3					
ガソリン 有炎燃焼									0.72

[2] 燃焼中の材料からの有毒ガス[2]

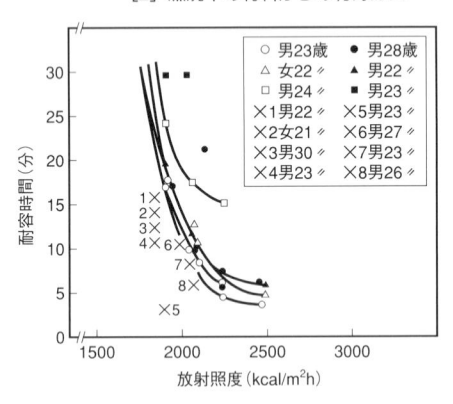

[3] 放射熱に人間が耐えられる時間[3]

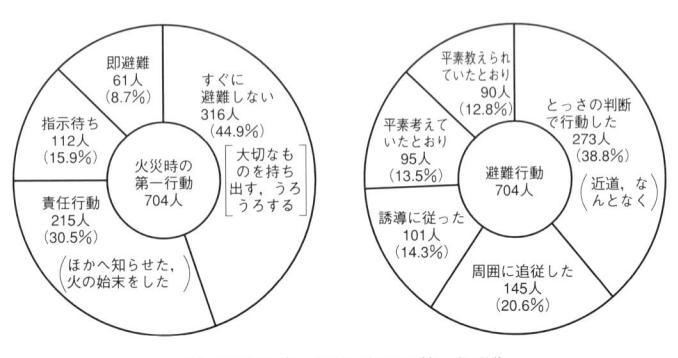

[4] 事務所ビル火災における第一行動[4]

18　1. 火災安全の考え方

特性が顕著となる場合	避難行動特性	行動内容
建物に慣れていない人	回帰性（帰巣性）	入ってきた経路を逆に戻ろうとする傾向で,特にはじめて入った建物で,内部を知らない場合に多く現れる.
	追従性	先行する避難者や,ほかの人が逃げる方向についていく.
建物に慣れている人	日常動線志向性	日頃から使い慣れている経路や階段を使って逃げようとする.
	安全志向性	誘導している安全な避難階段などの経路,あるいは自分が安全と考えた経路に向かう.
建築空間の特徴に応じて	至近距離選択性	一番近くの階段や経路を選択する.
	易視経路選択性	目につきやすい避難口や階段の方向に向かう,あるいは,目についた誘導標識の方向に向かう.
	直進性	見通しのきくまっすぐな経路を逃げる,あるいは突き当たるまで経路を直進する.
危険が迫った場合	危険回避性	煙がただよっている階段を避けるなど,危険を回避する.
	付和雷同性	多くの人々が逃げる方向を追いかけ,人の声や指示に従う.
	向光性・向開放性	煙の充満している中で,明るい方向,開かれた感じの方向に向かう.

[5] 避難時の行動特性[5]

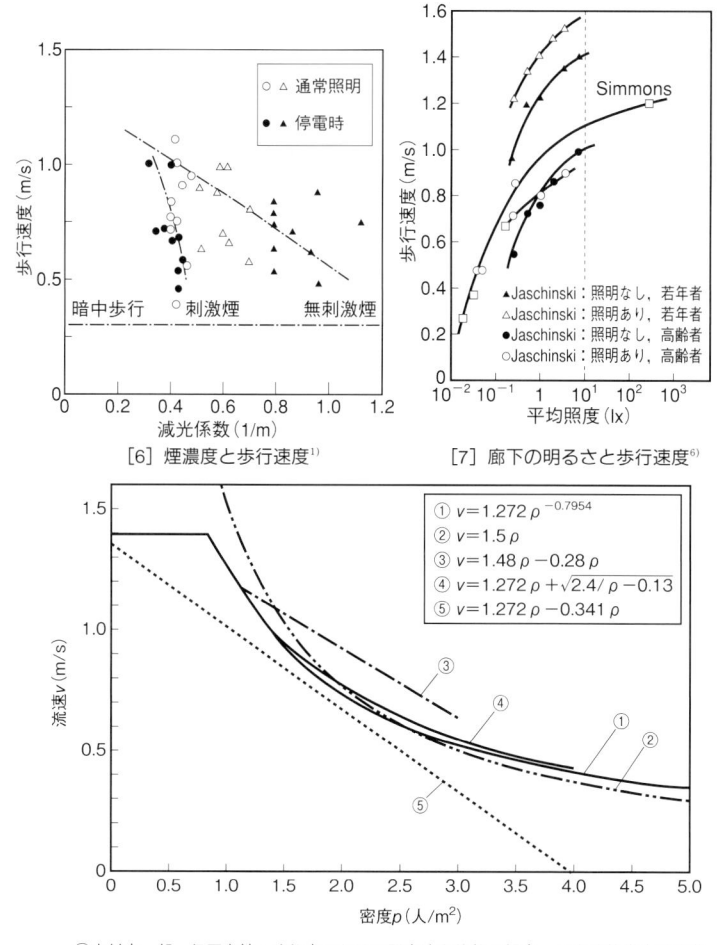

避難時の人間の行動特性 [5]

非常時には一定の行動パターンを示すことが過去の火災事例より明らかになっている．特に，建物への慣れや，空間の特徴に対応した行動がみられる．

火災時の避難安全を確保するためには，避難者の行動特性を知り，それに合わせた計画を行うことが重要である．

火災時の避難行動

在館者の避難行動は，行動能力，周囲の群集密度，心理的影響という人的要因や避難経路の明快性や明るさ，また，煙の拡散や停電などによる視認性の低下など，環境的要因に影響される．

歩行速度 [6] [7]

歩行速度は煙濃度および明るさの影響を受ける．煙濃度を示す減光係数が増加する（煙が濃くなる）と，歩行速度は低下する．煙は目に刺激を与え，さらに視認性を低下させる．平均照度の低下に伴って歩行速度は遅くなる．とくに平均照度1 lx以下でその傾向は顕著となる．

群集密度・流動係数 [8]

群集密度は，単位面積あたりの人数である．同一空間では群集密度が上がると速度が下がるという関係がある．流動係数は，開口部等のネックにおける単位時間，単位有効幅あたりの通過人数であり，出口などの通過に要する時間の算定に用いられる．避難計算では，一般的には1.5人/(m・sec)(＝90人/(m・min))が用いられる．

[6] 煙濃度と歩行速度[1]

[7] 廊下の明るさと歩行速度[6]

① $v = 1.272 \rho^{-0.7954}$
② $v = 1.5$
③ $v = 1.48\rho - 0.28\rho$
④ $v = 1.272\rho + \sqrt{2.4/\rho} - 0.13$
⑤ $v = 1.272\rho - 0.341\rho$

①木村幸一郎，伊原貞敏：建物内における群衆流動状態の観察，日本建築学会論文集大会号 1973.3.
②戸川喜久二：群衆流の観察に基づく避難施設の研究，建築研究所報告，建設省建築研究所，1955.
③打田富夫：電車駅の乗降場及び階段幅員，鉄道技術研究所中間報告，1956.
④宮田一：列車運転になぞらえた歩行者の人間工学的考察，鉄道OR論文集，1966.3.
⑤B.S.Pushkarev：Urban Space for Pedestrian. MIT Press, 1975.

[8] 群集密度と歩行速度[7]

参考文献

1) 神忠久：火災, 25, 2, 1975.
2) 渡辺彰夫，竹本昭夫：消防時報，消防研究所.
3) 長谷見雄二，重川希志依：火災時における人間の耐放射限界について，日本火災学会論文集，No. 291, 1981.
4) 小林正美ほか：オフィスビルにおける火災時の人間行動の分析その2，日本建築学会論文報告集，No. 284, 1979.
5) 室崎益輝：建築防災・安全，鹿島出版会，1993.
6) 日本火災学会：火災と建築，共立出版，2002.
7) 日本建築学会：建築設計資料集成 [人間]，丸善，2003.

2. 火災安全のための技術

2.1 出火防止

出火原因 [1]

　出火原因は放火またはその疑いを除けば，「たばこ」と「こんろ」による火災が上位を占めている．このほかにも，ストーブや配線・機器などの電気系など，火気や発熱器具を媒介とした火災が多い．経年的にはたばこが緩やかに減少，逆に配線・機器などの電気系が緩やかに上昇している．

　建築火災による被害を防止する対策として火災を出さないことは最も基本的な出火防止対策である．したがって人命・財産の保護を考える上で火災を出さないための維持・管理計画は欠かせないものである．

　具体的には火気・発熱器具の種類の制限や取り扱い方法の徹底，家具などの量・質の制御などの管理があげられる．注意をすることは大切であるが，それでも火災は起きる可能性がある．そのために火災発生を前提とした出火・延焼拡大防止のためのさまざまな対策が講じられる．

可燃物の管理

　建物用途別の主要な出火原因は住宅ではこんろ，たばこ，ストーブなど火気を媒介とするものが多い [2]．一方，住宅以外の建物では，こんろ，たばこは同様であるが，それに加えて配線・機器などの電気系が多くなる．

　このように建物用途によって出火原因に特徴がみられるのは，可燃物の種類が異なるためである．住宅では寝具類および衣類に着火した火災による死者が多い [3]．事務所建物などではOA化の進展によって床下にまで可燃物が存在するようになった [4]．

　可燃物の種類は木材・紙類から，軽量化・高機能化のもと，プラスチック系の収納物が多くなった．また，近年は高分子系など，火災になると急速に膨張したり有毒ガスを発生したりする材質も増えている．

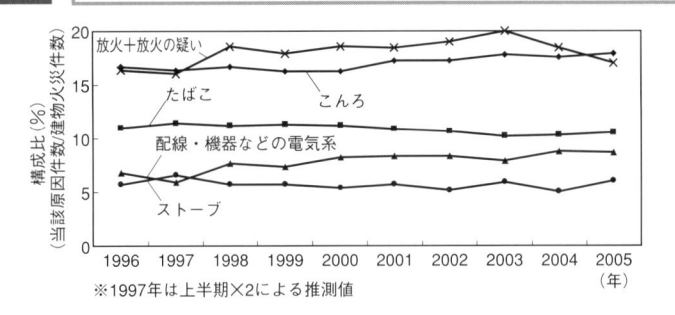

[1] 建物火災の主な出火原因の年次推移[1)]
※1997年は上半期×2による推測値

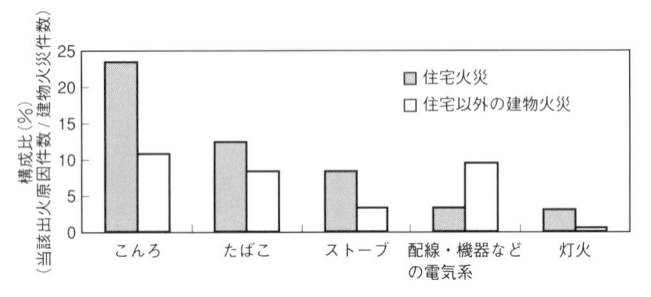

[2] 建物用途別の主要な出火原因（平成17年中）[1)]

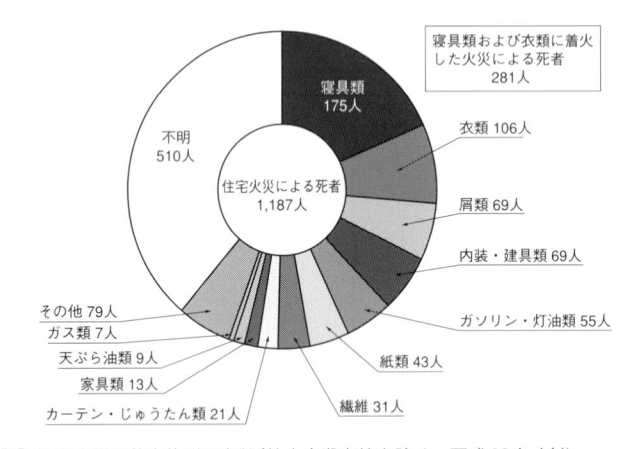

[3] 住宅火災の着火物別死者数（放火自殺者等を除く．平成18年中）[1)]

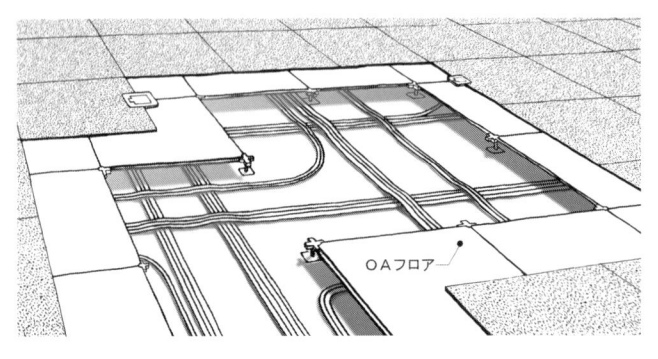

[4] 床下にある可燃物

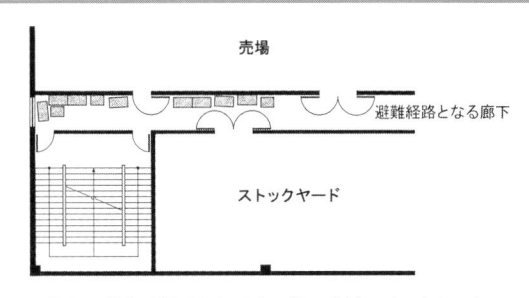

[5] 可燃物が放置されやすい物販店舗のバックヤード

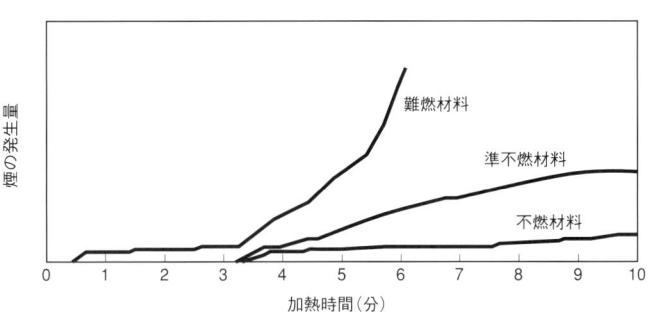

[6] 内装材の煙発生量の一例

[7] 主な防炎物品	[8] 主な建築にかかわる防炎製品
● カーテン ● 布製ブラインド ● 暗幕 ● じゅうたん等 ● どん帳 ● 舞台において使用する幕と大道具用の合板 ● 展示用の合板 ● 工事用シート	● 側地類（ふとん・毛布・枕のカバーなど） ● 詰物類（寝具用中わた，羽毛など） ● ふとん類，毛布類，テント類，幕類 ● 非常用持出袋，防災頭巾など ● 衣類類，布張家具またはその側地など ● ローパーティションパネル，障子紙 ● 展示用パネル ● 祭壇，祭壇用白布・マット ● 防護用ネット，防火服またはその表地

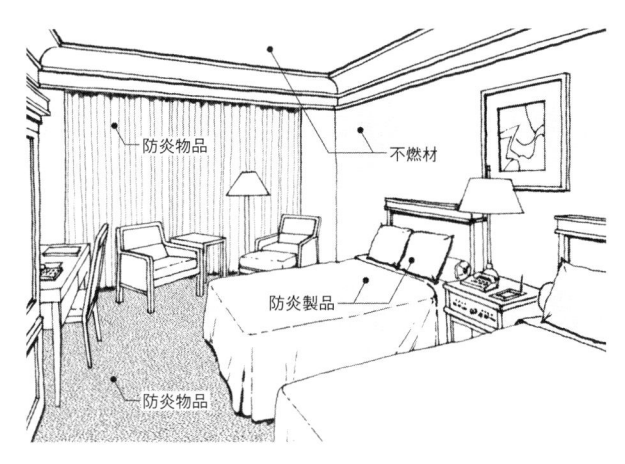

[9] ホテルの出火拡大防止対策の例

物販店舗のバックヤード [5]

物販店舗のような多量に可燃物を有する用途の場合，管理動線を考慮した収納スペースを十分に確保しないと収納スペースが不足し，可燃物が避難経路にあふれることになる．バックヤードについてはこの点に留意する必要がある．

内装材の種別と性能 [6]

内装材は容易に着火させず，急激な火災拡大を防止するために，居室から階段に至る経路ごとに，適切な材料を選択する．内装材には煙の発生量の少ない順から不燃材料，準不燃材料，難燃材料がある．

不燃材料の要件は加熱された場合20分間燃焼せず，防火上有害な変形，溶融，亀裂その他の損傷を生じないもので，かつ避難上有害な煙またはガスを発生しないことである．法律上に例示された不燃材料にはコンクリート，鉄鋼，ガラスのほかに，厚さが12 mm以上の石膏ボードなどがある．なお，準不燃材料は燃焼しない時間が10分間，難燃材料は5分間であり，その他の要件は不燃材料と変わらない．

防炎物品と防炎製品

カーテンやじゅうたんなどの燃えやすい繊維製品を燃えにくい性質に改良した製品のうち，消防法に定められた防炎性能（火に接しても燃えにくい一定の性能）の基準を満たしたものを防炎物品 [7] とよぶ．百貨店，劇場，病院，ホテルなど不特定の人が利用する施設で使用されるカーテン，じゅうたんなどは防炎物品の使用が義務づけられている．

一方，寝具，衣服類などの防炎性能を第三者機関が認定したものを防炎製品 [8] とよぶ．

建築空間では，これら防炎物品などの選択により出火拡大防止が図られる [9]．

参考文献
1) 総務省消防庁ホームページ，消防統計資料より作成．

2.2 早期発見・伝達 (1)
火災発生状況と火災感知器

早期発見・伝達の重要性

　火災による死者発生状況 [1] をみると，死者のうち，逃げ遅れが約 56% を占めている．そのなかでも「発見が遅れ，気づいたときは火煙が回り，すでに逃げ道がなかったと思われるもの」が全体の約 22% を占めている．

　これらのデータから，火災が発生した場合に重要なことは，いかに早く火災に気づくかということである．さらに付け加えるならば，火災の情報を的確に在館者に伝達し，初期消火や適切な避難誘導などを行うことも重要である．

　火災が早期に発見できれば建物の被害も小規模に抑えることができる．特に不特定多数の在館者のいる建物や就寝施設などは，火災発見・伝達の遅れが大惨事に発展する可能性が高いため，設計者・管理者を含めて建築計画段階から十分配慮しなければならない．

　火災が発生した場合，火災覚知，在館者への伝達のほか，消防機関への通報も重要である．これら一連の動作は，防災設備や防災機器と人の行動とが一体となって効果をあげられるもので，特に火災初期の段階でいかに迅速に対応できるかによってその後の被害状況も大きく変化する．

　したがって，警報設備は火災の発生，進展に対応した行動マニュアルと，これを実行する始動体制とが有機的に連携されてこそ有効に機能する [2]．

　このようなシステムが有効に働いた場合の，火災発生から避難開始までにかかる時間を参考までに試算すると，防災センターから非常放送が行われるまでにかかる時間は出火から 4〜5 分かかることがわかる [3]．

　高層建築や宿泊施設では火災現場が遠いことや宿泊客が睡眠中であることなどの理由で避難開始まで時間がかかる．そのため，避難指示などの情報が途切れないように各種の防災設備を連携させることが重要である．

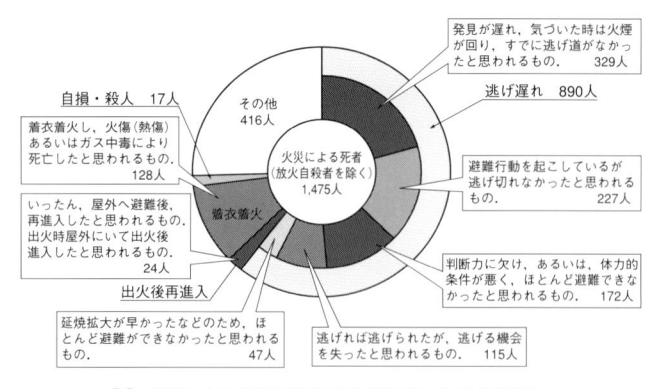

[1] 火災による経過別死者発生状況（平成 18 年中）[1)]

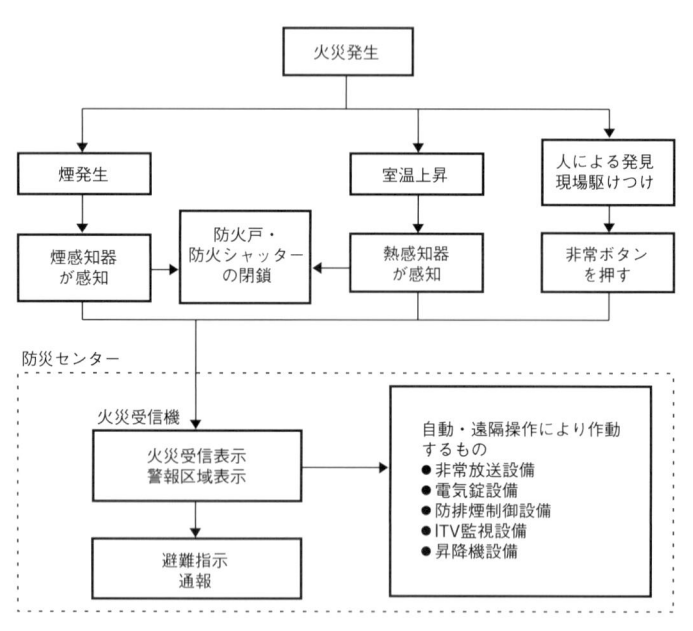

火災による死者（放火自殺者を除く）1,475 人
- その他 416 人
- 自損・殺人 17 人
- 着衣着火し，火傷（熱傷）あるいはガス中毒により死亡したと思われるもの. 128 人
- いったん，屋外へ避難後，再進入したと思われるもの．出火時屋外にいて出火後進入したと思われるもの. 24 人
- 出火後再進入
- 着衣着火
- 延焼拡大が早かったなどのため，ほとんど避難ができなかったと思われるもの. 47 人
- 逃げれば逃げられたが，逃げる機会を失ったと思われるもの. 115 人
- 判断力に欠け，あるいは，体力的条件が悪く，ほとんど避難できなかったと思われるもの. 172 人
- 避難行動を起こしているが逃げ切れなかったと思われるもの. 227 人
- 逃げ遅れ 890 人
- 発見が遅れ，気づいた時には火煙が回り，すでに逃げ道がなかったと思われるもの. 329 人

[2] 火災発生から各設備の作動フロー

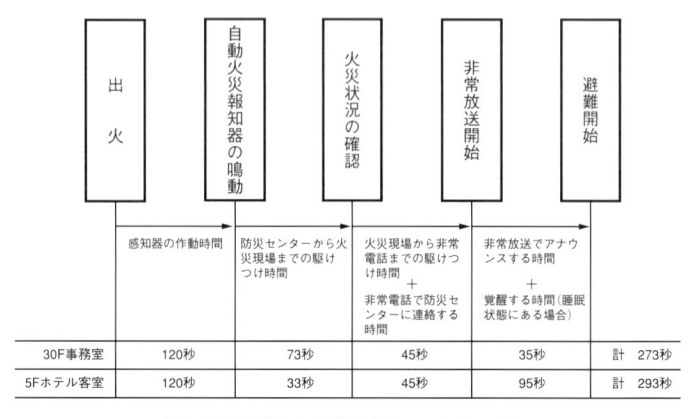

火災発生 → 煙発生 / 室温上昇 / 人による発見現場駆けつけ
- 煙感知器が感知
- 防火戸・防火シャッターの閉鎖
- 熱感知器が感知
- 非常ボタンを押す

防災センター
- 火災受信機 → 火災受信表示 警報区域表示 → 避難指示通報
- 自動・遠隔操作により作動するもの
  ● 非常放送設備
  ● 電気錠設備
  ● 防排煙制御設備
  ● ITV 監視設備
  ● 昇降機設備

[3] 火災発生から避難開始までにかかる時間

	出火→自動火災報知器の鳴動（感知器の作動時間）	→火災状況の確認（防災センターから火災現場までの駆けつけ時間）	→非常放送開始（火災現場から非常電話までの駆けつけ時間＋非常電話で防災センターに連絡する時間）	→避難開始（非常放送でアナウンスする時間＋覚醒する時間（睡眠状態にある場合））	計
30F 事務室	120 秒	73 秒	45 秒	35 秒	計 273 秒
5F ホテル客室	120 秒	33 秒	45 秒	95 秒	計 293 秒

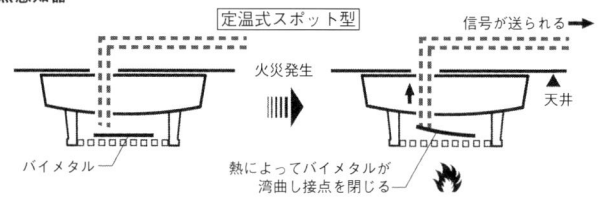

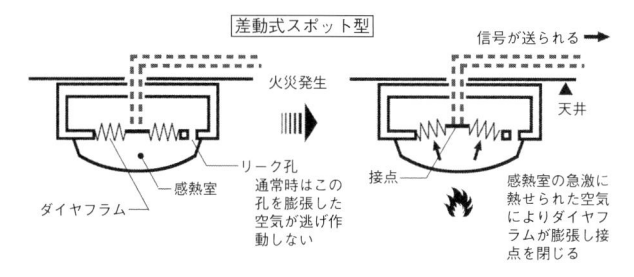

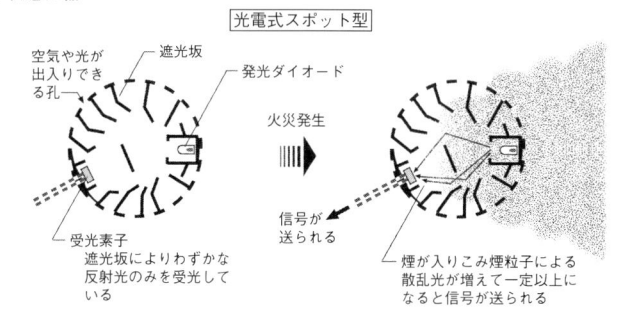

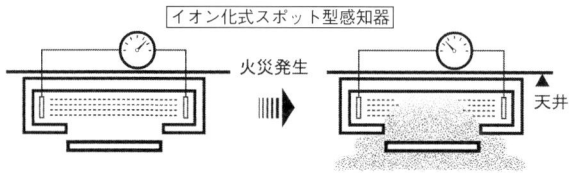

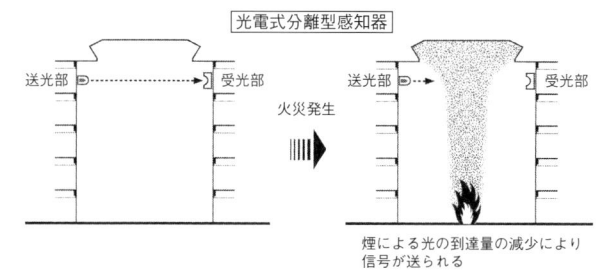

火災感知器の種別と原理 [4]

感知器は熱を感知して作動する熱感知器と煙を感知する煙感知器の2種類に大別される．

熱感知器は周辺温度の上昇率が一定の割合以上になった場合に作動する差動式，周辺温度が一定の温度以上になった場合に作動する定温式の2種類がある．

煙感知器は基本的に周辺空気が一定以上の濃度の煙を含んだ場合に作動する．感知器は熱や煙の性質上，天井面に設置する場合が多い．

感知器の誤作動による非火災報が連続した場合，火災報知設備による在館者への注意喚起能力を低減させ，肝心なときに有効に機能しないおそれがある．感知器が設置される場所は煙の流入が早く火災時の危険性も高いと思われる場所などがよい．ところがそのような場所は逆に普段はほこり，湿気，小さな虫などが多く，感知器のセンサー部を汚しやすいので注意が必要である．

誤作動防止対策としては，
- 適材適所（駐車場など排気ガスの多い場所には熱感知器を設置など）
- 誤作動時の要因究明と要因除去
- 点検および交換

などがあげられる．

アトリウムなど天井の高い大空間では，煙は周辺空気を巻き込みながら上昇するが，体積膨張により濃度は薄く，温度も低いため，通常の感知器では感知しにくい．したがって天井の高い大空間にはセンサーの送光部と受光部を分離設置し，その間の光を煙などが遮断した場合に警報を発する光電分離型煙感知器や，炎から出る赤外線や紫外線を感知する炎感知器などが適している．

その他の特殊な感知器には，管内の熱膨張により感知する空気管式や，光ファイバーを用いた方式などがある．

参考文献
1) 消防庁編：消防白書（平成17年度版），ぎょうせい，p.38，2005.

[4] 火災感知器の仕組み

2.2 早期発見・伝達（1）

2.2 早期発見・伝達 (2)
火災報知設備・火災警報器

自動火災報知設備の構成 [5][6]

自動火災報知設備は火災の発生を感知し，防災センターなど常に管理者のいる場所に設置された受信機に出火場所を含めて表示させると同時に警報を発し，在館者に火災の発生を知らせるための設備である．

出火場所を知らせるための警戒区域の設定は避難誘導に必要な情報を得る上で重要である．

放送設備のゾーニング [7]

不特定多数を収容する建築物，地下街，高層建築物，多層の地階を有する建築物などでは，ベルなどの音響だけでは混乱を招くおそれがあることから，放送設備の設置が必要である．鳴動範囲の設定にあたっては，建物の規模や用途および空間形態を考慮し，原則としてフロア単位によるゾーニングを行う．

特に高層ビルや不特定多数の在館者がいるビルでは，全館一斉に非常放送をかけることは逆にパニックを起こすなど，2次災害の可能性がある．先に述べた警戒範囲を含めた火災階と直上階（さらに直下階も加える場合がある）に非常放送を発し，危険度の高い階から順に誘導する．ただし，多層にわたる吹抜けがある部分は，煙が広範囲に拡散するため，吹抜けに面する階は一斉鳴動とするようにしている．

住宅用火災警報器の設置

建物火災による死者の80%以上は住宅で発生している[8]．時間帯は就寝中の火災による死者が40%を超え，原因は60%近くが逃げ遅れである．これらの現状から，火災の早期覚知が安全性確保への大きな要因と考えられ，住宅への警報器の設置が推進されている．

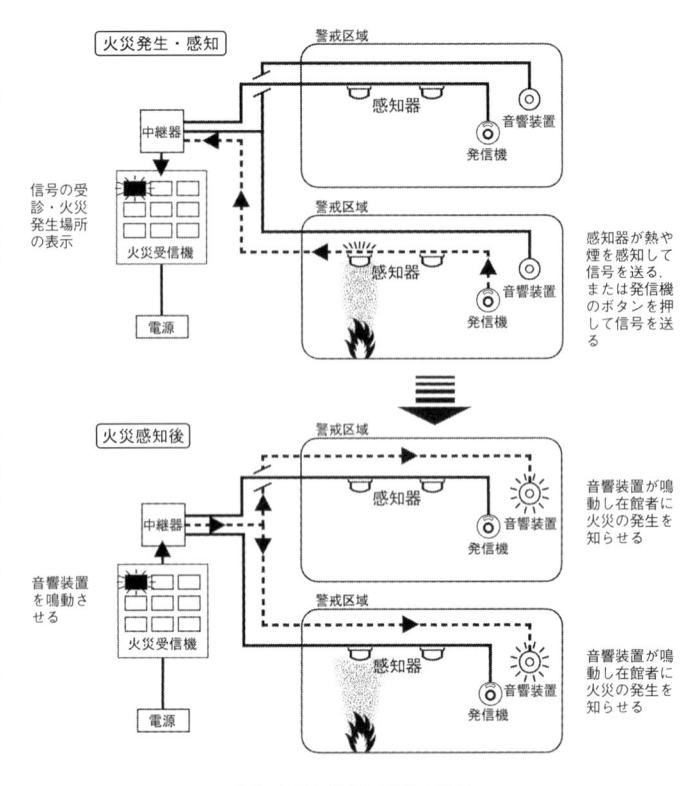

[5] 自動火災報知設備の仕組み

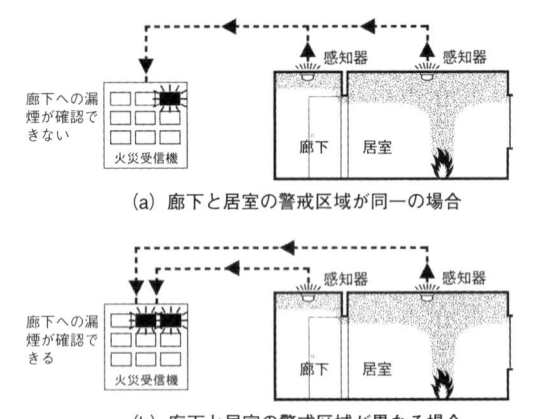

(a) 廊下と居室の警戒区域が同一の場合

(b) 廊下と居室の警戒区域が異なる場合

[6] 警戒区域

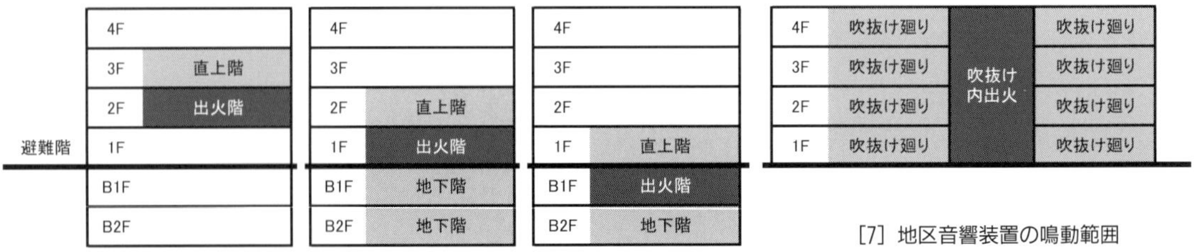

[7] 地区音響装置の鳴動範囲

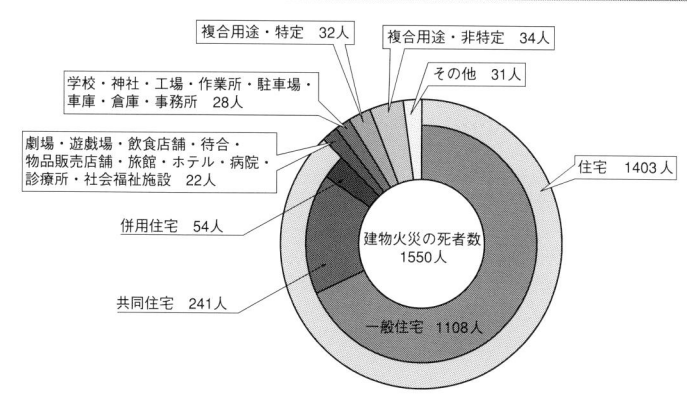

[8] 建築用途別の死者発生状況（平成18年中）[1]

複合用途・特定 32人
複合用途・非特定 34人
その他 31人
学校・神社・工場・作業所・駐車場・車庫・倉庫・事務所 28人
劇場・遊戯場・飲食店舗・待合・物品販売店舗・旅館・ホテル・病院・診療所・社会福祉施設 22人
併用住宅 54人
共同住宅 241人
建物火災の死者数 1550人
住宅 1403人
一般住宅 1108人

[9] 防災情報設備の例

非常文字表示装置／非常文字
光走行式避難誘導装置／誘導灯点滅／点滅
振動ベッド／振動
フラッシュライト／点滅

災害時要援護者への情報伝達 [9]

　火災情報の伝達には，火災や非常警報機などから発せられる情報を感覚能力（視覚・聴覚・触覚・嗅覚）でとらえ，その情報を火災として認識する能力が必要になる．その感覚能力のいずれかに不自由があると火災情報を認識することが難しくなる．たとえば聴覚に不自由がある場合，非常ベルの音や避難誘導の音声などが聞こえないため，ほかの情報から判断するか，あるいはほかの情報のサポートが必要であり，火災覚知が遅れる可能性がある．

　病院や社会福祉施設，高齢者，日本語の理解に問題を抱える外国人などの災害時要援護者が多く在館する施設では，要援護者の感覚能力に配慮した情報伝達のための設備を設置するのがよい．

　防災情報設備の例としては，非常文字表示設備，光走行式避難誘導装置，フラッシュライト，点滅・音声付誘導灯，振動ベッド，誘導放送可能なTVモニターなどがあげられる．これらの設備一つだけではすべての要援護者をサポートできないため，いくつかの設備の組み合わせや，人的支援も含めて総合的に検討しなければならない．

参考文献
1) 消防白書（平成17年度版），消防庁編集，ぎょうせい，2005.

■長崎グループホーム火災の事例

　平成18年1月8日（日）2時19分頃，長崎県大村市内にある認知症高齢者グループホーム「やすらぎの里さくら館」において発生した火災は同施設を全焼し，死者7名，負傷者3名が発生する惨事となった．

　建物は構造が鉄筋コンクリート造一部木造，階数は平屋建，延べ面積は279.1 m^2，設置されていた消防用設備は消火器および誘導灯であった．出火の原因は，タバコによる失火またはライターによる着火の可能性が高いとされ，ソファなどから燃え広がったものと推測されている．

　これらの施設では，夜間の職員が1人であることが多いことから，他の場所で介護している場合などに発見が遅れる可能性がある．また，入所者が火災を早期に発見し職員および他の入所者への情報伝達を行うことや，消防機関へ通報を行うことを前提とした防火対策は通常困難である．早期発見や伝達に関して管理者の負担を軽減する防火対策の必要性を示した事例である．（認知症高齢者グループホーム等における防火安全対策検討会報告書(案)，総務省消防庁，2006年3月より）

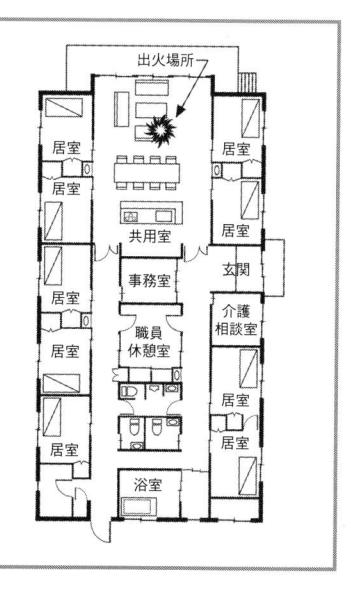

2.2 早期発見・伝達（2）　25

2.3 避難安全

避難計画の原則

建物用途によって就寝の有無，避難行動能力および空間の熟知度などによって在館者の特性が異なる．このため，避難計画の原則は在館者の特性を考慮しながら避難路の配置・容量・保護を具体化することである［1］．

避難計画は，3つの段階に分けて考えることができる［2］．①2方向避難の確保：居室から階段に至る避難路の保護と容量および階段の配置などを計画する．②階段室の保護：階段室への煙の侵入や延焼を防止するように計画する．③避難階における階段から屋外までの避難路の保護を計画する．

避難路の構成

避難路の種類は［3］のようなものがあり，建物の用途・面積に応じて選択する．安全区画やバルコニーは避難者の一時退避と階段室への漏煙防止に有効である．また，Aは階段室へ漏煙する危険性が高いため，希釈効果が高い屋外階段に限定するのがよい．屋内階段はB～Dのように階段室に至る避難路を構成するのがよい．

なお，病院の手術部門・ICU・CCUなど，移動そのものが困難な人がいる部分では，長時間の滞在が可能なろう城区画を計画する．

避難階段

避難階段には［4］のような種類があり，建物の規模，用途などにより適切なものを選択する．特に高層建築物の場合，竪穴の防煙が重要ということから，階段の前に安全区画や付室，バルコニーなどの前室の設置が求められている．

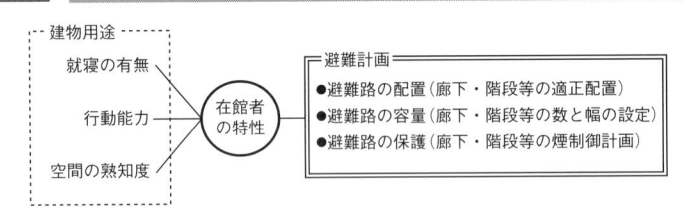

［1］在館者の特性と避難計画

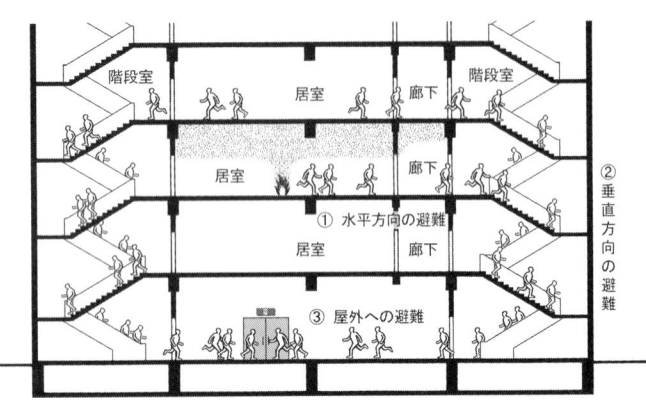

［2］段階型の避難計画

［3］避難路の種類と特徴[1]

［4］避難階段の種類と特徴[1]

(a) 安全区画なし　　(b) 安全区画あり

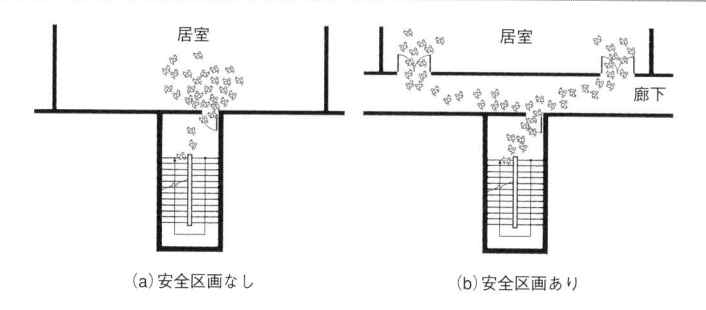

[5] 安全区画の計画

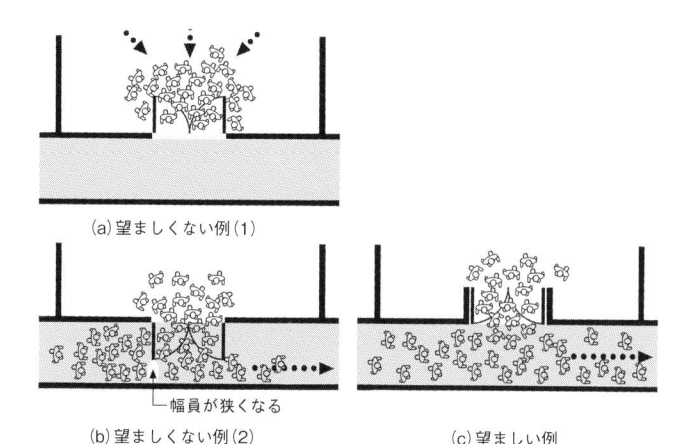

(a) 望ましくない例(1)

(b) 望ましくない例(2)　　(c) 望ましい例

[6] 避難扉の適切な計画

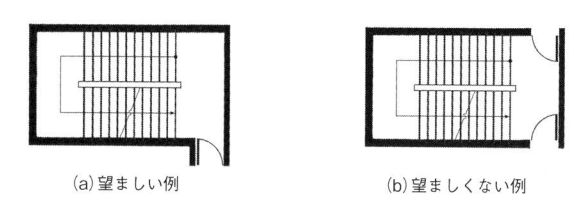

(a) 望ましい例　　(b) 望ましくない例

[7] 避難階段入口の計画

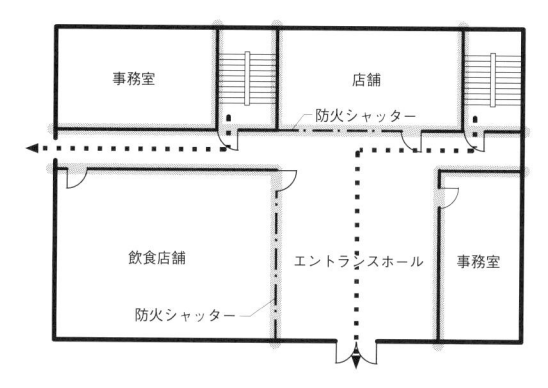

[8] 階段出口から外部までの避難経路の区画

安全区画

　居室と不燃材料の間仕切壁で区画された廊下・前室で，その役割は居室避難を早く完了させ，避難路の保護を図ることにある．安全区画に面する扉は自動閉鎖式とし，極端に小さな室を除き排煙設備を設置する．

　[5](a)のような形態では，階段入口の待ち人数が多いため，居室避難が長くかかる．一方，(b)は居室避難が短く，安全な避難路で滞留できる点が(a)と異なる．

不特定多数への配慮

　物販店舗など空間熟知度の低い在館者が多い施設では，避難時は他人に追随する傾向が現れやすいため，避難出口は外開きにするのがよい．[6](a)では，1つの避難出口に人が殺到すると，後ろからの圧力により扉が閉鎖され，開放が困難となる．また(b)のように単に扉を外開きにすると，廊下など避難路の有効幅員が狭くなるため，扉は(c)のように設置するのがよい．

避難階段入口の計画

　避難階段は出火階だけでなく，ほかの階からも大勢の人が流入してくるため，入口は階段内の流動を阻害しない位置に設けるのがよい．[7](a)は入口扉をセットバックすることで，上階避難者との合流が容易となる．一方，(b)は2方向から階段に入るため，合流に支障をきたし，踊り場での混雑が予想される．

避難階の階段出口からの避難路 [8]

　避難階では，階段出口から屋外までの出口に至る距離を極力短くし，かつ，火災の影響を受けずに避難できるようにする．階段出口からの避難路に面して出火のおそれのある室がある場合には，火気使用の有無およびスプリンクラー設備の有無などをふまえ，避難路の保護を計画する．

参考文献
1) 日本建築学会編：建築設計資料集成 10 技術，丸善，1988 より作成．

2.4 煙制御（1）
煙制御方式・防煙区画

煙制御の目的

煙制御の目的は避難経路が煙で汚染されるのを防ぎ，在館者の避難や消防隊による消火救助活動に支障をきたさないようにすることである．

煙制御には大きく分けて3つの考え方がある [1]．さらに自然力か機械力，あるいは減圧か加圧かなどによって種々の方式がある [2]．

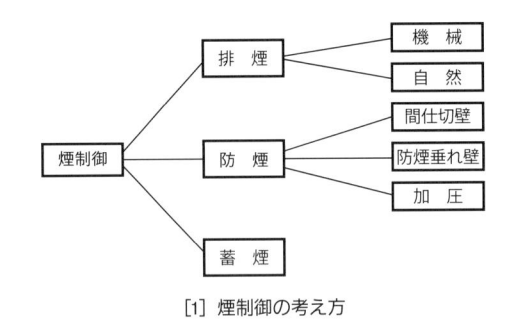

[1] 煙制御の考え方

排煙方式		概念図	特徴　（○長所　●短所）
自然排煙		排煙口／窓側室／間仕切壁 上部開放	○機械設備が必要ない ○窓で代用できる ●室のレイアウトが限定される（間仕切壁を移動するとき，常に排煙上の規制を考慮する必要がある） ●風向きによっては煙が押し戻され，建物内に拡散することもある
機械排煙	(a) ダクト方式	排煙竪ダクト／排煙ダクト／排煙口／天井までの間仕切壁	○排煙機能は最も信頼できる ●各室まで排煙ダクトを引く必要がある（設備工事費は(b)より増） ●間仕切の変更時に排煙ダクト工事が発生する場合が多い
	(b) 天井チャンバー方式	排煙口／排煙吸込口／天井までの間仕切壁	○天井裏の蓄煙効果が期待できる ○排煙吸込口を均等にレイアウトしておけば，間仕切変更時のフレキシビリティが高い ○天井下の防煙垂れ壁の長さは他方式に比べて短くできる ●遮音性が期待できない
	(c) 加圧防煙方式	排煙ダクト／給気ダクト／圧力逃がし口／火災室／廊下／付室／排煙竪ダクト／給気口	○防護すべき空間へ煙を入れないため，遮煙性能は最も信頼できる ●空間の圧力制御のために圧力逃がし口が必要になる（外観デザインに影響）
	(d) 押出し排煙方式	給気竪ダクト／排煙口／廊下／付室／給気口	○煙の希釈効果が期待できる ○機械排煙方式よりもダクト寸法を小さくできる ●遮音性能の信頼性は(a)より劣る ●各室に排煙口（ダクト接続も可）が必要になる
蓄煙			○機械設備が必要ない ○排煙窓が必要ない ●天井が高い空間に適用されることが多いが，煙発生量は一般の室に比べて増加する ●大空間にしか適用できない

[2] 煙制御方式の種類と特徴

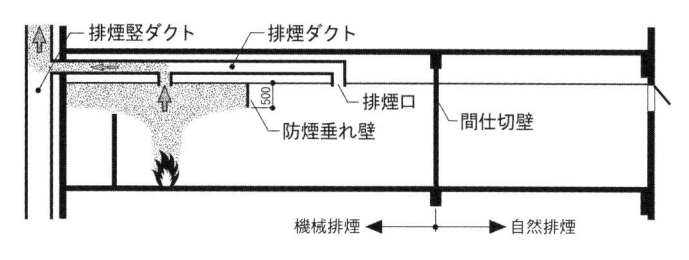

[3] 防煙区画

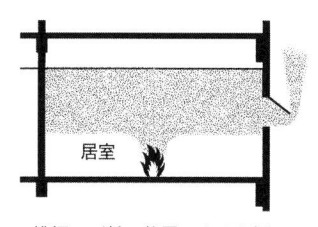

(a) 排煙口の設置高さ

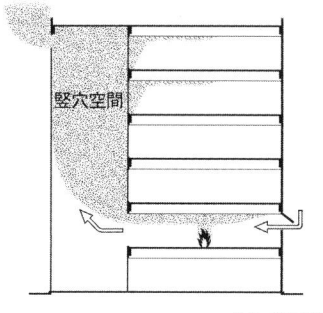

排煙口が低い位置にあると煙層も低下するため避難上好ましくない．

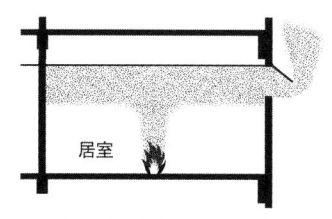

排煙口を高い位置に設ければ煙の温度上昇に伴い，排煙量が上がる．

(b) 高層建築物への設置

高層建築物の下層階の排煙口を開放した場合，暖房時には煙突効果により排煙口から外気が流入するおそれがある．

[4] 自然排煙口の設置方法

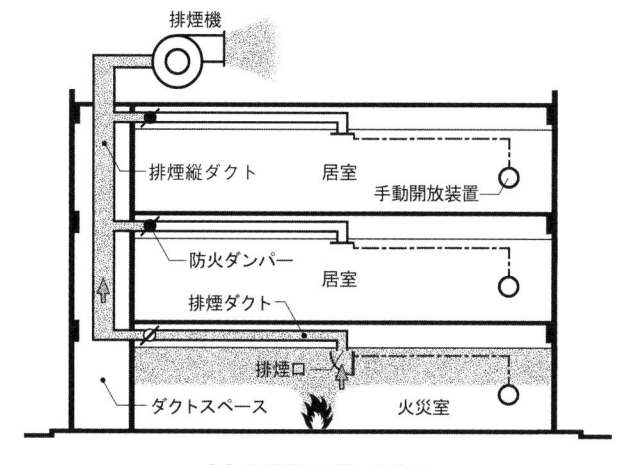

[5] 機械排煙設備の概念図

防煙区画 [3]

防煙区画は煙の流れを一時的に留め，火災感知器の早期感知や排煙効率の向上を図るために設けられる．具体的には間仕切壁や天井から 50 cm 下方に突出した防煙垂れ壁で形成される．防煙垂れ壁は不燃材料で造り，ガラスを使用する場合は，線入りガラスや網入りガラスなど容易に脱落しない仕様としなければならない．

なお，自然排煙と機械排煙など異種排煙方式の境界は，機械排煙側の排煙効果に支障をきたすおそれがあるため，床から天井までの壁で仕切らなければならない．

自然排煙 [4]

煙の浮力を利用して天井や外壁面に設けられた開口部から煙を直接外部に排出する方式であり，煙の排除，煙の降下防止，希釈などの効果が期待できる．その反面，外気条件の影響を受けやすく，設置にあたっては特徴をよく理解しておく必要がある．また，外気風の影響を受けやすいため，単に必要な大きさを確保するだけでなく，風向きにも配慮する．

機械排煙

機械排煙設備は排煙口，ダクト，排煙機などで構成される [5]．手動開放装置を操作すると排煙口が開き，排煙機が起動して煙を機械力によって屋外へ排出し，煙の降下を防ぐとともに，室内の圧力を下げて他への漏煙を防ぐものである．高温の煙を吸い続けると非火災階へ延焼するおそれがあるため，ダクトには280℃で閉鎖する防火ダンパーが設置されている．

機械排煙を効果的に設計するには，空間の用途に合わせたダクト系統の設定，防煙区画の大きさを極力不均等にしない，避難経路に配慮した手動開放装置の設置，排煙口の配置などに留意しなければならない（次ページ [6][7][8][9]）．

2.4 煙制御（1）

2.4 煙制御 (2)
排煙計画

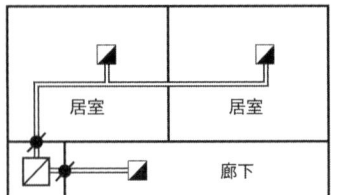

(a) 廊下と居室の例
避難経路の廊下の排煙が長時間機能するよう、一般居室とは別系統とする。居室系統のダンパーが閉じても廊下系統の排煙を継続させるため。

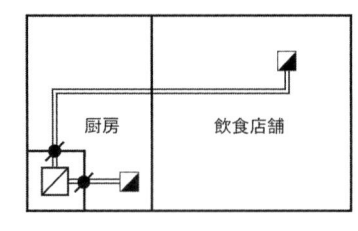

(b) 火気使用室の例
厨房など火気使用室とその他の部分は別系統とする。

[6] 室用途とダクトの別系統化

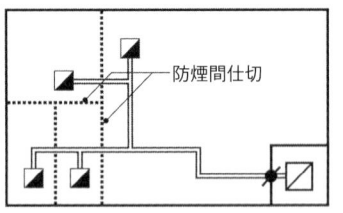

(a) 望ましくない例
同一ダクト系統中に防煙区画の面積が極端に異なるものが混在すると、小区画の排煙時に風量や静圧が過大となり、扉の開閉障害などの問題が生じる。

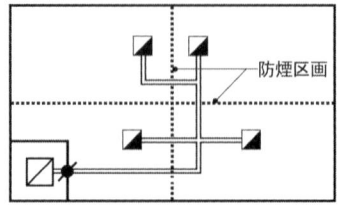

(b) 望ましい例
同一ダクト系統に受けもたせる防煙区画は、ある程度大きくし同程度の面積となるようにすると、安定した排煙量が得られる。

[7] 防煙区画の適切な大きさ

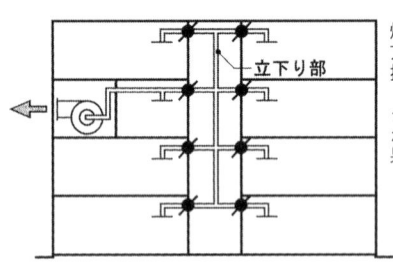

(a) 望ましくない例
煙は浮力により上方へと向うため、排煙機が排煙口よりも下にあったりダクトに立下り部があると、排煙効果が低下する。

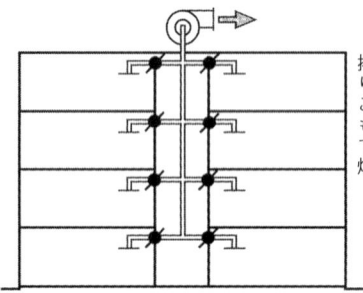

(b) 望ましい例
排煙機を排煙口よりも上に設置することで、煙の浮力も利用することができ、効果的な排煙が期待できる。

[8] 排煙シャフトと排煙機の位置

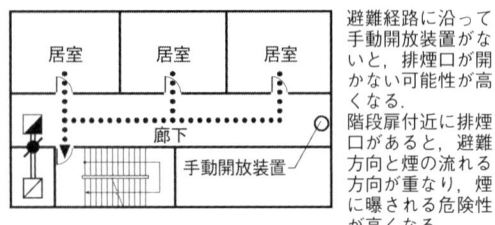

(a) 望ましくない例
避難経路に沿って手動開放装置がないと、排煙口が開かない可能性が高くなる。
階段扉付近に排煙口があると、避難方向と煙の流れる方向が重なり、煙に曝される危険性が高くなる。

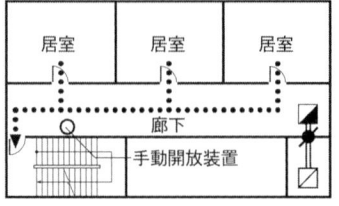

(b) 望ましい例
避難経路に沿って手動開放装置を設け、排煙口も避難方向と煙の流れる方向とが反対になるように配置することで、煙に曝される危険性は低くなる。

[9] 避難方向と排煙口の位置

---

[6]～[9]：凡例　■ 機械排煙口　▱ 排煙竪ダクト　● 防火ダンパー　◎ 排煙機　○ 手動開放装置

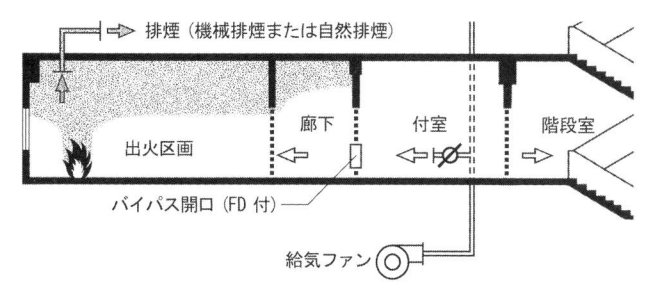

加圧防煙方式

特別避難階段の付室や消防活動の拠点(非常用エレベーター乗降ロビー)などの空間に機械給気して圧力を高め、それよりも低次の安全区画にいくに従い圧力を低下させ、火災室の圧力を最低にすることで、強制的に空気の流れを形成し、避難路への漏煙を防ぐ方式である[10]。一般の排煙方式は煙が流入した場合にそれを排出するのに対し、加圧防煙は火災の拡大状況に合わせた遮煙により、防護すべき空間への漏煙を防ぐ方式である。設計上の留意点を[11]に示す。

押出し排煙[12]

押出し排煙は室の圧力を機械力によって高めて煙を押出す方式であり、2つの方式がある。(a)は室単独で給気・排煙を行うのに対し、(b)は加圧防煙に近い方式であるが、各室に排煙口が必要な点が異なる。

排煙口は直接外気に接する必要があり、外気までの距離が短ければダクト接続も可能である。ただし、ダクト系の圧力損失を考慮した有効開口面積を確保する必要がある。

参考文献
1) 建設省住宅局建築指導課監修:新・排煙設備技術指針 1987版, 日本建築センター, 1987.

[10] 加圧防煙方式の概念図

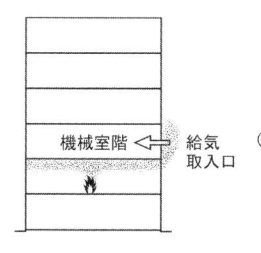

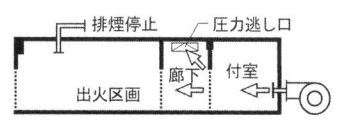

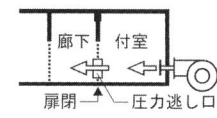

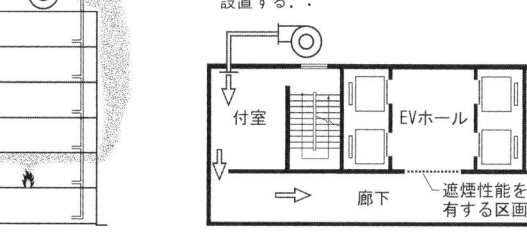

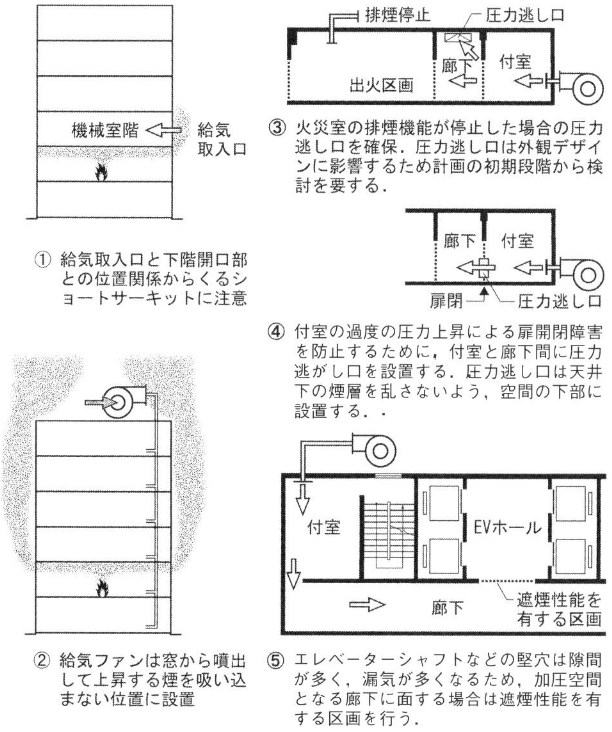

[11] 加圧防煙方式の設計上の留意点

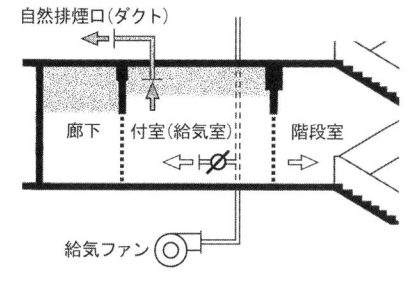

(a) 各室ごとに給気・排煙を行う場合

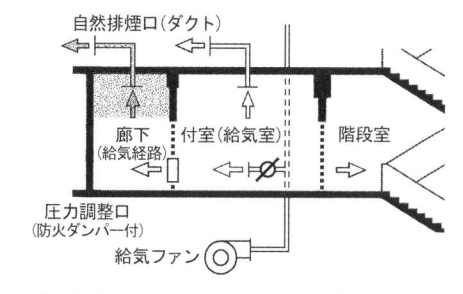

(b) 複数の室を統合して給気・各室排煙を行う場合

[12] 押出し排煙の概念図

2.4 煙制御(2)

2.4 煙制御（3）空調換気とアトリウム

空調換気兼用排煙

日常の空調や換気設備に用いるダクトやファンを火災時の排煙設備として使用する方式である．本来非常時にしか使用しない設備を常時使用することで，天井裏のダクトスペースの縮小，システムの信頼性の向上などが図られる．その反面，システム構成が複雑になり，ダンパーの切替え動作による耐久性の劣化，切替え時間の遅延による煙拡散の問題など，設計上留意しなければならない課題も多い．

兼用排煙は概略2つの方式に分けられる[13]．最も多く採用されているのはA方式であるが，一般に空調換気風量よりも法定排煙風量の方が多いため，性能設計を適用する必要がある．

空調換気兼用排煙の適用事例

機械排煙は火災時のみ運転されるため，非常時の作動信頼性に不安が残る．この点で兼用排煙は日常運転する空調機や換気設備を，そのまま火災時にも使用するため故障が発見し易いという点で信頼性は高い．また排煙のための竪ダクトを設置する必要がないため，上階延焼防止や面積効率の面でも有利である．

有楽町マリオンではこの空調兼用排煙システムを全館に採用している[14](a)．百貨店，ホール・映画館，駐車場など，それぞれの用途特性に合わせて一部のダクトとすべての送風機をそのまま使用する．空調あるいは換気から排煙への転換には空気圧を利用した切り替えダンパーを使用している．

九段第3合同庁舎・千代田区役所本庁舎の低層階では水平避難方式が採用され，居室部分に空調機を兼用した加圧防煙システムが導入されている．火災区画は機械排煙，非火災区画は空調機により加圧給気し，非火災区画への漏煙を防止する[14](b)．このシステムは，日常使用する空調機を単に排煙に使うのではなく，積極的に遮煙を図るために使っている．

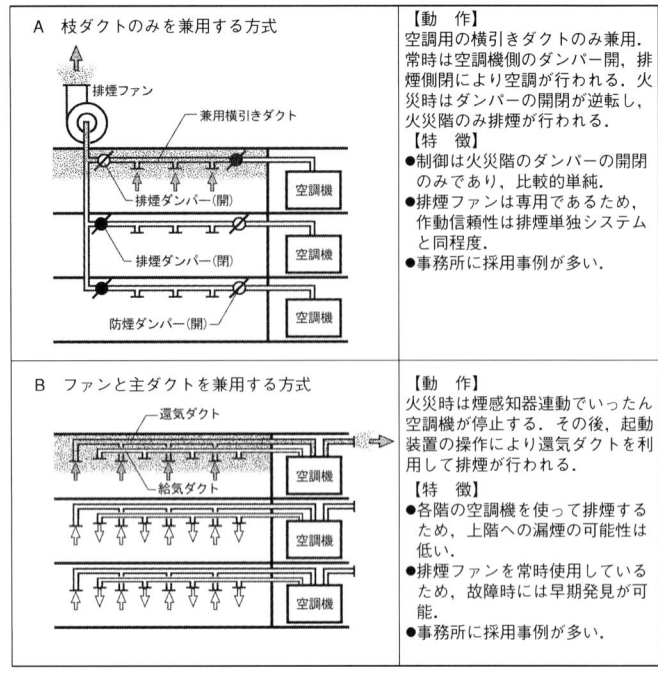

[13] 空調換気兼用排煙方式の分類

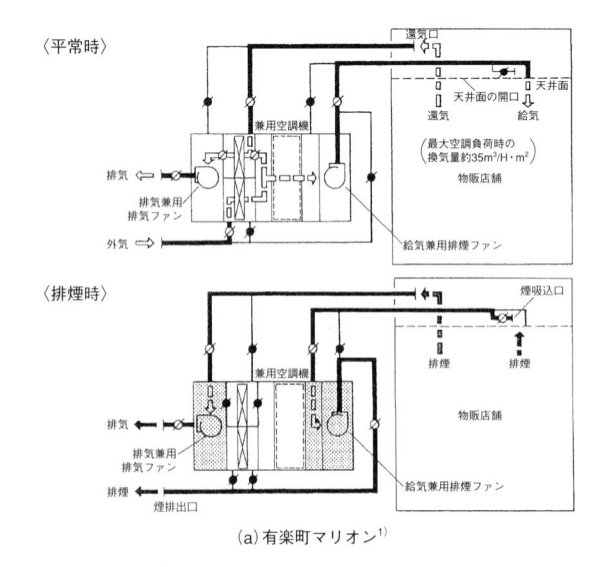

(a) 有楽町マリオン[1)]

(b) 九段第3合同庁舎・千代田区役所本庁舎

[14] 空調と排煙の切り替え例

アトリウムの煙制御

垂直方向の広がりをもつ吹抜け空間，水平方向の広がりをもつモールやガレリアなど，近年の建築物には単体として，あるいは複合施設の一部にこのような立体的な大空間，アトリウムが配される例が多い．

アトリウムにおける煙は上昇する過程で多量の空気を巻き込みながら容積を増していくため，最上部付近ではシャッターなどの区画が設置されていても，作動する前に隣接空間へ漏煙する可能性が高くなる．したがって，最上部から数層はガラススクリーンなど固定の間仕切を設置するのがよい．

アトリウムは天井が高く，気積が大きいため，初期の煙層降下が遅いことおよび定常的な煙層の高さが十分に高い位置で安定することを利用とした煙制御を行う場合が多い．そのためには給気口の存在が重要であり，排煙量と給気量とのバランスを考慮しなければならない [15]．

排煙口の大きさが同じでも，給気口の大きさによって煙層が安定する位置が異なり，給気と排煙の比率が1：1に近いほど，煙層はより高い位置で安定する [16] (a)．また，給気口が大きいほど排煙効率が上がり，煙層の温度上昇が抑制される [16] (b)．ただし，排煙口より大きい給気口を設置しても，煙層の降下および温度上昇の抑制に顕著な差はみられない．給気口は下部に設置するためデザイン上の制約が大きく，十分な開口を確保するのが難しいことが多いが，煙層降下を防止するためには，給気口と排煙口の比率を1：1～2とするのがよい．

[15] アトリウムの煙制御の留意点

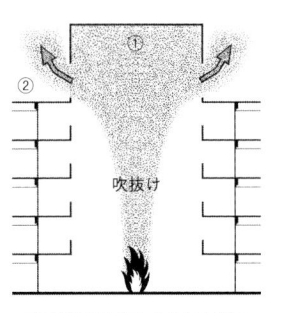

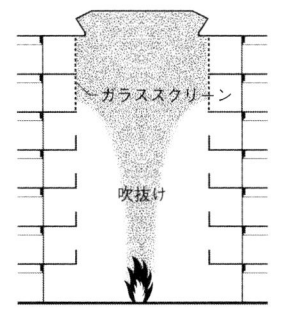

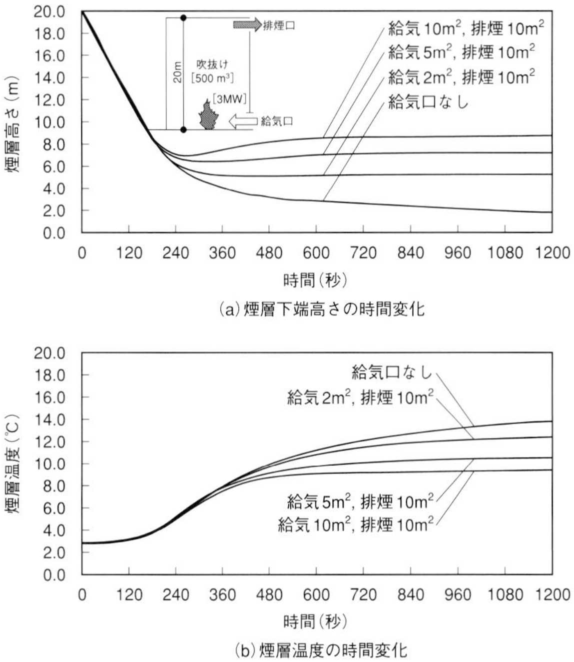

① 居住部よりもさらに上部に蓄煙空間を確保
② 頂部の自然排煙口は風など外気の影響を考慮し，2方向にバランスよく配置
③ ①が確保できない場合，吹抜け上部の数層は，ガラススクリーンなど固定の区画を併設
④ 底部に専用の給気口を確保して排煙口と連動開放する

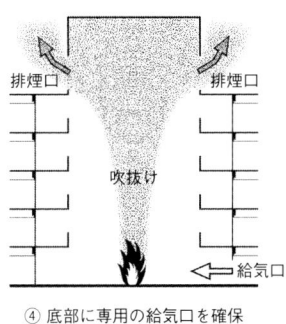

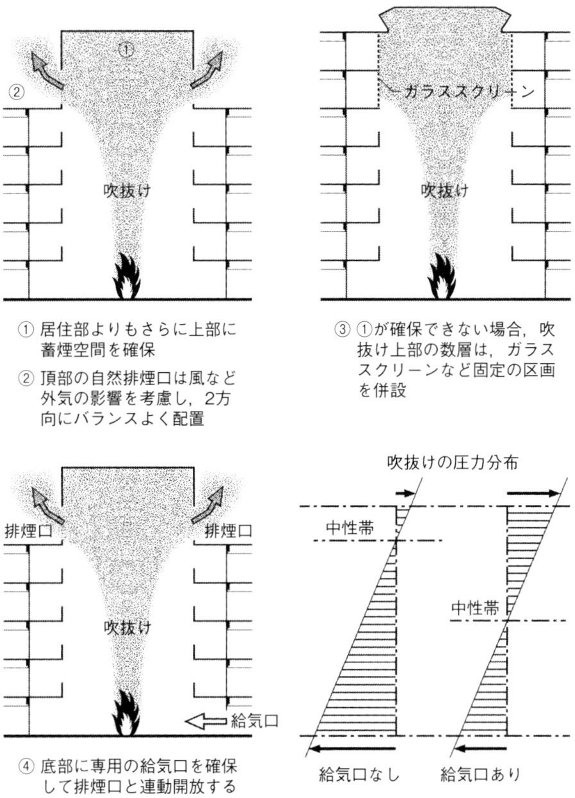

[16] 給気口と自然排煙効果の関係
(a) 煙層下端高さの時間変化
(b) 煙層温度の時間変化

参考文献

1) 建設省住宅局建築指導課監修：新・建築防災計画指針 建築防災計画実例図集 1985年版，日本建築センター．
2) 日本建築学会編：事例で解く改正建築基準法 性能規定化時代の防災・安全計画，彰国社，2001．

2.5 火災拡大防止（1）
防火区画

防火区画の種別と目的 [1] [2]

火災拡大防止は火災を建物の一部に閉じ込めることによって，物的損害を最小限に留めるとともに避難や消防活動拠点の安全性を確保するものである．防火区画には面積区画，竪穴区画，異種用途区画，層間区画がある．

面積区画 [3]

一定の床面積以内ごとに空間を区画することにより，燃焼領域を一定規模以下に抑えるための区画である．面積区画は損害の最小化を図るだけでなく，避難や消防活動の安全確保にも重要である．面積区画の大きさは階数，内装の種別などで異なり，高層部は外部からの消防活動が困難となるため，より小面積の区画が要求されている．火炎の拡大を一定規模に限定させるという目的から，壁は準耐火構造または耐火構造，開口部は特定防火設備により区画を行う．

異種用途区画 [3]

管理形態が異なる2つ以上の用途が存在する場合，異なる用途への延焼を防ぐための区画である．管理形態が異なる用途が隣接する場合，一方の火災により他方では情報伝達，避難誘導などで思わぬ混乱が生じることが予想されるため，用途の異なる空間が隣接する場合は原則として防火防煙区画を行う．

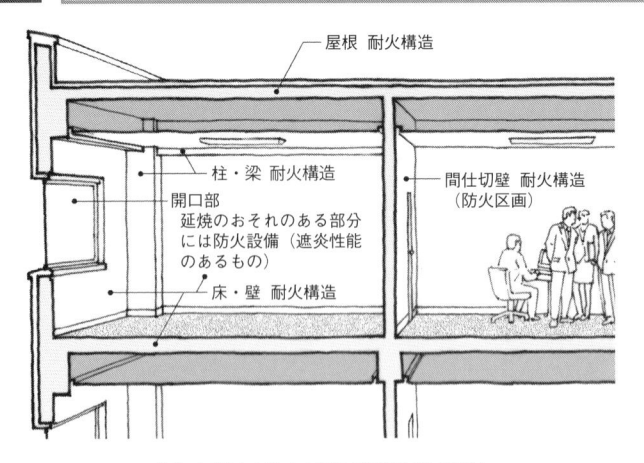

[1] 火災拡大防止対策の種類と構成部材

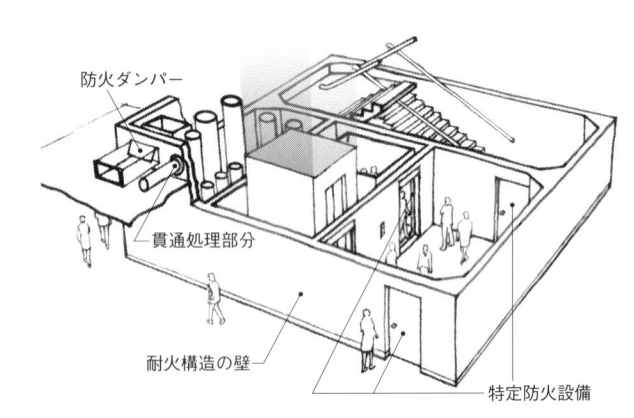

[2] コアまわりの火災拡大防止対策

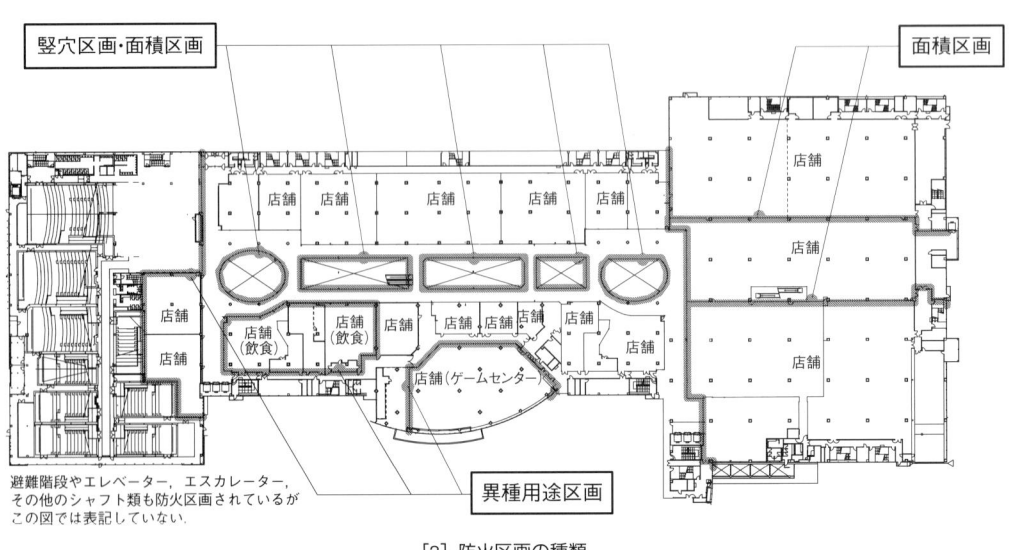

[3] 防火区画の種類

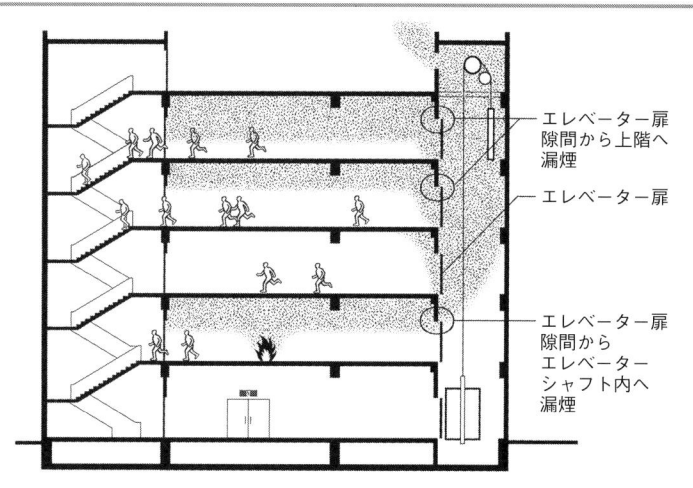

[4] エレベーターシャフトを介しての上階漏煙

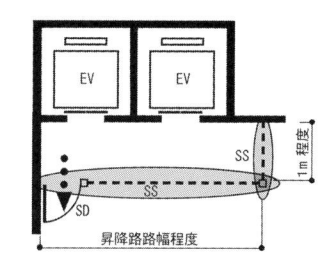

(a) 防火防煙シャッターによる区画例

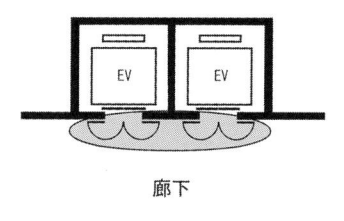

(b) 特定防火設備による区画例

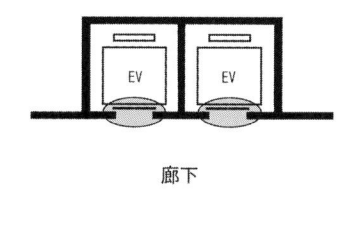

(c) 遮煙性能のあるエレベーター扉による区画例

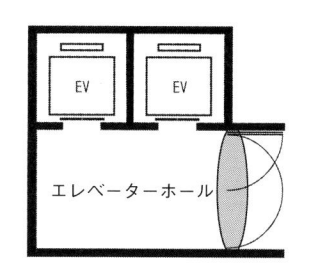

(d) エレベーターホールによる区画例

[5] エレベーターシャフトまわりの竪穴区画

竪穴区画 [4]

エレベーターシャフト,エスカレーター,階段室およびダクトスペースなどの垂直方向に連続した空間に煙が流入・拡散するのを防ぐための区画である.竪穴空間に煙が流入すると,火災の状況がよくわからない上階に煙が漏洩することになり,避難上著しく危険な事態を招く.過去の火災事例をみても,火災そのものの物的損害だけでなく,出火階より上階で煙に曝されて死者を出した例が多い.

冬期は,建物内外の温度差により,下層では外気から竪穴に向かって,上層では竪穴から外気に向かう気流が生じるため,下層で出火した場合,より煙が竪穴に流入しやすくなる.

竪穴区画を構成する開口部には遮煙性能を有する防火設備を設置する.

エレベーターまわりの竪穴区画

エレベーター扉は引き戸であるため乗降口部分で建物躯体とクリアランスを確保する必要があり,構造上隙間が生じやすい.このため,エレベーター扉を遮煙性能を有するものとするか,シャッターや防火戸を併設して遮煙性能を確保する対策が行われている [5](a)〜(c).一方,エレベーターホールを含めて竪穴区画を行うこともあるが,この場合にはホールが避難経路となる平面計画としてはならない [5](d).

2.5 火災拡大防止 (1)　35

2.5 火災拡大防止 (2) 防火区画と要求性能

エスカレーターまわりの竪穴区画 [6]

防火防煙シャッターや防火戸により区画を形成する。早い段階でシャッターなどを作動させるため、天井面から下方に突出した垂れ壁を併設し、一時的な煙溜りをつくることで、感知器の作動を早めるのが効果的である。またこれは、シャフト内に少しでも煙を入れないようにする上でも効果的である。エスカレーターに直接居室が面する場合には、シャッター直下に物品が放置されると区画が形成できなくなるため、固定のガラススクリーンを併設するのがよい。

吹抜けまわりの竪穴区画

吹抜けまわりの区画は火災安全上とくに注意を要する。煙が竪穴を介して多層に広がるおそれがあるためである。

区画は煙感知器連動で閉鎖するシャッターで形成されることが多い。感知器の作動を早め、吹抜けに漏煙する前に区画を形成するためには、エスカレーターまわりと同様、防煙垂れ壁を併設するのがよい。

吹抜けは底部に可燃物が想定されることがあるため、出火場所によって区画の形成方法が異なる [7]。(a)のように吹抜け内で出火した場合には、吹抜けに面するシャッターをすべて閉鎖する。また(b)のように吹抜けに隣接する室で出火した場合には、出火室に面するシャッターのみが閉鎖するが、漏煙後は(a)と同様となる。

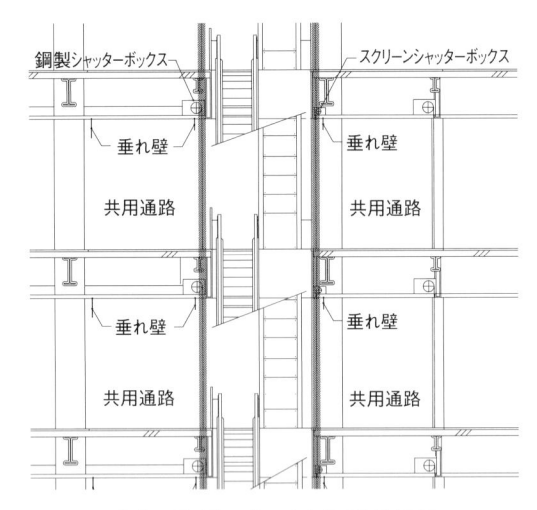

[6] エスカレーターまわりの竪穴区画

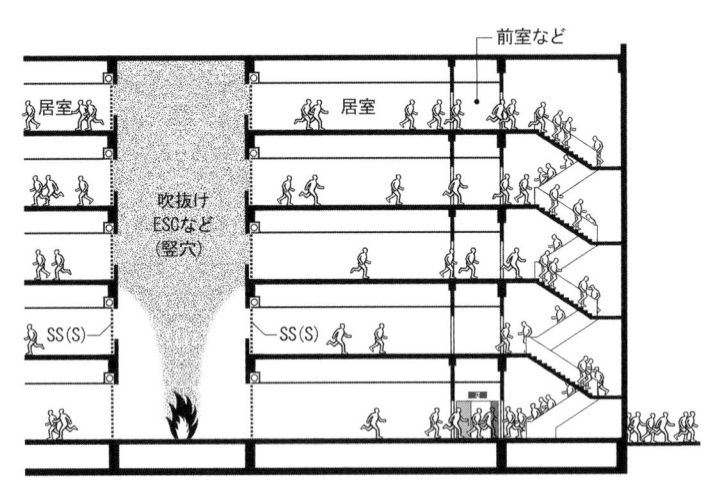

(a) 吹抜け内出火時

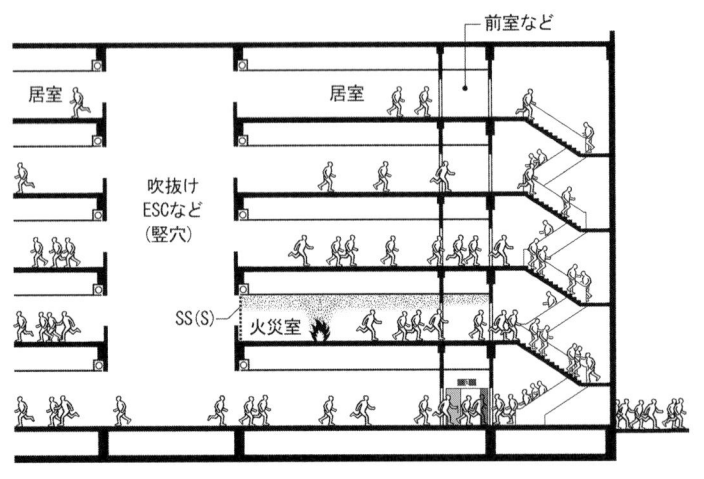

(b) 隣接する室出火時

[7] 吹抜けまわりの竪穴区画

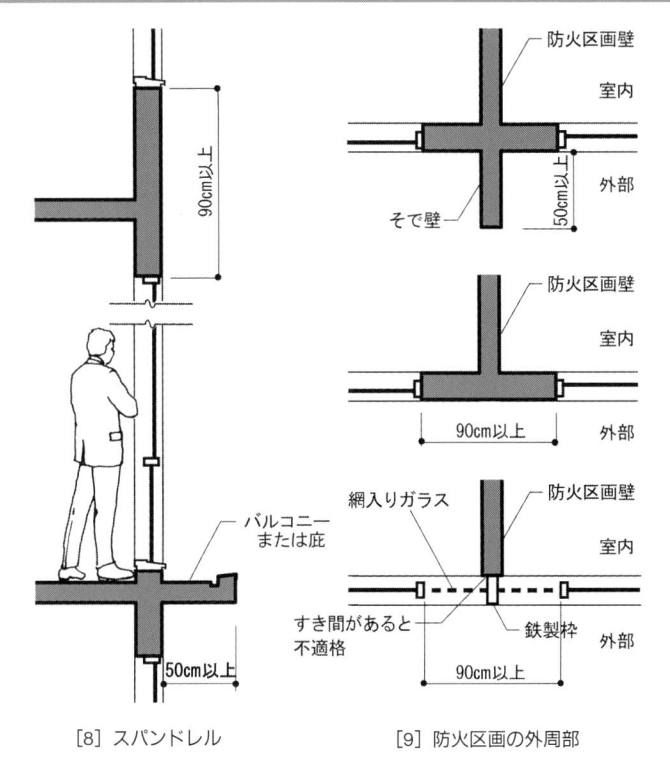

層間区画 [8]

外壁開口部を通じて、上階または下階へ火災が拡大するのを防ぐための区画である。

上下階に延焼すると燃焼面積が増大するだけでなく、火勢が激しくなるおそれもある。これは床の燃え抜けや破壊などにより上下階の空気の流通量が増大することによるものである。区画に用いる部材としては、床スラブ、外壁(スパンドレル)、庇、バルコニーなどがある。

防火区画の外周部

防火区画の壁が外壁に突き当った部分では [9] のような対策が必要である。これがないと外壁開口部を通じて火災が水平方向に延焼するためである。

防火区画と要求性能 [10]

区画は床、壁および開口部から構成され、目的とする区画によって要求性能が異なる。

面積区画には1時間の遮炎性能を有する特定防火設備が必要である。常時開放式の扉は熱または煙感知器連動で閉鎖する機構が必要となる。

竪穴区画には遮煙性能を有する防火設備が必要である。常時開放式の扉は煙感知器連動で閉鎖する必要がある。一般的に竪穴区画は面積区画も兼ねることが多いので、その場合、開口部は特定防火設備となる。

防火戸 [11]

防火戸(防火設備、特定防火設備)は、枠またはほかの防火戸と接する部分が相じゃくり、または定規縁もしくは戸当たりを設けたものなど、かつ、取り付け金物も閉鎖した際に露出しないように取り付けられたものなど、火炎が貫通しないよう閉鎖した場合に隙間が生じない構造でなければならない。

[8] スパンドレル

[9] 防火区画の外周部

防火区画の種類	防火設備の種別	防火設備に必要な性能		常時閉鎖式以外の場合の連動閉鎖方式
		遮炎性能	遮煙性能	
面積区画	特定防火設備	1時間	不要	熱または煙
竪穴区画	防火設備	20分	要	煙
異種用途区画	特定防火設備	1時間	要	煙

通常の火災による火熱が加えられた場合に加熱開始後、所定時間以内に当該加熱面以外の面に火炎を通さないもの.

[10] 防火区画と要求性能

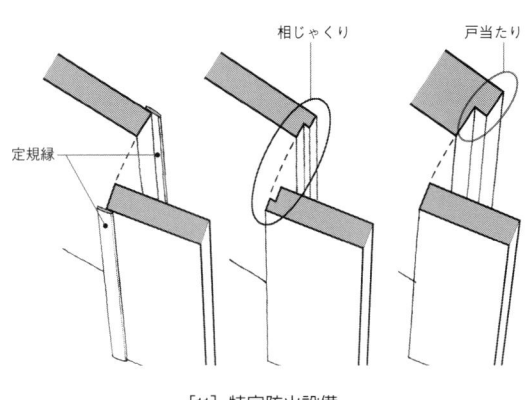

[11] 特定防火設備

2.5 火災拡大防止 (2)

2.5 火災拡大防止 (3) 防火ダンパー・防火シャッター

防火ダンパー [12]

空調用あるいは換気用ダクト内に火炎や煙が侵入すると，たちまち全館に煙が充満するおそれがあるので，防火区画を貫通するダクトには，防火ダンパーを設置する．

防火ダンパーは火災時に温度が上昇するとヒューズが溶けて，自動的にダンパー羽根が回転して閉じるものと煙感知器から信号と連動して閉じるものがある．

区画貫通部

配管やケーブルなどの設備が防火区画を貫通する部分は，貫通処理が適切でないと火炎の伝播経路となり，延焼拡大防止上の弱点となるため，法規定に基づく貫通処理を確実に行う [13]．とくにケーブルラックのように多量の電線を束ねたものは，一旦着火すると激しく燃焼するため，区画貫通部の延焼防止対策は重要である [14]．

シャッター

防火シャッターと防火防煙シャッターでは遮煙性能の有無が異なる．前者は遮炎性能が要求される面積区画，後者は遮煙性能が要求される竪穴区画や異種用途区画に用いられる．従来，防火シャッターには開口幅の規定がなく，防火防煙シャッターは開口幅5mまでであったが，現在では開口幅の広いものも製品化されている．

防火防煙シャッターと防火シャッターの違いはスラットの形状にある [15]．防火防煙シャッターのスラットは(a)のオーバーラッピング型，防火シャッターは(b)のインターロッキング型を使用しており，(a)ではガイドレールおよびまぐさの形状にも遮煙材を使用するなど，防火シャッターよりも隙間の少ない構造となっている．

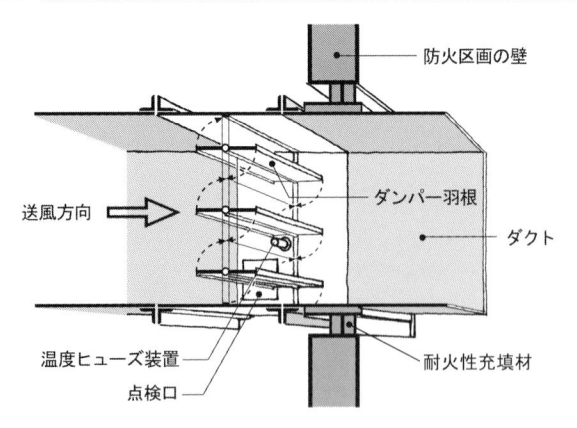

[12] 防火ダンパーの例（温度ヒューズ連動式）

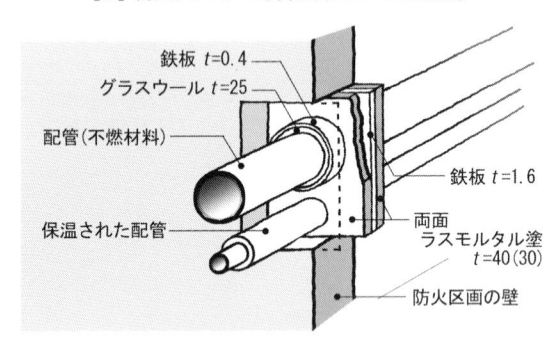

[13] 配管の区画貫通部の処理例

[14] ケーブルラックの区画貫通部の処理例（写真：濱田信義）

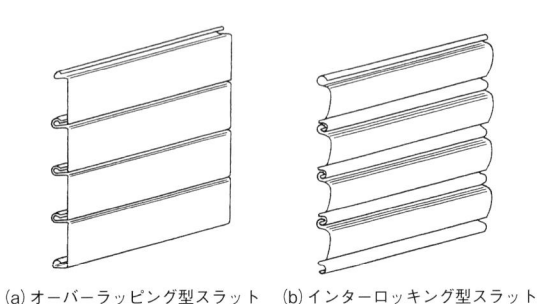

(a) オーバーラッピング型スラット　(b) インターロッキング型スラット

[15] シャッターのスラットの形状[1]

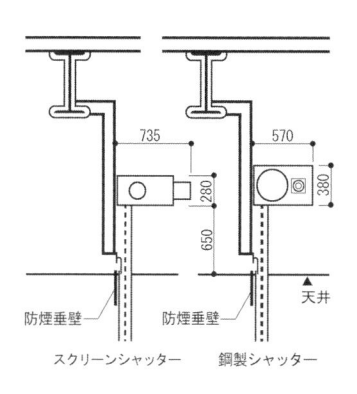

[16] シャッターの天井裏の納まり例

[17] スクリーンシャッター

[18] 円弧状の区画例

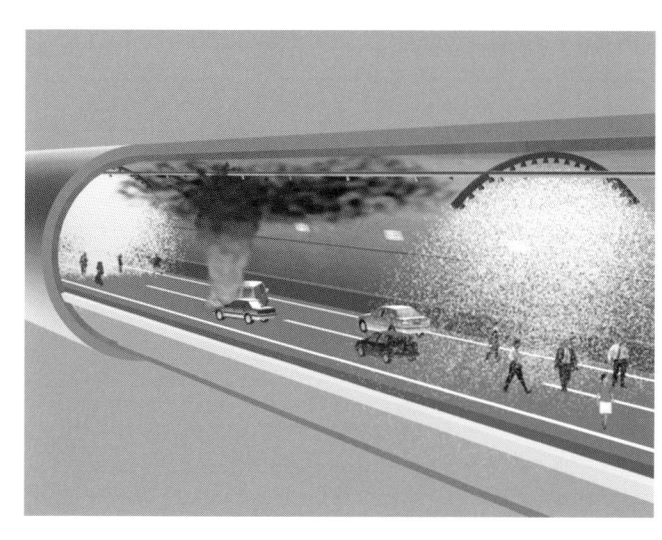

[19] トンネル状の区画例

スクリーンシャッター

　シリカ繊維を主材料とするガラスクロスをテフロンコーティングした布製のシャッターである［16］．鋼製シャッターに比べて重量が軽く，遮熱性も高い．また，天井裏の納まりがコンパクトで，天井内の寸法を小さくすることができる．

　避難口を有するタイプ［17］はシャッター併設のくぐり戸を一体化したもので，エスカレーターやエレベーターシャフトなどの竪穴区画に適用される例が多い．ただし，多数の人が避難口に殺到した場合には，シートがガイドレールから外れるおそれがあるため，原則として物販店舗，劇場，映画館などの不特定多数を収容する建物の主要な避難路に設置することは避ける．

　スクリーンシャッターは材料が布であるため，天井から吊り下げられた重量物(空調機，照明器具，音響設備など)が火災時に落下して，シートを破損するおそれのある場所には原則設置しない．また，過度に圧力差が生じる場所も，シートがガイドレールから外れるおそれがあるため，原則設置しない．

　このように，スクリーンシャッターは使用場所に制限があるため，設置にあたっては注意を要する．

ウォータースクリーン［18］［19］

　200ミクロンの微細な水粒子（雨粒は1000ミクロン程度）を噴出する特殊な散水ヘッドを連続配列し，火災時に水のカーテン状の防火区画を形成する．特定防火設備の認定を受けた防火設備である．

　防火設備の幅をすべて避難のために活用できる特性により，不特定多数の集まる施設や，身体の不自由な人・病人・老人・子供など災害弱者の多い施設の避難・救援に適している．

　また，ヘッドの配列による区画の形態自由性によって，カーブした区画やトンネル状空間・傾斜のある空間での区画も可能である．

参考文献
1) 日本建築学会編：防火区画の設計・施工パンフレット，日本建築学会，1993．

2.6 消火・救助（1）
消火設備

初期消火設備の設置の目的

火災が発生した場合，出火拡大防止対策として内装制限があるが，これらでは制御しきれない収納可燃物に対して火災が小さい間に居住者が自力で消火することを目的に設置されている．

消火器具 [1]

消火器具には簡易消火用具（バケツ，防火水槽，乾燥砂とスコップなど）と消火器などがあり，現在の消火器具の主流は95％以上が消火器である．

また消火設備に使用する消火剤は，普通火災（A火災）に適しているもの，油火災（B火災），電気火災（C火災）に適しているものがある [2]．

自動消火設備 [3]

自動消火設備にはスプリンクラー設備，泡消火設備，不活性ガス消火設備などがあり，火災初期に起動し，火災拡大を抑制することができる．スプリンクラーなどの自動消火設備は設置する場所や使用用途などに応じて選択する必要がある．

スプリンクラー設備には開放型（ヘッドが常時開放されている）と閉鎖型があり，設置場所の環境条件によって選択される [3]．閉鎖型のうち，乾式と湿式については加圧送水装置，制御弁，流水感知装置およびヘッドから構成されている．いずれの方式も火災の熱によってヘッドが開放すると，流水感知装置以降の部分の圧力が低下して水が流れ，これを感知した流水感知装置が信号を発して制御弁を開く仕組みである [4]．

スプリンクラー設備が冷却効果を期待する消火設備であるのに対して，窒息効果が期待できる消火設備として泡消火設備，二酸化炭素消火設備，ハロゲン化合物消火設備，粉末消火設備，水噴霧消火設備がある．

窒息による消火設備を設ける部分は，電気室や指定可燃物など，散水するとかえって危険となる場所や，散水で莫大な損害を受ける展示室，通信室，また油など，水に溶解せず，水に浮く可燃物がある駐車場などに設置される．

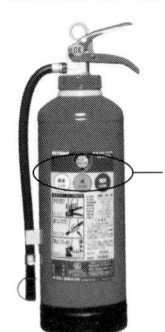

マーク表示で消火に適用できる火災を区別している．
白・・・普通（A）火災
黄・・・油（B）火災
青・・・電気（C）火災

[1] 消火器の例（写真提供：横井製作所）

[2] 消火剤の種類と性能比較

特性＼種類	水系消火剤			ガス系消火剤		
	水	強化液消火剤	泡消火剤	二酸化炭素消火剤	ハロゲン化合物消火剤	粉末消火剤
消火の速さ	遅い	遅い	遅い	速い	速い	速い
冷却効果	大きい	大きい	大きい	小さい	小さい	ほとんどない
対応する火災規模	中→大	中→大	中→大	小→中	小→中	小→中
適応火災	A火災	A火災	A火災 B火災	B火災 C火災	B火災 C火災	A火災 B火災 C火災 ガス火災

[3] スプリンクラー設備の種類

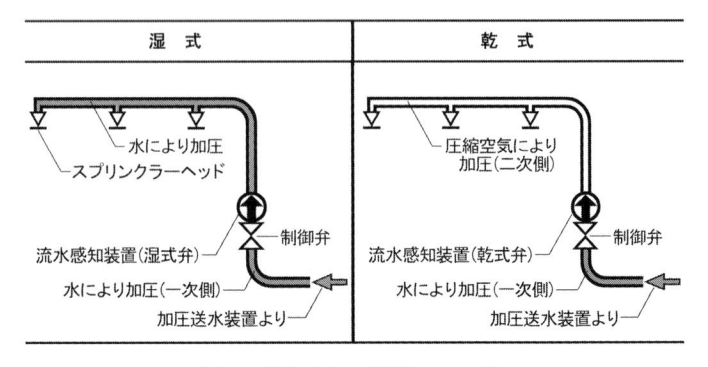

種類		設置場所	作動方法
閉鎖型	湿式	一般的なビル（事務所，店舗など）	最も一般的な方式．常時配管内に水を充塡しておき，火災でヘッドが作動すると，すぐに水が放出される．
	乾式	寒冷地などの工場（その他，劇場の舞台部分）	配管内を加圧空気で満たしておき，火災時に熱感部が作動すると圧縮空気が放出され，管内圧が低下することで乾式流水検知装置が作動し，水が放出される．
	予作動式	病院・住宅など（重要文化財，電算機室）	ヘッド部分に空気を圧縮することで，凍結防止および誤動作による水害を防止する方式．ヘッドが作動してもすぐには放水せず，火災報知器の作動信号で初めて配管内に水が流れ放出される．
開放型		寒冷地などの工場（その他，劇場の舞台部分）	配管内は空洞であり，ヘッドと火災感知器などの両方が作動しない限り放水しない．

[4] スプリンクラー設備のメカニズム

a：地区音響装置
b：表示灯（ポンプ起動時はブリッカー）
c：報知器発信器（P型）と兼用の起動押しボタン

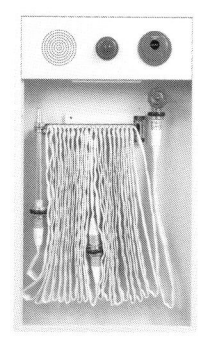

1号消火栓（総合盤付）　　　（内部）

[5] 屋内消火栓の例（写真提供：横井製作所）

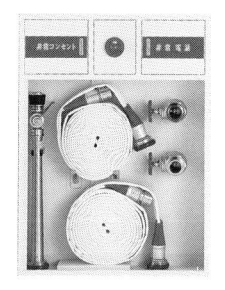

放水口の例（写真提供：立売堀製作所）

送水口（スプリンクラー設備および消防隊専用栓を格納）

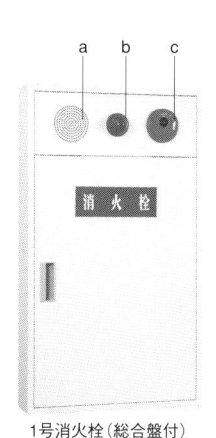

[6] 連結送水管

(a) 消防用水（敷地内に設置する）　　(b) 消防水利（公園の池を利用）

[7] 消防用水と消防水利

屋内消火栓 [5]

屋内消火栓は建物の使用者や管理者が火災発見時に消火活動が行えるように設置されている初期消火設備である．2人で扱う1号消火栓と1人で扱える2号消火栓がある．

本格消火設備

初期消火に失敗し，火災が拡大した場合，消防隊による消火活動支援として連結送水管などの設備を設置する必要がある．これは消防活動を円滑に行うために重要な設備である．

連結送水管（消防隊専用栓）[6]

はしご車の届かない部分または地下部分で火災が発生した場合，消防活動時に消火用水を当該階まで送水するための設備である．消火活動を火災エリア付近で行えるため，有効な消防活動が可能となる．

消防用水 [7]

消火活動を行うための水源である．ここから消火活動に必要な水をポンプでくみ上げ，建物外部に設置された送水口から連結送水管などに送水する．送水口に送水された消火用水は，火災エリア近傍の消防隊専用栓から採水され，消火に利用される．

消防用水の有効水量は少なくとも $20\ m^3$ 以上必要で，建築物の規模により貯水量が定められている．

2.6 消火・救助（2） 消防活動・防災センター

非常用進入口 [8] [9]

　非常用進入口は消防活動を行う上で，消防隊が外部から建物内に進入するために必要な設備である．

　非常用進入口を設けられない場合は非常用エレベーターを設置したり，代替進入口などを設け，消防活動に支障のない計画とする．

　代替進入口は網入りガラスや厚いガラスとすると消防隊が割って進入することができないため，消防隊が容易に割ることができる窓ガラスを利用する．

非常用エレベーター [10]

　建築物の高さが31 mを超える建物では外部からの進入が困難なため，非常用進入口の代わりに非常用エレベーターの設置が義務づけられている．

　非常用エレベーターは消防活動上重要な設備となるため，1階では外部から容易に進入できる位置(30 m以内)に設置しなければならない．

　非常用エレベーターの乗降ロビーは，消防隊が消火活動拠点として利用するため，耐火構造とし排煙設備を設置するが，その面積は非常用エレベーター1基につき10 m²以上必要である．

　消防隊は火災拡大時の一時退避に階段を利用するため，設置位置としては避難階段などと一体もしくは近接しているのがよい．

緊急離着陸場，緊急救助用スペース [11]

　超高層建築物などでは出火点の確認や火災状況の把握が低中層建築物に比べて困難なため，非常用エレベーターの設置を義務づけているが，より効果的な活動空間を確保するため緊急離着陸場や緊急救助用スペースの設置が勧められている．

　緊急離着陸場は救助だけではなく，消防隊の突入時にも利用されるが，緊急救助用スペースは主に救助を目的としたスペースである．双方では要求性能の違いにより大きさが異なる．

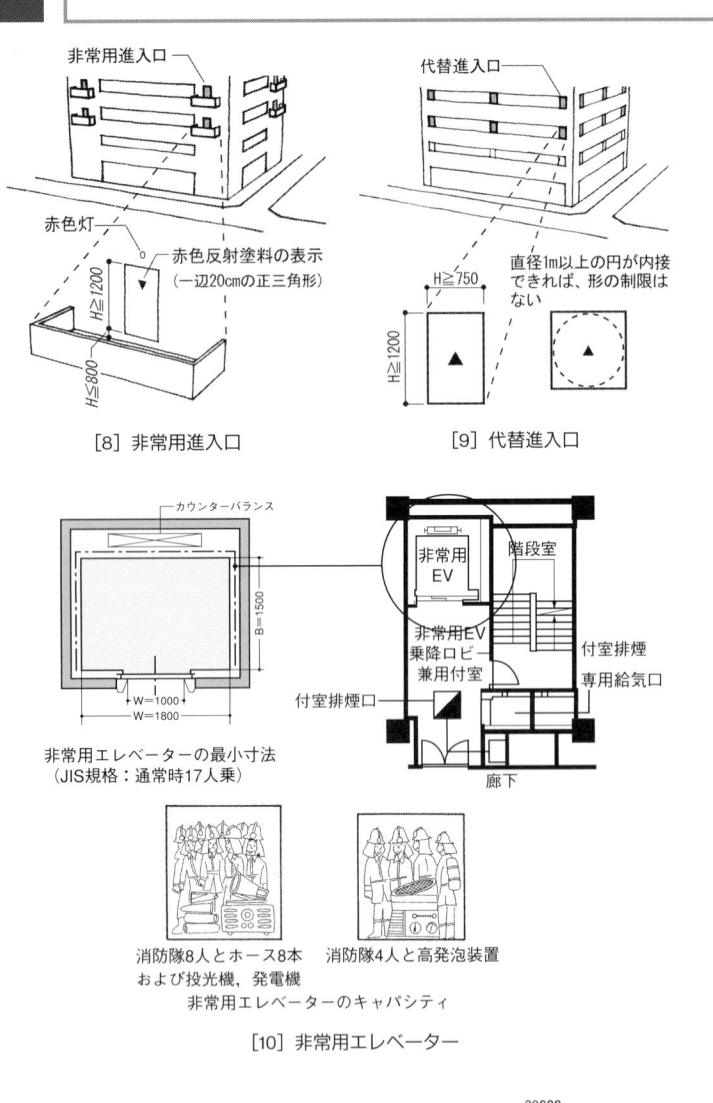

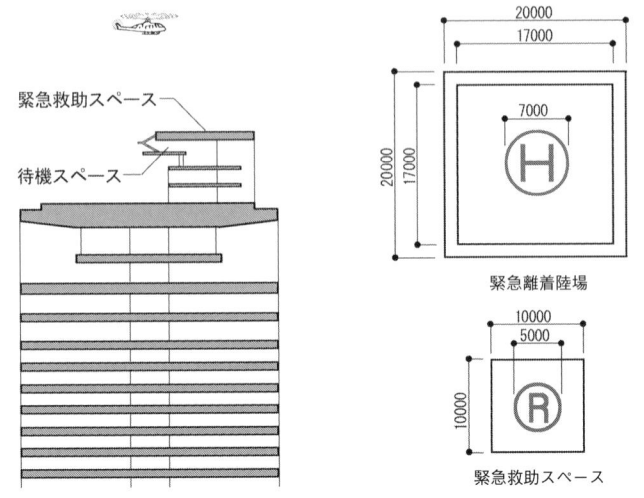

[8] 非常用進入口

[9] 代替進入口

[10] 非常用エレベーター

[11] 緊急離着陸場と緊急救助用スペース

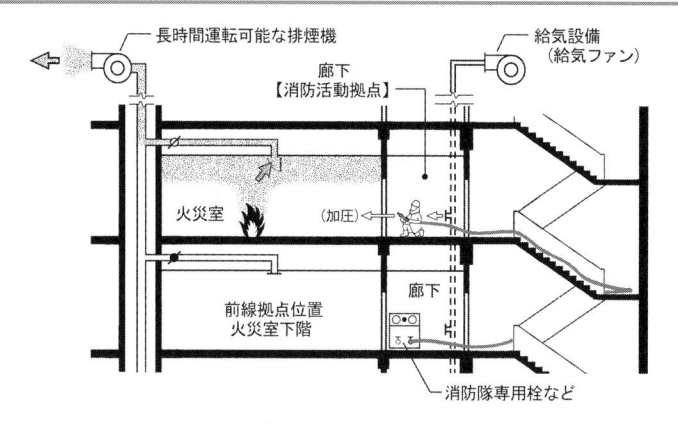

低層建物の消防活動拠点 [12]

消防活動拠点は，特別避難階段の付室，非常用エレベーターの乗降ロビー，避難階段の前室などが該当する．低層建物には非常用エレベーターを設けない建物が多いため，階段や階段前廊下(前室)を消防活動拠点として利用する場合が多い．消防隊は出火階の1層下を前線拠点とし，そこから階段を通じて火災階に進入する．

消防活動拠点には煙が侵入した場合に備えて，給気経路を確保した排煙設備を設置し，消防隊の安全性を確保しているが，近年，機械給気による加圧防煙システムも導入され，一層の消防隊活動支援が可能となった．

防災センター [13][14][15]

防災センターは消防活動の指令拠点となる場所であり，消防隊がアクセスしやすい避難階またはその直上階，直下階に設置し，かつ非常用エレベーターへも容易にアクセスできる位置に設置するのがよい．

大規模な建築物では管理区分，用途ごとに複数の防災センターが設置される場合がある．この場合，サブ防災センターと統括防災センターの情報の共有および出火場所ごとの指揮優先権について建物の管理・運営体制に合わせて計画する．

防災センターは火災の発生場所や火災の状況などについて，消防隊と情報の送受信を行う必要がある．大規模建築物には総合操作盤が設置され，火災の状況を把握できるシステムが組まれている．

[12] 消防活動拠点の設置例

火災進展状態	防災センターで監視・制御を行う主な設備機器	防災センター保安要員の行動
火災感知・発見	感知器/受信機(制御盤)/内線電話・非常電話 など	保安要員(または使用者)
確認・判断・指令	受信機(制御盤)/非常電話/モニターテレビ など	保安要員(目視確認)
通報・避難	受信機(制御盤)/非常放送/自動通報装置/誘導灯/非常口 など	保安要員(通報・誘導)
初期消火	受信機(制御盤)/消火器/初期消火設備/排煙設備/防火シャッター など	保安要員(初期消火)
本格消火	受信機(制御盤)/消火設備(送水設備など)	消防署員(前線消防隊員，後方支援消防隊員との連携の拠点となる)

[13] 火災進展ごとの防災センターの役割

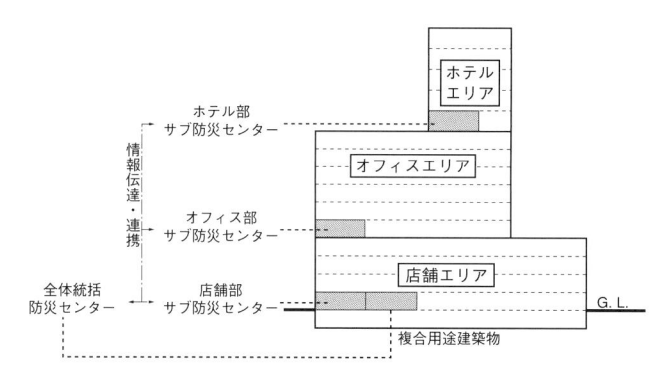

[14] 災害時の消防防災通信ネットワーク

[15] 防災センター内の総合操作盤[1]

参考文献
1) 消防白書(平成11年版)，消防庁編集，ぎょうせい，2000．

2.7 耐火構造と類焼防止(1) 倒壊防止と防火・耐火構造

倒壊防止の目的

建築物は火災が発生しても所定の時間耐えなければならず，耐火建築物にあっては鎮火後も倒壊してはならない．これは在館者の避難ならびに消防隊による消火活動を円滑に行うためであり，人命安全と財産保護を目的としている．また密集市街地などでは，1つの建物が火災により倒壊するとほかの建物に延焼し，それが連鎖的に発生した場合，消火が困難な市街地火災へと進展するおそれがあるため，他人の財産保護も目的としている．

このため建物の規模，用途，地域により，主要構造部を防火構造，準耐火構造または耐火構造とすることが要求されている．

要求性能

建築物の倒壊防止は，具体的には主要構造部に準耐火・耐火性能を要求し，主要構造部の種類ごとに必要な性能(非損傷性，遮熱性，遮炎性)が定められ[1]，所定の耐火時間を満たすことで達成される[2]．なお準耐火構造は[3]の要求耐火時間に比べて短く，主要構造部の階数にかかわらず壁・柱・梁・床とも一律45分と定められている(非耐力壁の外壁で延焼のおそれのない部分については30分)．

準防火・防火構造 [3][4][5]

市街地火災の防止の観点からある程度の間火災による延焼を防ぐ構造である．火災が拡大する部分としては木部材の接合部から延焼していくことが多いため，接合部に不燃材を設けることで防火性能を確保している．なお，外壁の開口部で延焼のおそれのある部分には防火設備などを設けなければならない．

木造建築物の延焼・類焼防止対策 [6][7]

日本には木造建築物が多く，木造が昔から大火の原因となってきたが，大火を防ぐ類焼防止対策として，隔壁，うだつ(卯建)の設置や土蔵造りなどの手法が施されてきた．土蔵造りは大火の類焼防止には有効であるが，地震に弱いという弱点もある．

必要な性能	主要構造部の部分						
	外壁	間仕切壁	柱	梁	床	階段	屋根
屋内火災に対する非損傷性	(○)	(○)	○	○	○	○	○
屋内火災に対する遮炎性	○						
屋内火災に対する遮熱性	○	○			○		
屋外火災に対する非損傷性	(○)						
屋外火災に対する遮熱性	○						

○：必要　(○)：耐力壁のみ必要　無印：必ずしも必要でない

[1] 準耐火構造物の主要構造部に必要な性能

要求性能	非損傷性			遮熱性	遮炎性
建築物の部分	最上階および最上階から数えた階数が4以内および屋上部分	最上階から数えた階数が5以上14以内の階	最上階から数えた階数が15以上の階	加熱面以外の屋内面が可燃物の燃焼温度以上に上昇しないことの加熱時間	屋外へ火炎を出す原因の亀裂など損傷を生じないことの加熱時間
柱・梁	1時間	2時間	3時間	—	—
床・耐力壁・耐力壁の外壁	1時間	2時間	2時間	1時間	(1時間)*
非耐力壁	1時間	1時間	1時間	1時間	—
外壁(非耐力壁) 延焼のおそれのある部分				1時間	1時間
外壁(非耐力壁) 延焼のおそれのない部分				30分	30分
屋根	30分	30分	30分	—	30分
階段	30分	30分	30分	—	—

*外壁に限る．

[2] 日本の仕様規定での要求耐火時間(耐火構造)

準防火性能の技術的基準

部位		非損傷製	遮熱製
外壁	耐力壁	20分	20分
	非耐力壁	—	

防火性能の技術的基準

部位		非損傷製	遮熱製
外壁	耐力壁	30分	30分
	非耐力壁	—	
軒裏		—	30分

[3] 準防火性能・防火性能の技術的基準

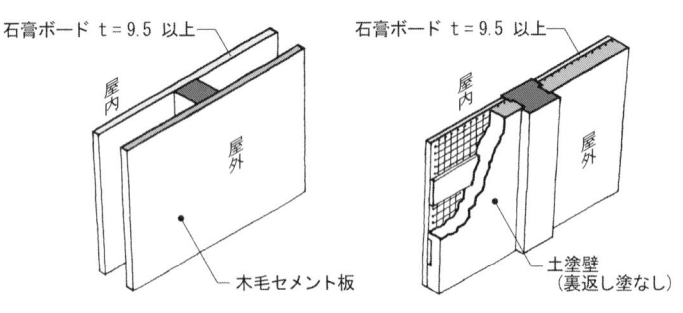

[4] 準防火構造の仕様

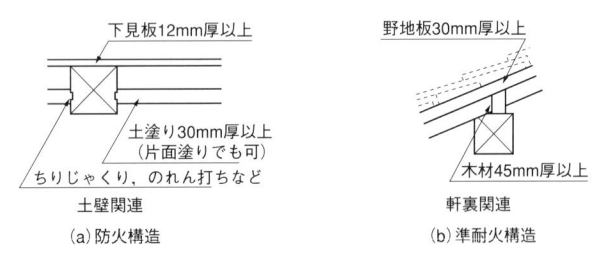

[5] 木造建築物の代表的な防火対策[2]

(a) 防火構造　(b) 準耐火構造

[6] 木造校舎の隔壁

[7] うだつの並ぶ町並み

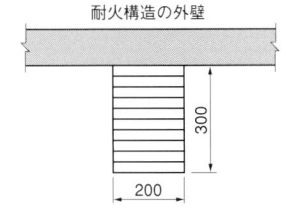

大断面集成材の柱 火災前の断面

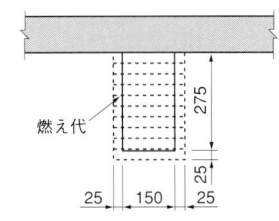

25mmの燃え代を見込んだ断面で部材を設計し、建築物が倒壊しないことを確認する。

[8] 木構造の燃え代設計[1]

構造方法	耐火性能を確保するための材料
鉄筋コンクリート造 鉄骨鉄筋コンクリート造	コンクリート
鉄骨コンクリート造	コンクリート

(a) 柱
耐火1時間：構造上の最小かぶり厚
耐火2時間：小径25cm以上 かぶり厚さ5cm以上*
耐火3時間：小径40cm以上 かぶり厚さ6cm以上*

構造方法	耐火性能を確保するための材料
鉄筋コンクリート造 鉄骨鉄筋コンクリート造	コンクリート
鉄骨コンクリート造	コンクリート

(b) 梁
耐火1時間：構造上の最小かぶり厚
耐火2時間：かぶり厚さ5cm以上*
耐火3時間：かぶり厚さ6cm以上*

*かぶり厚さの規定は鉄骨コンクリート造の場合を示す。

建築物の耐火性能を確保するために、鉄筋コンクリート造では柱厚さを、鉄骨コンクリート造ではコンクリートのかぶり厚さを、鉄骨造では被覆材料と被覆厚さを規定している。

[9] RC造・SRC造の耐火性能（柱・梁）

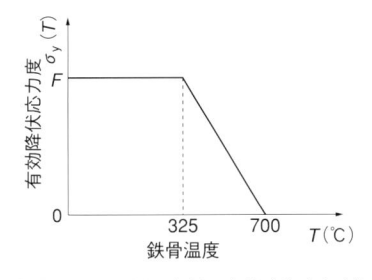

[10] 高温時の鉄骨部材の有効降伏応力度[2]

木造の準耐火構造（燃え代設計）[8]

集成材のような大断面の木材は、その表面に着火して燃焼しても、その部分が炭化して断熱層を形成し、内部にまで燃焼が及びにくくなる性質をもつ。この性質を利用した設計を燃え代設計とよぶ。

この表面の炭化する部分を「燃え代」部分とよび、全断面から燃え代を除いた部分で、主要構造部に作用する荷重（長期荷重）を支持し、倒壊阻止を図る。

なお、燃え代設計を行えば3階建1500 m^2 までの木造準耐火建築物が建設可能である。

部材の耐火被覆の種類と特徴

耐火建築物となる建築物の主な構造は RC造、SRC造、鉄骨造であるが、各構造とも耐火性能を確保するために必要な基準が設けられている。

RC造、SRC造 [9]

RC造、SRC造は、配筋されている鉄筋や鉄骨などが、火災による熱で急激に温度上昇し、耐力低下を生じないようにコンクリートのかぶり厚さで耐火性能を確保している。

コンクリートは現場施工であるため、必要な耐火時間を確保するために施工管理が重要である。特に床は広範囲に打設され、施工誤差が現れやすいため、注意を要する。

鉄骨造 [10][11]

高温時の鉄骨は約300℃を超えると保有耐力低下が始まり、約700℃で耐力はなくなる。これに対して火災室温度は1000℃以上になる可能性があるので、耐力低下と倒壊の防止対策として耐火被覆を施す必要がある。

参考文献
1) 日本火災学会編：火災と建築, 共立出版, 2002.
2) (財)日本建築センター編, 耐火検証法の解説及び計算例とその解説, 2001.

2.7 耐火構造と類焼防止（2）
耐火被覆・塗料と木質耐火構造

工法		材料	主原料	特徴	柱	梁
吹付け工法	乾式吹付け	吹付けロックウール	セメント，ロックウール	補修などの小規模工事向け．		
	半乾式吹付け	吹付けロックウール	セメント，ロックウール	高所圧送性があり，現在最も普及している材料．		
		石膏混入吹付けロックウール	石膏，セメント，ロックウール	石膏配合により薄く仕上がる．		
	湿式吹付け	湿式吹付けロックウール	ロックウール，石膏，セメント，ヒル石，パーライトなどの組み合わせ	コテにより表面平滑化できる．		
		セラミック系湿式吹付けモルタル	セメント，無機繊維，ヒル石，パーライト，水酸化アルミ	比較的強度あり．		
		エトリンガイト系モルタル	パーライト，水酸化アルミ，無機繊維，カルシウムアルミネート	高比重で普通モルタルに近い．		
	硬化剤添加型湿式吹付け	石膏系湿式吹付け	石膏，パルプ，消石灰，炭酸カルシウム，などの組み合わせ	硬化剤(硫酸アルミニウム)を同時吹付けし硬化させる．無機繊維を含まない．		
成型板張り工法		繊維混入ケイ酸カルシウム板	無機繊維，パルプ，ケイ酸カルシウム	JIS製品		
		新ケイ酸カルシウム板	無機繊維，パルプ，ケイ酸カルシウム，水酸化アルミニウムなど	薄型ケイ酸カルシウム板		
		繊維強化石膏ボード	石膏，無機繊維，ヒル石	JIS製品．壁の石膏ボードと同一の仕上げが行える．		
		ALCパネル	鉄筋，セメント，ケイ酸カルシウム	壁パネルと同一材料．強度がある．		
		押出成型板	無機繊維，セメント	壁パネルと同一材料．強度がある．		
		GRCパネル	無機繊維，セメント	強度，デザイン性がある．		
巻き付け工法		高耐熱ロックウール	特殊ロックウール	軽量，柔軟性に富む．表面不織布付き．		
		セラミックファイバーブランケット	セラミックファイバー	白色，薄型．不織布付き．		
		ハイブリッド型	セラミックファイバー，吸熱性パック，ガラスクロスなど	粉塵発生なし．最小厚さ発塵性なし．		
合成工法		PC，ALC，押出壁パネル各種耐火被覆材		壁材の成型板を先行して取り付ける．取り合い部構造に注意．		

[11] 耐火被覆の種類

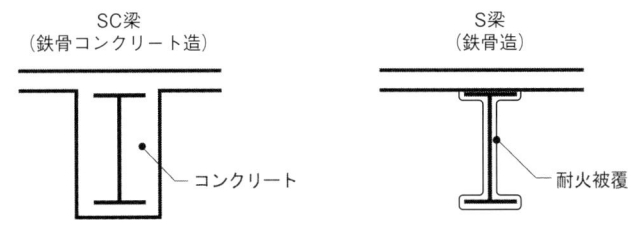

SC梁とS梁の特徴 [12]

　鉄骨系構造の梁には，S梁やSC梁が用いられている．SC造は施工に時間を要し，建物重量が増加するが，防震・耐熱性に優れている．S造は軽量であるが，熱に弱いため，鉄骨を耐火被覆材で覆う必要がある（⇒4.2(2)）．

CFT柱 [13]（⇒4.2(2)）

　CFT（コンクリート充填鋼管）柱は鉄骨柱内にコンクリートを充填した構造体である．コンクリートの熱容量が大きいため，通常の鉄骨柱よりも熱に強い部材である．
　CFT柱の認定耐火構造の被覆厚は鉄骨造よりも薄い．またCFT柱はコンクリートを鉄骨が拘束しているため，鉄骨造よりも座屈に対して強く，性能設計を行えば部位によっては無耐火被覆も可能である．

耐火塗料 [14]

　鉄骨部材に塗装する耐火被覆．外見は被覆をしているように見えないが，火災が発生し鉄骨温度が250〜300℃程度に上昇すると，塗厚1〜3mmの発泡剤が25〜50倍に発泡し，耐火被覆の機能を果す．
　耐火塗料は塗膜の厚さで耐火性能を確保するが，塗料は一度に塗ることができないため，施工期間に注意を要する．また，耐火塗料は耐候性に劣るため，定期的な保守・点検が必要である．

木質耐火構造 [15]

　木造建築物は市街地火災の防止，特殊建築物などの用途・規模による単体建築物の木造制限，耐震性や耐火性の観点から，法令などにより厳しく制限されてきたが，2000年の建築基準法改正により，木造耐火建築物の可能性が広がった．
　木質部材は火源に接近していると着火は免れない．しかし，荷重を支持する木質部材と表面木材の間に無機質系の不燃材をはさみ，火災時は表面材が炭化することで耐火被覆の役目を果たす構造，鉄骨材を不燃材と木質部材で覆い耐火性能を保持する構造など，木と木，あるいは木と鉄骨によるハイブリッド構造が現れ，耐火構造として認定されたものがある．

[12] SC梁・S梁の特徴

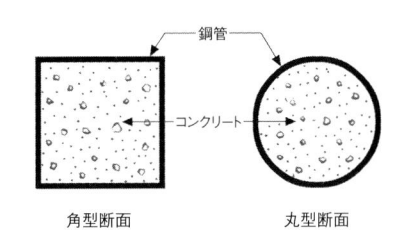

[13] CFT柱

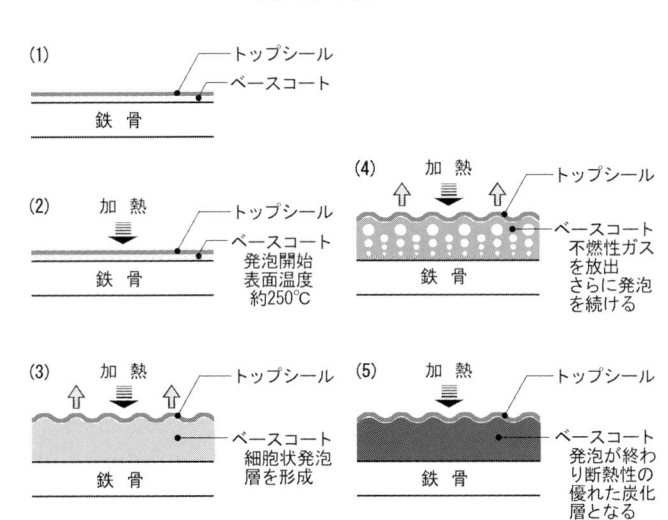

[14] 耐火塗料の発泡メカニズム

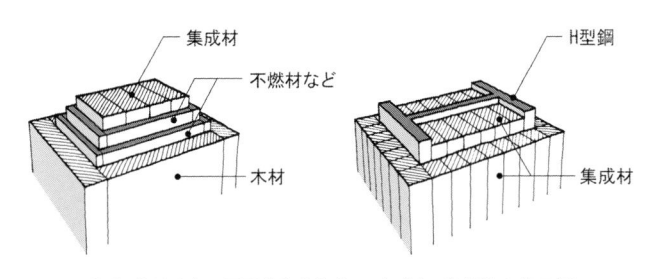

[15] 鉄骨や木の長所を生かしたハイブリッド構造の柱の例

2.7 耐火構造と類焼防止（2）　47

2.8 維持管理

維持管理の重要性

建築物の安全性は，設計―施工―維持―使用という4つの条件によってはじめて達成される．これら4つの条件は，それぞれ独立に機能するものではなく，相互に連携し合い，有機的な階層システムとして計画されなくてはならない [1]．これは，構成する諸要素が互いに補完し合って全体として安全なシステムとして機能するものであり，この点からも維持管理の重要性が理解できる．

火災の原因には，維持管理面の欠陥が必ずあるといっても過言ではない [2]．計画された防災対策がいつでも正常にその機能を発揮するためには，適正な維持管理が必要であり，それにより被害が比較的少なく済んだ例も多い [3]．

防災計画書の役割

防災管理と維持保全は建築物の防災対策の中心となる重要なものであるが，ともすれば建築物の平常時の目的達成や機能の発揮という日常の管理のみに意識が奪われ，非常時の防災機能に対する配慮や維持保全がおろそかになりがちである．

建築物の管理者は，一般に建築に関する専門的知識をもっていない場合がある．その建築物の防災計画がどのようになっているか，防災管理や維持保全がどのようなものであるか，重要な管理項目は何かなどについて，設計者は管理者と事前に十分協議し，その理解を得ながら設計することが望ましい．また竣工後にはそれらについて管理者に正しく伝達し，設計意図と実際の使われ方との間に食い違いが生じないようにする必要があり，そのための意思伝達手段として防災計画書あるいは防災マニュアルを作成し，管理者に提供することは有効である．

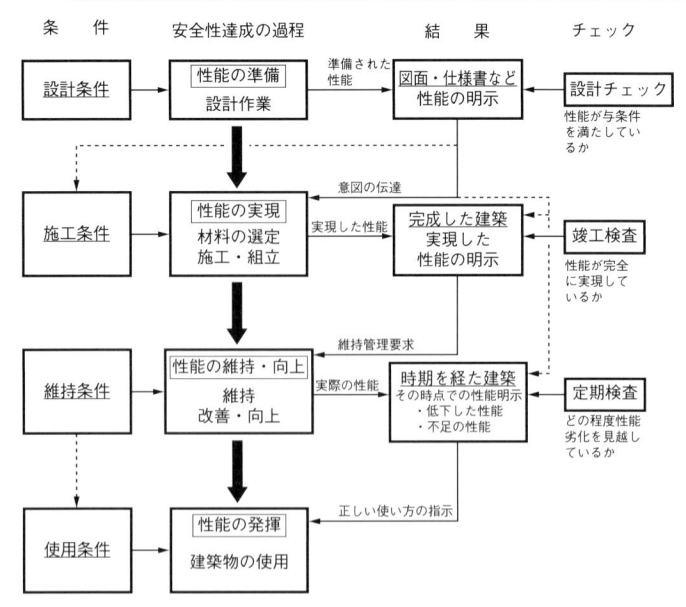

[1] 性能達成のための流れ

事例	火災概要 焼損程度	死傷者	火災被害防止上の問題点
金井ビル火災 (1966年1月9日)	耐火造 地上6階建 3，6階部分 692 m² 部分焼	死者 12名 負傷者 14名	● 自動火災報知設備が設置されていながら，受信機の電源が切られていたため，覚知が遅れた． ● 4名が各階の防火管理者になっていたが，相互の連絡がなく，訓練，防災教育なども行われていなかったため，初期対応も遅れ，避難誘導も行われなかった．
熊本大洋デパート火災 (1973年11月29日)	耐火造 地上9階建 2～9階部分 12581 m²	死者 103名 負傷者 121名	● 階段内に集積してあった商品が燃えて，上階へ急速に延焼拡大した． ● 自動火災報知設備は工事中であったため感知せず，非常放送もなされなかった．

[2] 維持管理の欠陥が原因の火災事例[1]

事例	火災概要 焼損程度	死傷者	火災被害が軽減された主な理由
熱川大和館火災 (1969年11月19日)	木造 地上4階建 3階部分 1983 m² 焼損	死者 1名 負傷者 14名	● 真夜中，就寝中の火災にもかかわらず，夜間警備員が早期に発見し，必要な措置がとられた． ● 自動火災報知設備が作動して全館に鳴動し，火災が報知された． ● 従業員が避難誘導にあたった． ● 避難器具がよく整備され，従業員の誘導により活用された．
館山市いとう屋火災 (1973年12月7日)	耐火造，一部木造 地上4階建 1階部分 2045 m² 全焼	死者 0名 負傷者 5名	● 避難訓練の実施直後でパニックにならず，自動火災報知設備で火災を覚知した従業員が適切な避難誘導を行った．

[3] 適正な維持管理により被害軽減された火災事例[1]

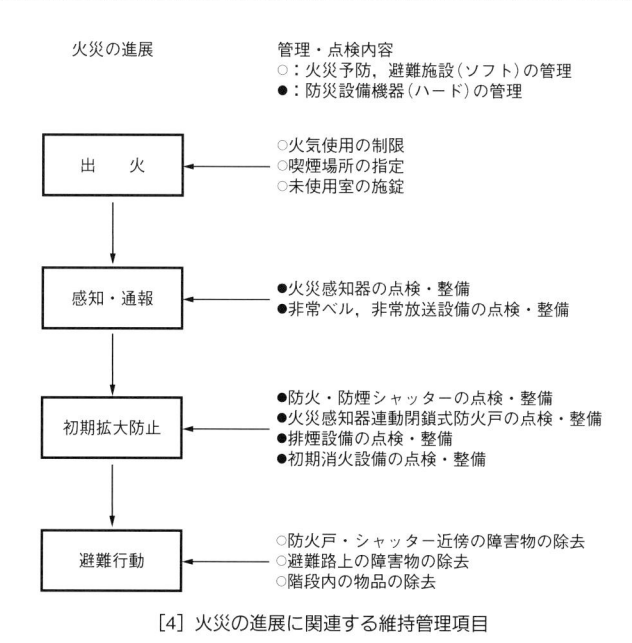

火災の進展と維持管理 [4]

建物の火災安全は，火災の進展にあわせて防災設備が正常に機能したり，またはある設備機器が故障してもほかの設備で補うなどして初期拡大を遅延させ，その間に混乱なく避難が完了することで達成される．

ハードの管理では，火災感知器の点検整備が特に重要である．現在の防災設備機器は感知器と連動で稼動するものが多く，その後の避難行動にも大きく影響する．頻繁に誤報があると，自動火災報知設備のベルを停止させてしまう場合があるが，不具合を放置することなく，原因を追求して是正する体制を整えるべきである．

ソフトの管理では，特に防火戸とシャッター近傍の障害物の除去は，火煙の拡大範囲を限定し，円滑な避難行動にとって重要である．商業施設では，シャッター降下位置に什器などがよく放置されているが，守られない場合には，注意喚起用の目印の設置も検討する必要がある．

テナント管理

貸事務所あるいは商業施設では，テナントの入替えに伴うリニューアルも重要な予防管理項目の一つである．設計者は設計段階から管理者と協議のうえ，防災計画書の考え方に基づき，テナントマニュアルを整備しておくのがよい．

建築物をリニューアルする場合，[5] のような軽微な変更で，大規模な模様替えや改修にあたらない限り，建築基準法上は変更の届出義務は生じない [6]．しかし，管理者は法律の適否だけではなく，実態が安全かどうかで判断することが重要である．またリニューアルに際しては，つねに工事完了時の最新図を整備し，必要があれば防災計画書も最新の情報に変更しておくことは，その後の防災管理のために不可欠である．

参考文献
1) 防火年表改訂版，日本建築学会関東支部防火専門研究委員会，2007.03．

[4] 火災の進展に関連する維持管理項目

[5] 軽微な変更扱いの一例

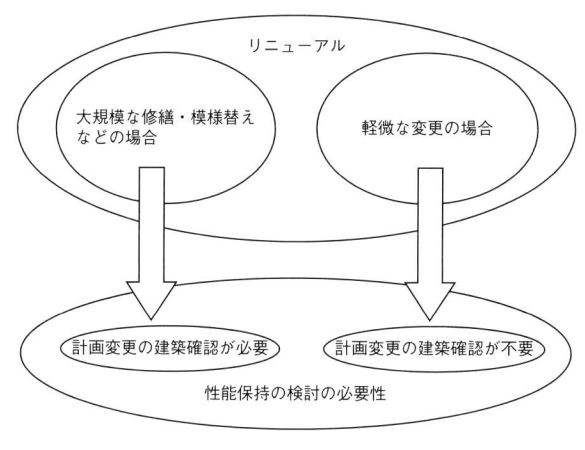

軽微な変更項目
- 類似の用途相互間における変更（建基法施行令第137条の9の2）
- 構造上または防火上主要でない間仕切壁の変更
- 開口部の位置および大きさの変更
- 天井高の変更
- 変更前より防火性能を有する材料または構造への変更

[6] 建築物のリニューアルの概念

3. 設計図に見る防災計画

3.1 設計段階と防災計画

建物の設計と防災計画 [1]

建物の防災計画は周辺建物や敷地の状態，建物の用途や規模，平面形状といった設計内容に密接に関連しているため，設計の各段階で必要な検討を行っていかないと，後々大きな手戻りが生じることになる．

企画設計

建物の敷地条件，周辺建物と道路の状況を確認するとともに，建物のボリューム，全体の配置計画を行う段階である．防災上は建物の用途と施設配置において，コアと避難階段の配置を検討しておくとともに火災時の避難経路，消防隊の進入経路を検討しておく．防災に関連する法規制（建築基準法，消防法，各行政庁の条例など）もこの段階でチェックする．

基本設計

建物の平面，断面，立面の形状と設備，構造方式が決定される段階である．防災上もその基本方針を検討し，計画建物に最適な対策を建築，設備，構造計画に反映していく．特に避難計画は，建物の平面計画によって決定される部分が多いため，この段階で十分検討しておく．基本設計図書の一つとして，防災計画書を作成することは，その後の設計を進めていく上で有効である．

申請手続き [2]

建物の防耐火・避難規定の設計には3つのルートがある．ルートBまたはルートCといった性能規定を適切に活用することによって，建物に必要な安全性を確保しつつ，排煙設備や避難施設の緩和，耐火被覆の低減など，より多様な設計を行うことが可能となった．性能規定による防火設計は，建物の基本計画，コストに影響を及ぼし，申請期間も大きく異なるので，設計の初期段階で十分に検討しておく．

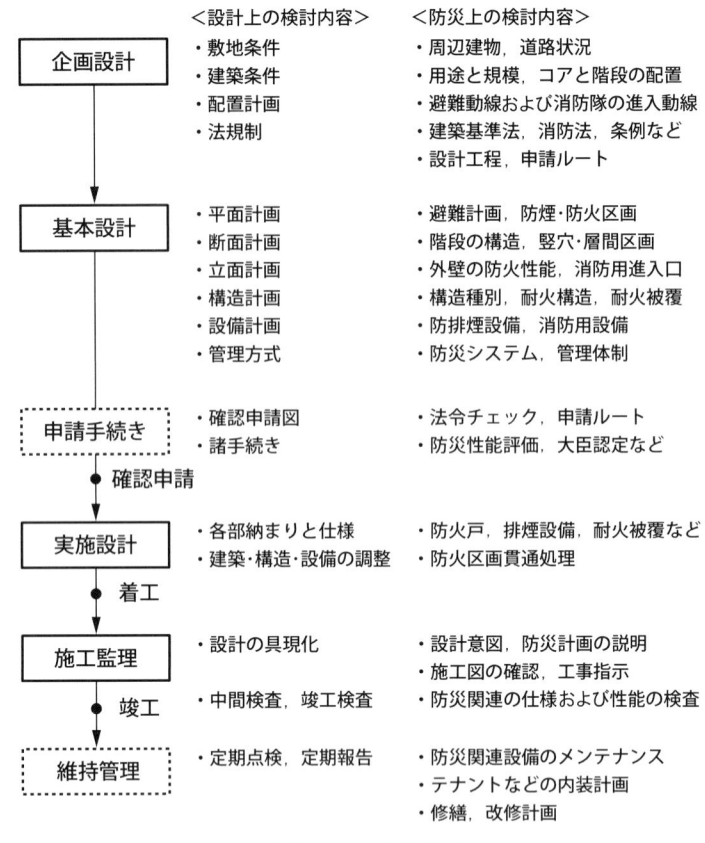

段階	<設計上の検討内容>	<防災上の検討内容>
企画設計	・敷地条件 ・建築条件 ・配置計画 ・法規制	・周辺建物，道路状況 ・用途と規模，コアと階段の配置 ・避難動線および消防隊の進入動線 ・建築基準法，消防法，条例など ・設計工程，申請ルート
基本設計	・平面計画 ・断面計画 ・立面計画 ・構造計画 ・設備計画 ・管理方式	・避難計画，防煙・防火区画 ・階段の構造，竪穴・層間区画 ・外壁の防火性能，消防用進入口 ・構造種別，耐火構造，耐火被覆 ・防排煙設備，消防用設備 ・防災システム，管理体制
申請手続き	・確認申請図 ・諸手続き	・法令チェック，申請ルート ・防災性能評価，大臣認定など
（確認申請）		
実施設計	・各部納まりと仕様 ・建築・構造・設備の調整	・防火戸，排煙設備，耐火被覆など ・防火区画貫通処理
（着工）		
施工監理	・設計の具現化 ・中間検査，竣工検査	・設計意図，防災計画の説明 ・施工図の確認，工事指示 ・防災関連の仕様および性能の検査
（竣工）		
維持管理	・定期点検，定期報告	・防災関連設備のメンテナンス ・テナントなどの内装計画 ・修繕，改修計画

[1] 設計の流れと防災計画

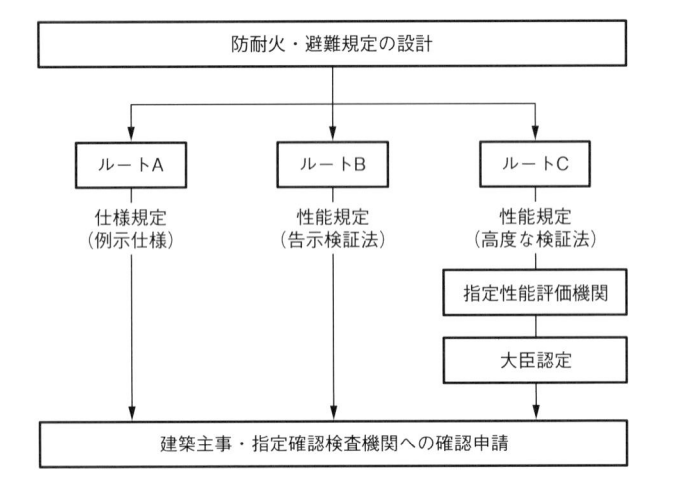

防耐火・避難規定の設計
├─ ルートA：仕様規定（例示仕様）
├─ ルートB：性能規定（告示検証法）
└─ ルートC：性能規定（高度な検証法）
      → 指定性能評価機関 → 大臣認定

→ 建築主事・指定確認検査機関への確認申請

建築基準法の性能規定化（2000年6月施行）によって，防耐火・避難規定に3つの設計ルートが導入された．仕様規定に基づく設計を「ルートA」，告示に定められた検証法を用いる設計を「ルートB」，告示以外の高度な検証法を用いて国土交通省の大臣認定を受ける設計を「ルートC」とよぶ．設計者はどの設計ルートを選択してもよい．

[2] 防耐火・避難規定の設計ルート

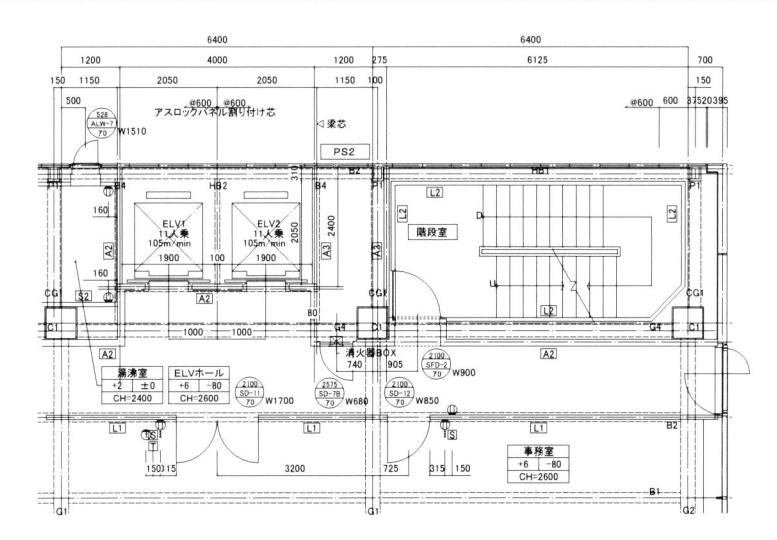

[3] 平面詳細図の例

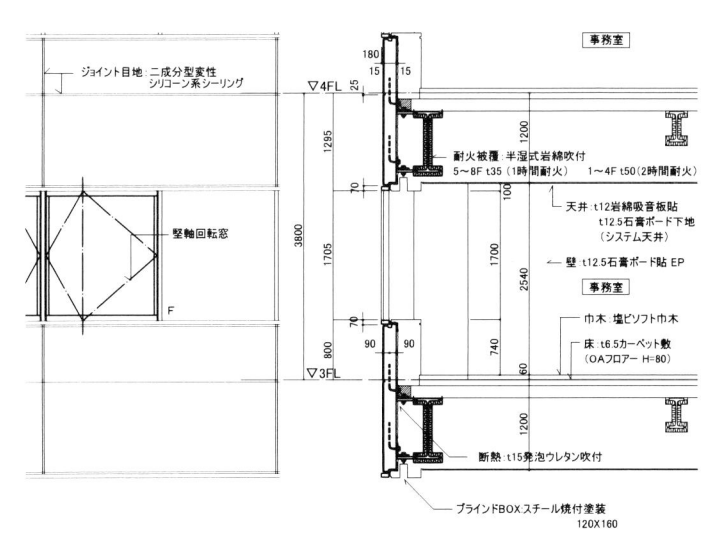

[4] 矩計図の例

[5] 階段への通行障害

[6] 付室給気口の開放障害

実施設計 [3] [4]

　基本設計で設定した各種の防災対策の仕様や性能の決定，納まり寸法などを詳細図に反映し，建物のコストの算出，工事計画ができるようにする段階である．

　機械排煙では排煙用ダクトや排煙ファンの容量設計を行うとともに，ダクトルートに伴う梁貫通の設定，竪シャフトの詳細設計を行う．

　防火区画の方法はいろいろあるので，建築，設備，構造の納まりを考慮しながら適切な区画方法を選定する．層間区画では立面のデザインとあわせて，外装材や構造躯体との納まりを検討する．

監理

　建築，構造，設備の設計図書のとおりに施工されていることを監理する段階である．建物の品質と性能は施工によって確保されるため，施工者に防災対策の趣旨を説明し，理解してもらうことが大切である．また，工事中に発生する設計変更に注意する．設計変更に伴って，内装や排煙設備，防災設備などに変更がないかを確認し，施工者に指示する．用途変更は可燃物量や在館者人数の特性に影響するので，特に注意する．竣工時には排煙設備や各防災設備の作動確認や試験を行う．

維持管理

　新宿歌舞伎町明星ビル火災は階段にものを放置しないなど，防災上の維持管理の重要性を再認識させる事例となった（⇒ p. 11）．維持管理では建物の適切な使い方と管理，そして，定期点検による防災設備の劣化に対する補修や更新を行うことが重要である．設計者は「可燃物の管理」，「避難通路の確保」[5]，「防災設備の定期点検，管理方法」[6] など，建物のオーナーや防火管理者に伝える必要がある．その際，防災計画書はこれらの基本的な内容を記したものなので，有効な伝達方法となる．

3.1　設計段階と防災計画

3.2 配置計画

敷地内の避難計画 [1]

　火災時の安全対策上，敷地内には屋外出口や屋外避難階段から，速やかに道路または屋外の安全な空間に至る避難経路を設ける．また，バルコニー経由の脱出避難のため，直下に同様の避難経路を確保する．敷地内の避難経路はできるだけ短くするとともに，消防隊の進入経路と交錯しないように配慮する．不整形敷地の場合，屋外の避難経路が再び屋内を経由することのないようする．狭小敷地で敷地内の避難経路を確保できない場合は，道路に面した避難口を設置したり，階段の配置を道路に隣接させるなど，プラン上の工夫が有効である．これら避難経路は物品の集積や自転車の駐輪などで阻害されないよう配慮する．

消防隊の進入への配慮 [2]

　火災時の消火・救助活動のために，敷地周辺の道路または敷地内の道路に消防車の寄り付き場所，はしご車の架梯の位置が確保されている必要がある．建物に接する道路の外壁面には，消火活動のために建物内に進入するバルコニーまたはそれに替わる非常用進入口を計画する．
　高さ31mを超えるような高層建物の場合は，建物の外壁からの消防隊の進入が困難なため，非常用エレベーターによって高層階の消火活動が行われる．消防活動は，火災の状況を防災センターで確認してから行われるので，非常用エレベーターと防災センターの配置は消防隊の動線に配慮して計画する．防災センターは消防隊が速やかに到達できるように避難階（地上に通じる階）またはその直上階もしくは直下階に計画する．

避難階の設定 [3]

　避難階とは直接地上に通じる出入口のある階をいう．避難階段や直通階段は避難階まで直通することが原則である．通常は1階が避難階となるが，傾斜地の場合，1階以外の階を避難階とする場合もある．

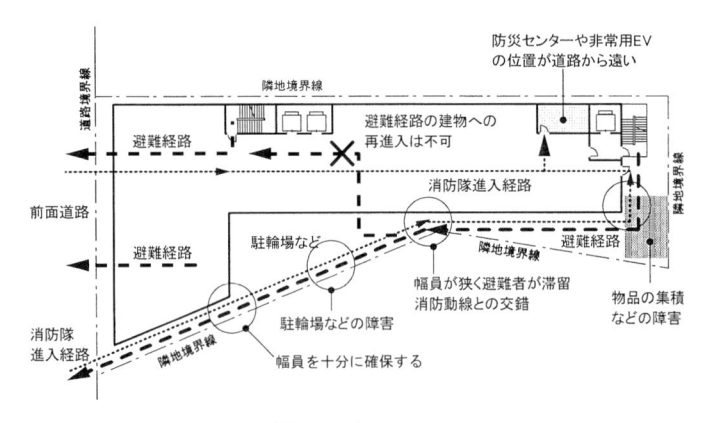

[1] 配置計画の課題

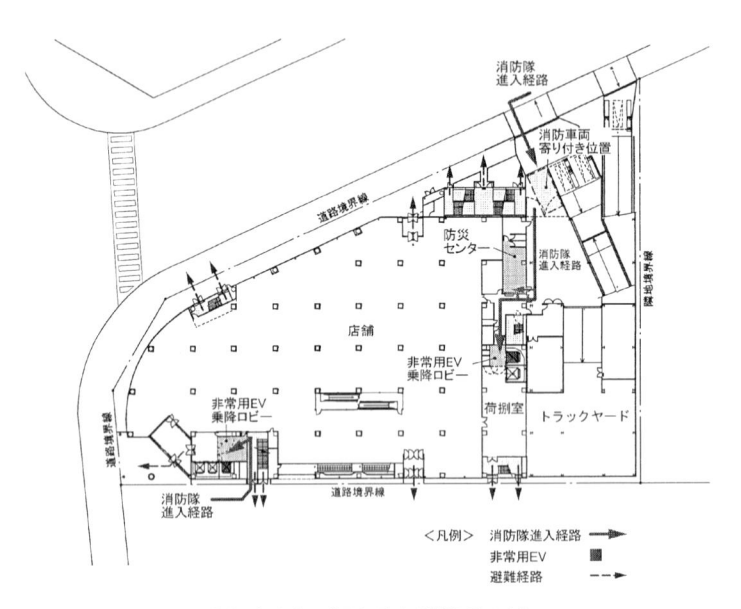

[2] 消防隊の進入経路と避難経路の例

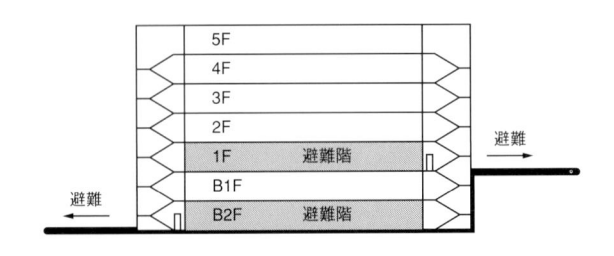

傾斜地の場合，地上に接する階を避難階として計画できる．

[3] 避難階の計画

大規模建築物の前面空地と屋外出口 [4]

大規模な物販施設や集会施設，興行場などの主要な出入口付近は日常の混雑緩和を図るとともに，災害時の避難の際に建物内から道路に逃げる緩衝地帯として，前面空地を計画する．避難時に混乱が起きないように，平面計画上バランスよく出口を配置する．

人工地盤の活用 [5]

駅を含んだ再開発計画などは地上に線路が敷設されているため，避難階段を地上まで降ろすことができない場合がある．このように敷地の条件によっては，建物に接する人工地盤を避難経路として計画する方法がある．火災安全上の要件としては，人工地盤が想定される避難対象者に対して十分な面積をもつこと，建物の火災に対して安全であること，地上までの避難経路として，階段，スロープなどが確保されていることがあげられる．

参考文献
1) 新・建築防災計画指針　建築防災計画実例図集，日本建築センター，1985.
2) 性能規定化時代の防災計画，彰国社，2001.
3) 新建築 2000 年 4 月号.

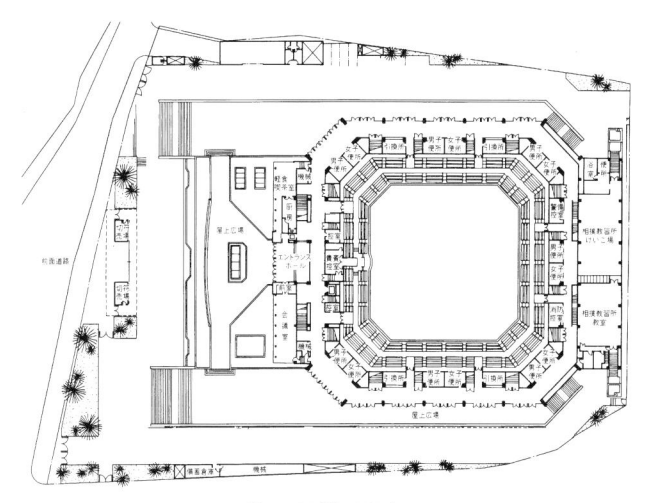

2階平面図（兼配置図）

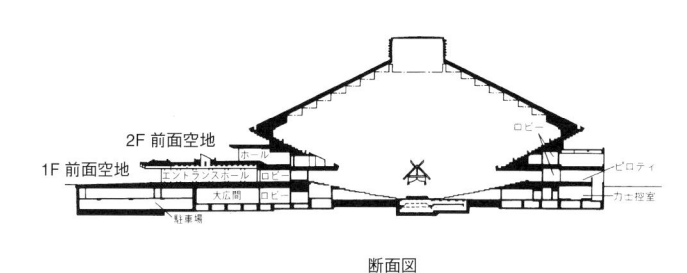

断面図

新国技館[1]（設計：鹿島建設，杉山隆建築設計事務所）

[4] 大規模建築物の前面空地と避難口の計画

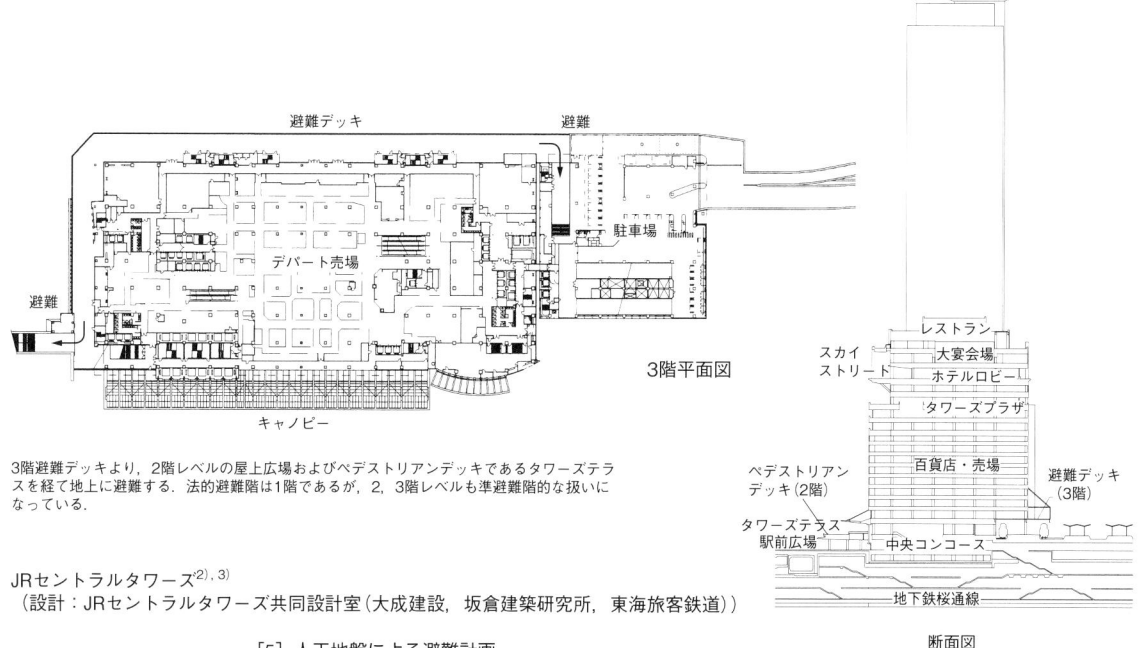

3階平面図

3階避難デッキより，2階レベルの屋上広場およびペデストリアンデッキであるタワーズテラスを経て地上に避難する．法的避難階は1階であるが，2，3階レベルも準避難階的な扱いになっている．

JRセントラルタワーズ[2),3)]
（設計：JRセントラルタワーズ共同設計室（大成建設，坂倉建築研究所，東海旅客鉄道））

断面図

[5] 人工地盤による避難計画

3.2 配置計画

3.3 平面計画(1)
コアの配置

コアの配置 [4]

コアには階段やエレベーターの主動線，便所，ダクトスペース，電気シャフトなどの機能が集約される．建物の火災安全上，コアの配置計画は，避難方向や平面上の安全な空間の確保など，避難計画を決定づける重要な要素となる．コアの形式には多くの種類があるが，建物の用途・規模・立地条件などによって，一定の傾向がある．

2方向避難の原則

避難経路は2方向避難を原則として計画する．階段への2方向避難とともに，居室においてもその用途や規模に応じて，2方向避難を検討する．避難経路は日常動線と一致させるなど，わかりやすい経路とする．明るい方向に階段を配置するなど，人の心理特性に配慮した計画がよい．コアに外光を取り入れることは避難行動上も好ましい．

2方向避難の重複距離の制限

居室内に間仕切壁を設置して，出口が1箇所になると，2つの階段までの避難経路に重複が発生する．この重複距離の制限は，平面規模を決定する要件となるので，注意する．

安全区画の計画

火災時に，避難者を速やかに火煙から守るとともに，階段室への煙の流入を防止することを目的として，安全区画を計画する．廊下や付室といった安全区画の面積は避難時の滞留人数を考慮して計画する．必要な面積は避難計算によって，チェックすることが可能である(⇒5.3)．

参考文献
1) 新建築 2001年11月号．
2) 新建築 2003年10月号．

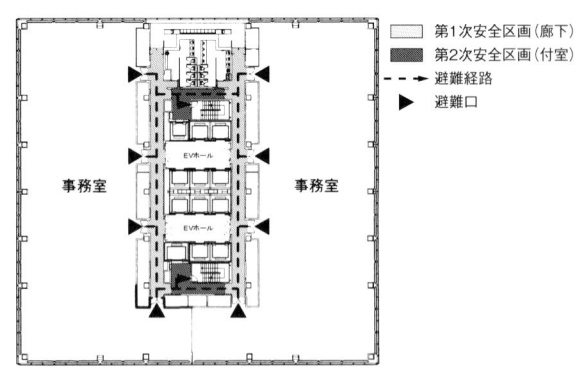

□ 第1次安全区画(廊下)
■ 第2次安全区画(付室)
--→ 避難経路
▶ 避難口

センターコアは小部屋(テナント区画)を多数設置しやすい．事例の場合，堅穴区画がされるエレベーターホールを経由しなくても，2方向避難が確保できるように，付室の出入口を工夫している．

[1] センターコアの計画事例(S=1:1000)
　　サンケイビル(設計：竹中工務店)

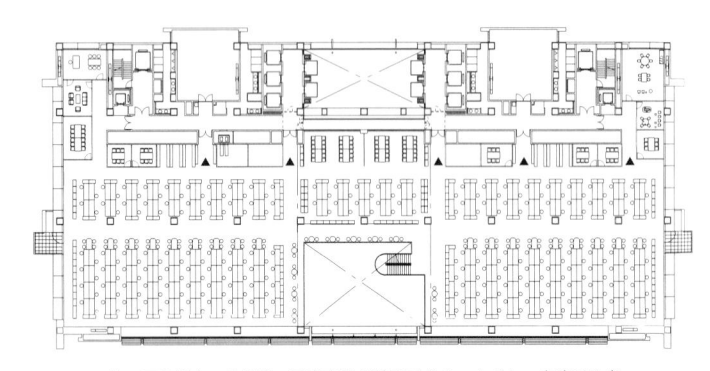

片コアの場合，より広い居室空間が計画できる．ただし，事務所の奥行きが深くなると，避難方向に偏りがでるとともに，階段までの重複距離制限によって，レイアウト上の制限が生じるので，注意する．

[2] 片コアの計画事例(S=1:1000)
　　キヤノン本社棟[1](設計：大林組，リチャード・マイヤー)

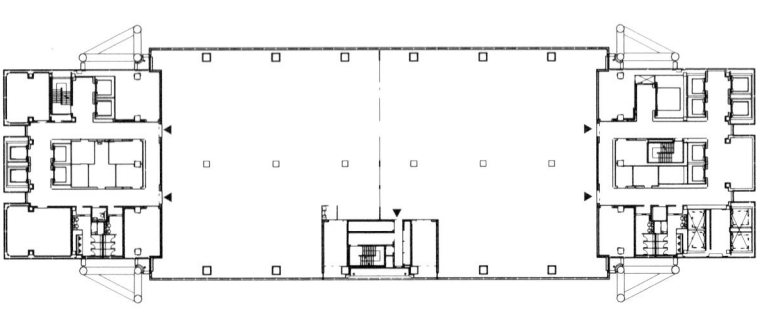

両端にコアがあるため，両面採光の居室が得られるとともに，明快な2方向避難が確保される．また，万が一コア内に煙が進入した場合でも，もう一方の煙に汚染されていないコアに避難できる．事例の場合，平面規模が大きいため，プランの中間にも階段を設けている．

[3] ダブルコアの計画事例(S=1:1000)
　　日本テレビタワー[2](設計：三菱地所設計)

形式	主用途（規模）	コア配置	建築および防災上の特徴
A 外廊下型 センターコア	事務所・ホテル （1000〜3000 m²）		● 大規模超高層事務所ビルの典型的な平面形． ● 均一でフレキシブルな広い居室が得られる． ● 廊下に多くの出入口を設置できるため小間仕切の自由度が高い． ● 大部屋のレイアウトとしてコア外部の廊下をなくしたものもある．
B 中廊下型 センターコア	事務所 （1500〜4500 m²）		● Aと同規模で大部屋使用の場合にはAより高い有効率を得られる． ● ただしコアから居室への出入口の数が限られるので，小間仕切を多数設置するにはコア外部にさらに廊下が必要になり，有効率はAより低下する．
C 正方形 センターコア	事務所・ホテル （1500〜3000 m²）		● 四周が均一な外観の建物ができる． ● コアをコンパクトにまとめる必要がある． ● 小間仕切対応時にコア外部に廊下が必要になる． ● 小規模平面の場合は奥行きのある居室は得られない． ● 2本の階段が接近しすぎる傾向がある． ● 建物内部で方向感覚を失いやすい．
D ダブル(ツイン) コア	事務所 （1500 m²前後）		● 大部屋使用の場合は視界が2方向に開けた居室が得られる． ● 居室を法定面積区画の限度（1000 m²）以下に抑えると防火区画のない使いやすい居室ができる． ● 階段が分離されているので明快な2方向避難ができる． ● 大規模平面になると中間に階段を設けたものもある．
E 片コア	事務所 （800〜3000 m²）		● Aの片側を取り去った形状で，Aと同じ特徴をもつ． ● 大規模平面の場合は階段までの歩行距離が長くなる居室が出る． ● 避難方向が片寄りがちになる． ● コア内部の階段は相互に接近しないよう配置する必要がある．
F 分散コア	物販店舗 （約2500 m²以上）		● フレキシブルな大空間が得られるのでデパートなどに多い． ● 階段を偏りなく配置すれば多方向避難が可能である． ● 立地条件によって，階段が集中配置される場合がある． ● 避難動線が日常動線から隔絶されるおそれがある．
G 中間コア	事務所 病院 ホテル （約3000 m²まで）		● 居室が2つに分断され，それぞれに両側に階段をもつ． ● 3ヶ所の階段を直線的に廊下で連結した平面は病院やホテルで採用されている． ● 両側の居室のそれぞれの2方向避難が確保できる． ● 病院ではコアで防火区画し，一方を一時避難場所に利用するものがある．
H 階段型	集合住宅		● 各居室の独立性，プライバシーの高い空間構成である． ● 階段への一方向避難となる． ● バルコニーに避難ハッチなどの対策が必要である． ● 階段に面する扉は防火戸となる． ● 火災時に階段室が直面するので，階段室に漏煙しやすく上階の避難が不可能になるおそれがある．
I 片廊下型	集合住宅		● 各居室の独立性，プライバシーが低い空間構成である． ● 階段への2方向避難が確保される． ● バルコニーに避難ハッチなどの対策が必要である． ● 外部廊下の形式をとる場合が多いので，廊下が煙で汚染されにくい．
J センター ボイド型	集合住宅 ホテル 事務所		● ボイドによって，上下階の様子が認識しやすい． ● ボイドまわりに廊下が配置される． ● ボイドに屋根がある場合は，竪穴区画が必要である． ● 火災時にボイドが煙の拡散経路になるおそれがある．

[4] コアの配置形式と防災上の特徴

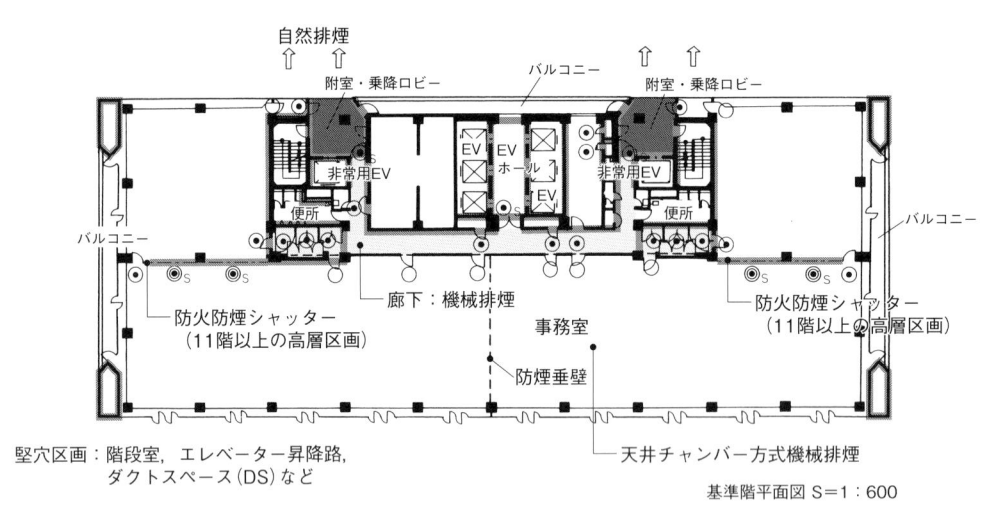

3.3 平面計画（2）
用途別の防火・防煙区画

基準階平面図 S=1:600

[5] 事務所
　　（仮称）東京生命芝ビル[1]（設計：清水建設）

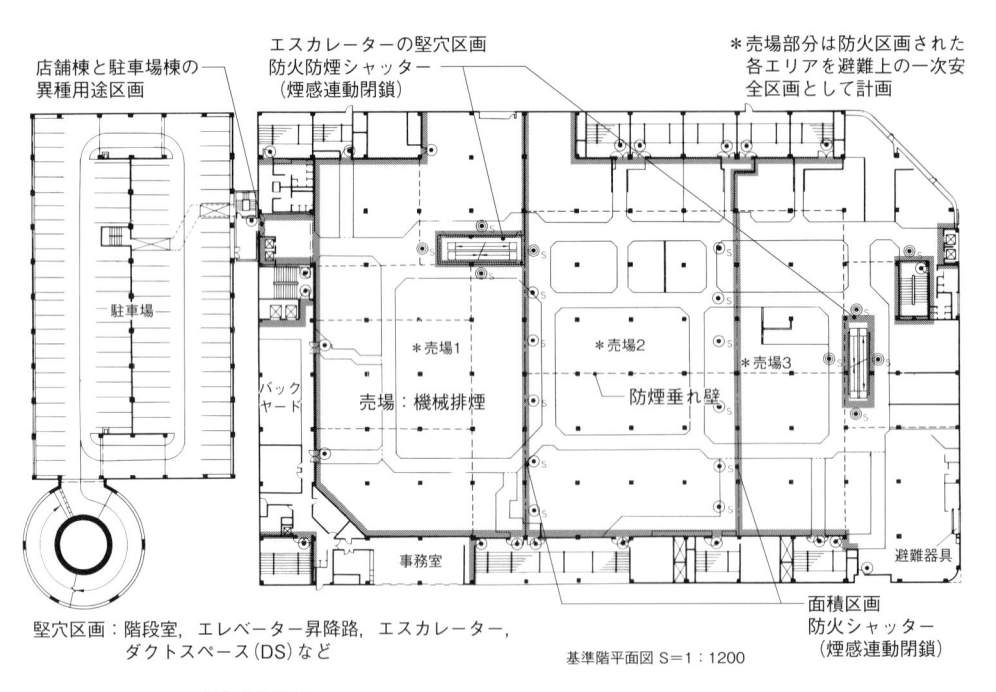

基準階平面図 S=1:1200

[6] 物販店舗
　　稲毛海浜ニュータウン地区センター商業施設[1]（設計：鹿島建設）

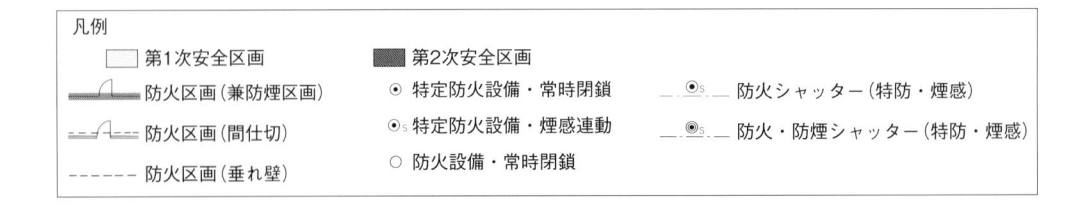

凡例
- 第1次安全区画
- 第2次安全区画
- 防火区画（兼防煙区画）
- 防火区画（間仕切）
- 防火区画（垂れ壁）
- 特定防火設備・常時閉鎖
- 特定防火設備・煙感連動
- 防火設備・常時閉鎖
- 防火シャッター（特防・煙感）
- 防火・防煙シャッター（特防・煙感）

3．設計図に見る防災計画

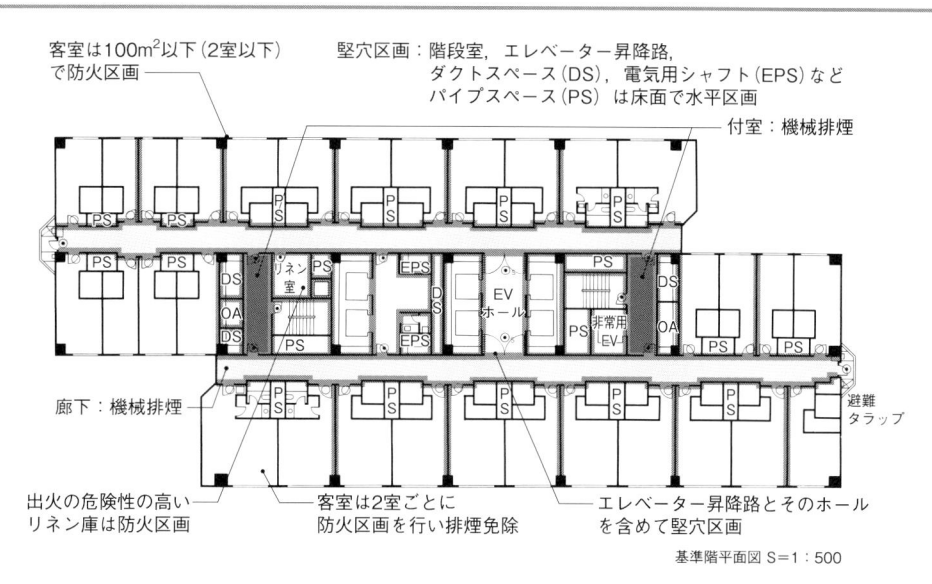

客室は100m²以下（2室以下）で防火区画

堅穴区画：階段室，エレベーター昇降路，ダクトスペース（DS），電気用シャフト（EPS）などパイプスペース（PS）は床面で水平区画

付室：機械排煙

廊下：機械排煙

避難タラップ

出火の危険性の高いリネン庫は防火区画

客室は2室ごとに防火区画を行い排煙免除

エレベーター昇降路とそのホールを含めて堅穴区画

基準階平面図 S＝1：500

[7] 宿泊施設
　　大阪全日空ホテル・シェラトン[1]（設計：日建設計）

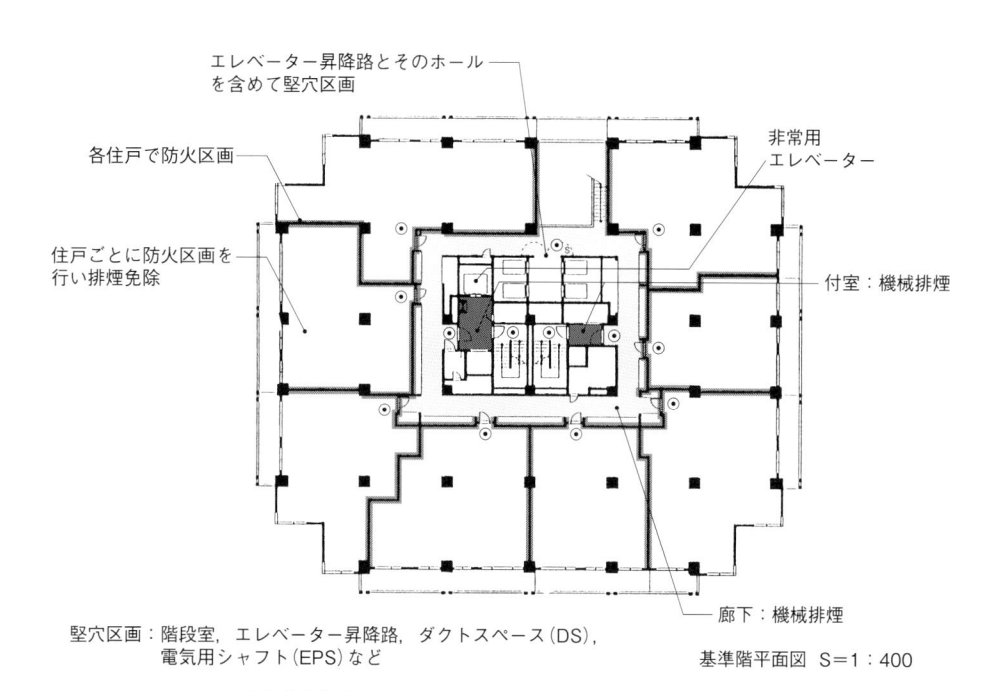

エレベーター昇降路とそのホールを含めて堅穴区画

非常用エレベーター

各住戸で防火区画

住戸ごとに防火区画を行い排煙免除

付室：機械排煙

廊下：機械排煙

堅穴区画：階段室，エレベーター昇降路，ダクトスペース（DS），電気用シャフト（EPS）など

基準階平面図 S＝1：400

[8] 集合住宅
　　代官山アドレス[2]（設計：日本設計＋NTTファシリティーズ）

参考文献
1) 建築防災計画実例図集 1985年版，日本建築センター．
2) 性能規定化時代の防災・安全計画，日本建築学会編，2001．

3.3 平面計画（2）

3.4 断面計画

用途と断面構成 [1]

建築の断面構成を計画するときには，日常の使い勝手・利便性を考慮するだけではなく，非常時の安全性にも留意することが重要である．

たとえば多数の人が集まるホテルの宴会場などは低層階に配置すれば，日常動線計画ばかりでなく避難計画上も有利といえる．一方，見晴らしのよい最上階にはレストランなどが設けられることが多いが，このような場合には多数の人が少数の階段に集中する状況を想定して，階段の手前に一時待機できる前室を設けるなど，避難安全に特に配慮した設計が必要になる．

屋上広場の活用 [2]

異種用途を組み合わせた複合用途の建築物には種々の形態があるが，低層部分にオフィスや物販店舗などを配し，高層部分にはホテルの宿泊階や住宅を配置する例がある．このような場合に両者の平面形の違いから，高層部分がセットバックして低層部分の屋上に広場・庭園などが設けられることがあるが，これを高層部分のための避難経路，あるいは避難広場として利用することも有効である．

この方法により，高層部分の住宅からの避難階段が低層部分の広いオフィス空間を通過することなく，かつ双方の避難安全が確保できた例もある．

中間避難階

超高層ビルでは地上まで避難するためには長時間を必要とする．また一方では，火災が巨大な規模をもつ超高層ビル全体に拡大することを抑制する意味から，緩衝空間を設けて建物を上下方向に分割することが望ましいとされている．

これらの点から提案されているのが中間避難階である．ここでは避難者はいったん階段室から出て，外気に開放された広場などの安全な場所で待機することになる．もしその間に火災がおさまれば地上まで避難する必要がなくなる（⇒4.1(1)）．

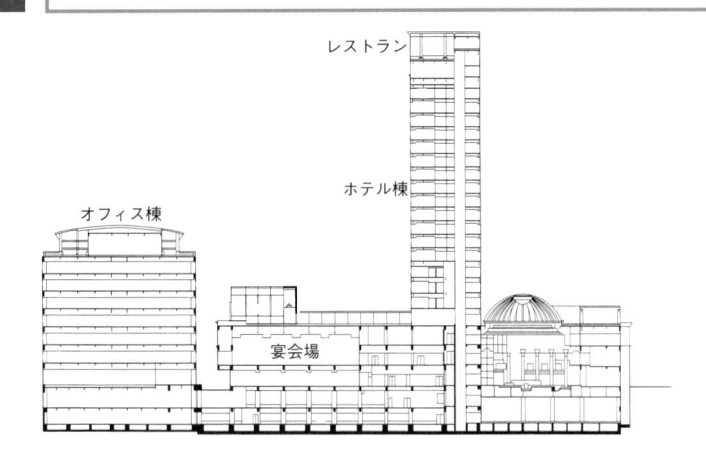

[1] ホテルの断面構成
新浦安ブライトンホテル・ビジネスコート新浦安[1]（設計：日建設計）

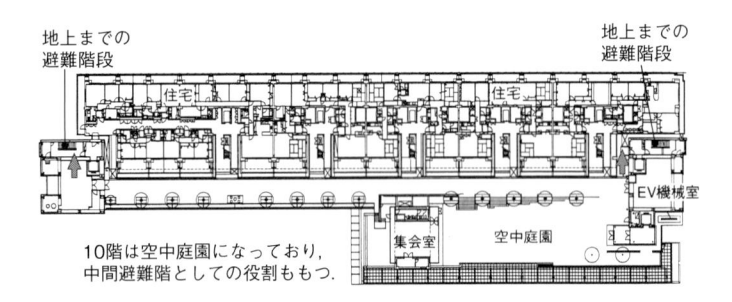

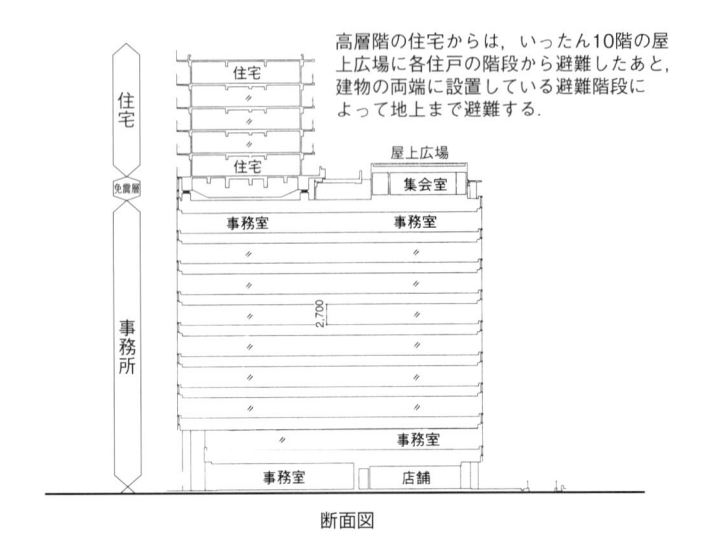

[2] 屋上広場の活用
住友不動産飯田橋ファーストビル・ファーストヒルズ[2]
（設計：日建設計）

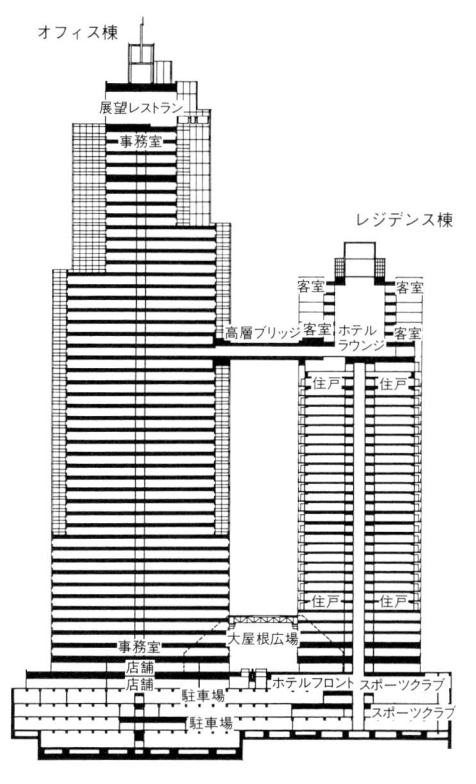

隣棟連絡ブリッジ［3］

　高層ビルの屋上相互に，または中間の階で，隣の建物に連絡するブリッジを設けて，非常時には隣の建物に避難するという考え方がある．現実には所有者が同一の建物相互間でないと成立しがたいが，デパートなどでは道路上空を通過するブリッジを設けている例がある．

緊急用ヘリポート

　消防車のはしごが届かず，屋外から消火・救助などの消防活動ができない高さの建築物では，小面積の防火区画，特別避難階段，非常用エレベーター，スプリンクラーの設置など，低層の場合よりも強化した防災対策が必要になる．このほか大規模な高層ビルでは消防隊の進入・救助のため，緊急用のヘリポートまたはホバリングスペースの設置を要求されることがある．

［3］隣棟連絡ブリッジ断面図
聖路加ガーデン[3]（設計：日建設計）

参考文献

1) HOTEL FACILITIES：New Concepts in Architecture & Design，現代建築集成/宿泊施設，1997．
2) 日経アーキテクチャー，2000.6.12．
3) 日経アーキテクチャー，1994.8.15．

■死者118人の千日デパートビル火災

　1972年の千日デパート火災では，3階で起こった火災の煙と有毒ガスが，区画の不完全なダクトシャフトおよびエレベーターシャフトと階段を経て，約10分後には7階まで上昇し，まったく燃焼していない空間にいた118人が命を落とすという結果を招いた（建築防災，1986年4月号より）．

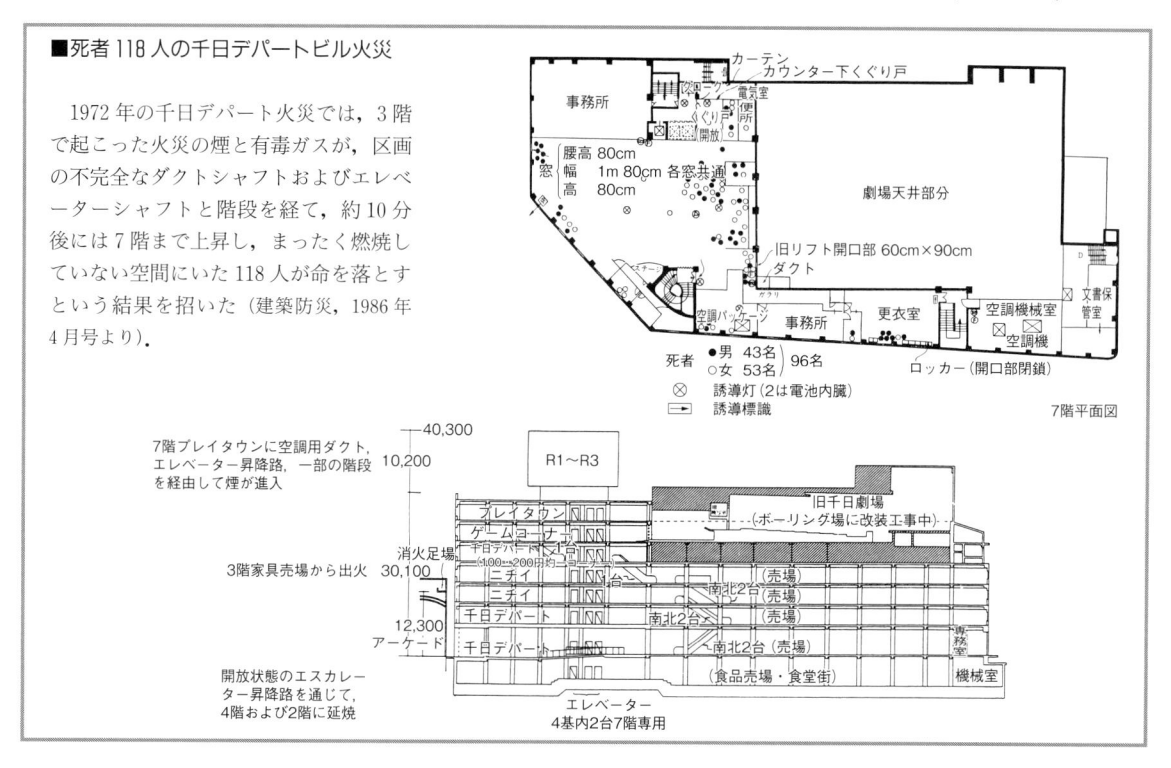

7階平面図

3.4 断面計画

3.5 立面計画

窓の形と上階延焼危険 [1]

外壁に設けられる窓は建物の用途や使い勝手に応じてさまざまな形態をもつ．

空調設備の一般化により，現在の高層建物では住宅用途を除きはめ殺しの形が多くなっている．各階の壁の面積に対して相対的に窓が小さいときには窓からの火炎による上階延焼の危険は小さいが，窓が大きい場合には窓の上端から上階の窓の下端までの寸法に注意する必要がある（⇒1.8）．

ファサードと層間区画 [2]

建物の外壁開口部には，上階延焼の防止性能が求められ，いわゆるスパンドレル（層間区画）が計画される．一見，ファサードにスパンドレルの要素が現れずに，全面ガラスで覆われたように見える外壁でも，スパンドレル区画の形成にはさまざまな工夫がなされている．

[1] さまざまなファサードデザイン

ポツ窓　フレーム　横連窓　縦連窓
バルコニー　庇　ガラスカーテンウォール　メガトラス

[2] ファサードと層間区画の計画事例

1. ポツ窓・横連窓型
（水道機工本社ビル，設計：竹中工務店）[1]

2. 庇・バルコニー型
（ONWARD樫山名古屋支店ビル，設計：大成建設）[2]

3. ガラスカーテンウォール（1）
（住友不動産新宿中央公園ビル，設計：竹中工務店）[3]

（撮影：彰国社写真部）

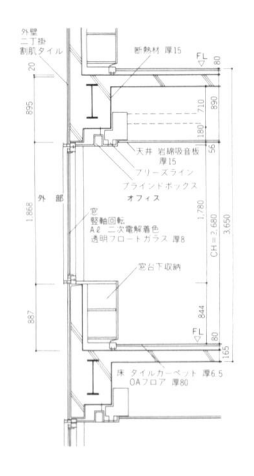

耐火構造の外壁もしくは外装材の下地に耐火パネルを設置して行う．ファサードにスパンドレルの構成が強く現れる．

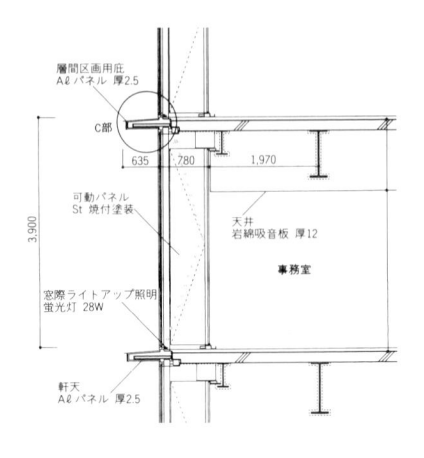

○部分は断面詳細図[3]参照
外壁面から外に突き出した耐火構造の庇で層間区画を形成．開口部の高さを大きくとれるため，開放性が高い．

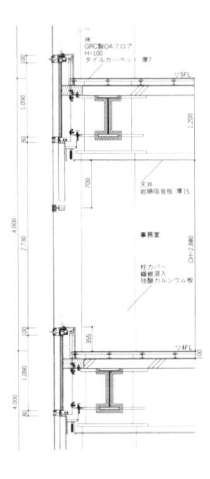

カーテンウォールに耐火ボードを組み込んで層間区画を形成．スラブとの隙間を耐火材で塞いでいる．

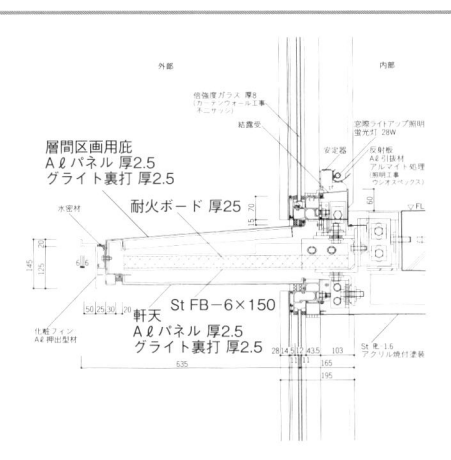

[3] 層間区画用庇[2)]
断面詳細図 S=1：20

スパンドレルの計画 [3]

さまざまな形式があるが，いずれの場合にも重要なのは，耐火構造のスパンドレルによる上階延焼の防止である．コンクリート系パネルや金属パネル形式のカーテンウォールでは，パネル自体に耐火構造のスパンドレルを組み込んで計画する．その取り付けに際してスパンドレルは躯体に固定し，ファスナー部分が火災の熱で損傷して脱落しないようにすることと，パネルと床スラブとの隙間をロックウールなどの耐火材で充填することが必要である．この部分が不完全であると，初期消火に失敗した場合，盛期火災に至り，上階延焼が生じる危険が高くなる．また，開口部の形状が大きくなるほど，火災時の噴出火炎は大きくなるため，スパンドレルの構造や寸法は十分に検討する必要がある．

参考文献
1) ディテール 140, p.38, 2) 同誌 161, p.44, 3) 同誌 161, p.48, 49, 4) 同誌 156, p.28, 5) 同誌 161, p.35, 6) 同誌 164, p.26, 27

4．ガラスカーテンウォール（2）
（泉ガーデンタワー，設計：日建設計）[4)]

5．ダブルスキン（1）
（トヨタ車体 開発センター，設計：清水建設）[5)]

6．ダブルスキン（2）
（マブチモーター本社，設計：日本設計）[6)]

（撮影：彰国社写真部）

（撮影：彰国社写真部）

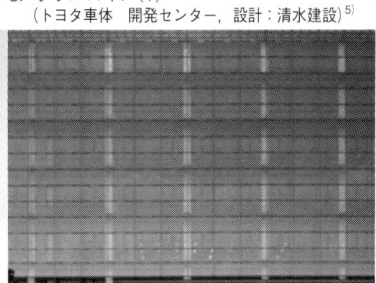

耐火パネルを耐火シールによって固定して，カーテンウォールの継ぎ目を減らし，透明性をさらに追求している．

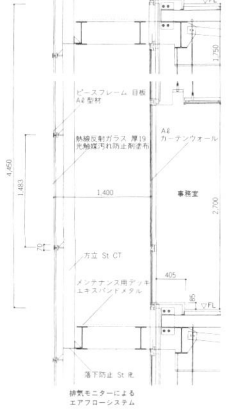

ダブルスキンのエアフローによって省エネ機能をもたせ，内側のカーテンウォールに耐火ボードで層間区画を形成．

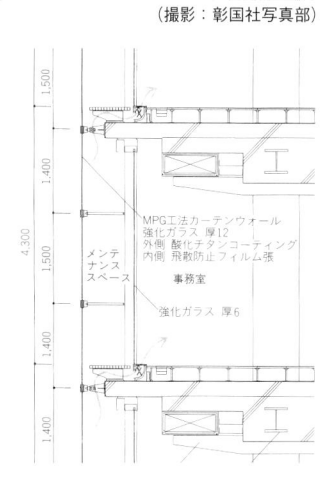

ダブルスキンの内側で床スラブをはねだして層間区画を形成．より開放性の高いファサードを演出している．

3.5 立面計画

3.6 天井の計画

天井面の防災設備 [1]

建物の用途や規模などの条件にもよるが，一定の規模を超えると天井面には消防用設備であるスプリンクラーヘッド，非常用照明，誘導灯，感知器，そして，建築設備である防煙垂れ壁や排煙口，防火シャッターなどのスリットなどが現れる．排煙口や防火シャッターなどの可動設備にはメンテナンス用の点検口が必要となるので，忘れずに計画する．

事務所のシステム天井 [1]

事務所フロアは将来のレイアウト変更に対応できるように，フレキシビリティの高い計画とする必要があるため，システム天井とする場合が多い．天井面にはモジュールに従い，照明器具，空調吹出口とともに防災上の設備が配置される．将来の事務所空間の使い方，貸し方を想定したスパンにおいて，必要な設備を計画しておく．

直天井の計画 [2]

直天井の場合，防火上は天井高さが高くなるので，火災時の蓄煙空間が増えるといった有利な面もある．その特性を生かした排煙計画も可能である．

また，各種設備が露出して計画されることになるので，スプリンクラーヘッドの位置は梁や吊り下げ式の照明器具などによる散水障害がないように注意する．天井面の梁が煙や熱の流動の妨げになるので，感知器はその影響を受けにくい場所に設置する必要がある．

物販店舗の天井 [3]

物販店舗を機械排煙で計画する場合，防煙区画ごとに排煙口を設けるため，天井内に横引きダクトが生じる．天井内を排煙ダクト，構造躯体，空調ダクトが交錯するのでその納まりを十分に検討して天井高さを設定する．また，防火シャッターの部分は天井内にシャッターボックスが設けられるため，ダクト貫通が難しい．排煙と空調の系統は防火区画ごとに計画するのがよい．

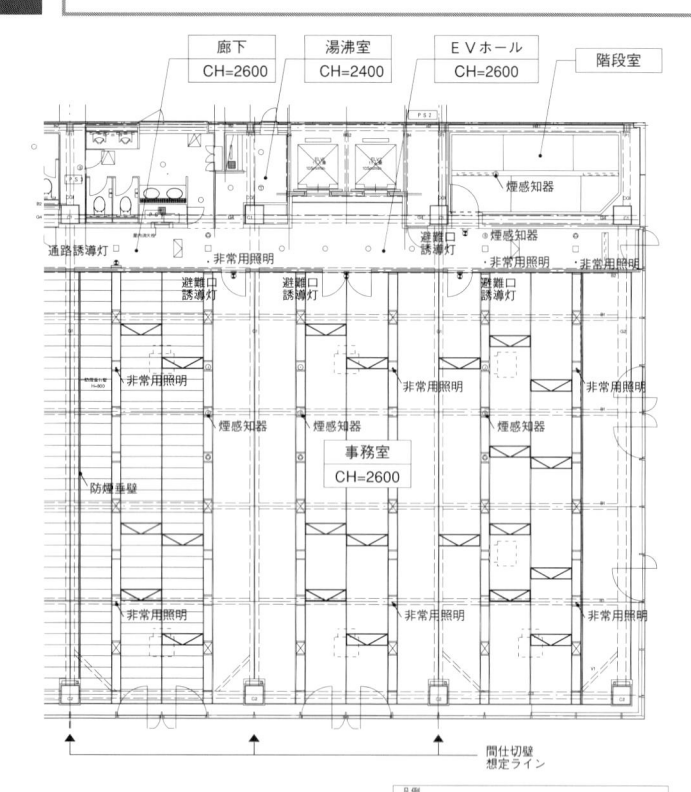

[1] システム天井の計画

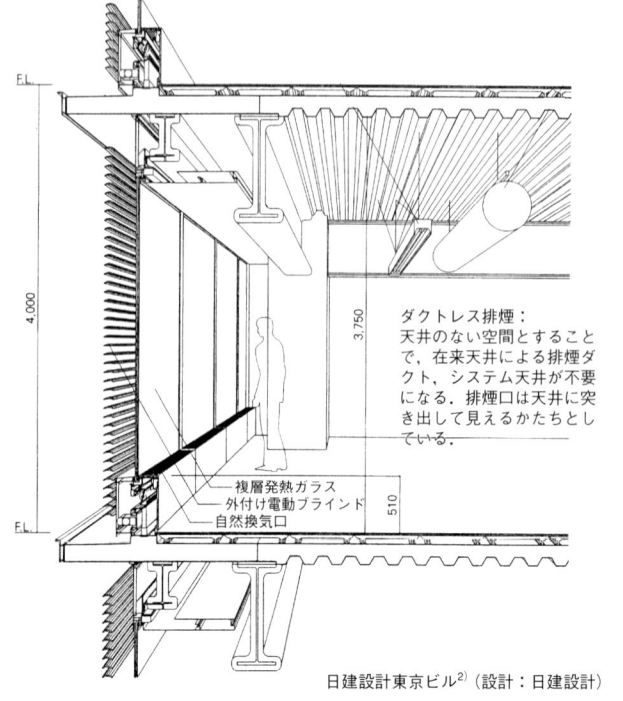

[2] 事務所ビルの直天井の計画
日建設計東京ビル[2]（設計：日建設計）

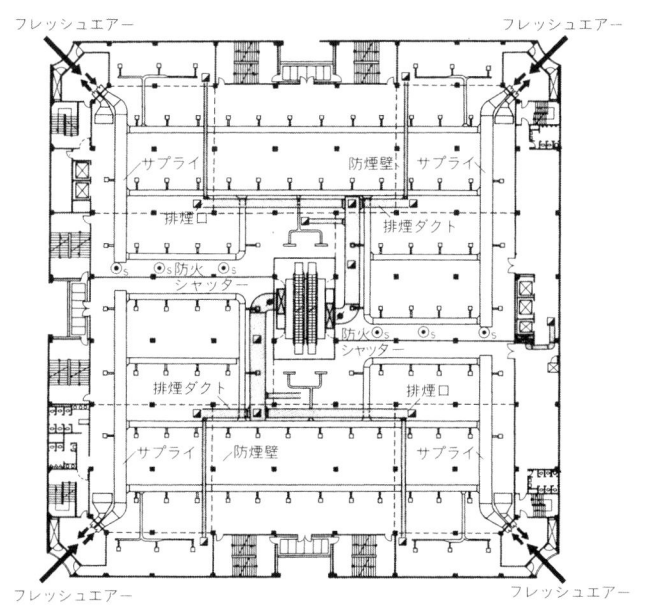

イトーヨーカドー大宮店[2)]（設計：園堂建築設計事務所）1：1000

[3] 物販店舗の給排気・排煙ダクトの計画

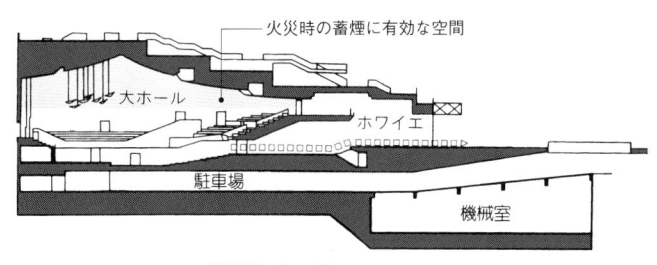

断面図　1：1200

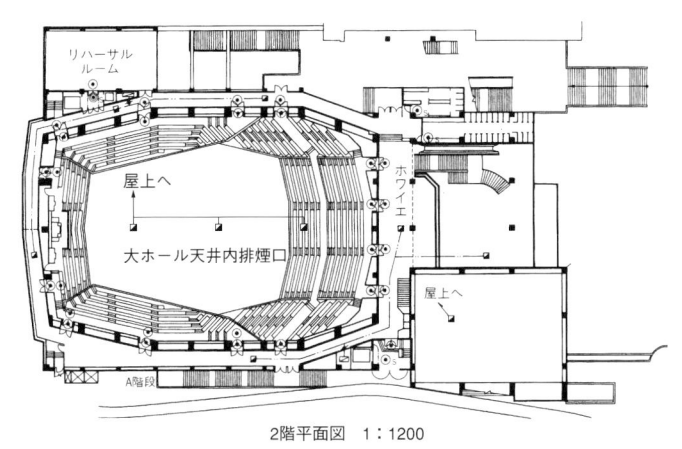

2階平面図　1：1200
サントリーホール[3)]（設計：アーバンシステム，入江三宅設計事務所）

[4] 劇場の天井の計画

防煙垂れ壁

　物販店舗は他の用途に比べて床面積が大きいため，店舗内に防煙垂れ壁が多数設置される．自然排煙の場合，垂れ壁の高さが特に大きくなる場合もある．防煙垂れ壁はガラス製のため，地震時に落下することがないように，取り付けにおいては耐震性に十分配慮する．

劇場の天井 [4][5]

　大勢の観客がいる客席部では，火災時の群集の混乱を防止し，避難時間の余裕をもたせるために煙の降下を防止する煙制御が必要である．舞台部や客席部の天井を高くして蓄煙効果を高めたり，天井の頂部に排煙口を設けて効果的に排煙を行ったりする方法がある．また，天井面に均一にスリットを設けて，天井内に設けた排煙口より排煙を行う方式によって，天井内を蓄煙スペースとして有効活用するとともに，意匠上，排煙口をみせない方法もある［4］．

　なお，500 m² 以内ごとに区画する防煙垂れ壁は一定の条件を満たせば，緩和される．

参考文献

1) JA／THE JAPAN ARCHITECT 2004 冬 Vol.2004 No.1（52）新建築社．
2) 新・建築防災計画指針，建築防災計画実例図集，日本建築センター，1985．
3) 新・建築防災計画指針　建築防災計画実例図集，日本建築センター，1985．

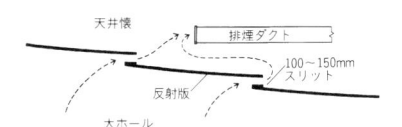

天井面は全面固定反射板とし，反射板は4.5mごとに折れ曲がる．この折れ曲がり部には，ホール全幅にわたって幅100～150mmのスリット状開口を設けている．煙はこのスリットより天井懐に入り，均一に排煙される．

[5] 大ホール天井プレナム方式　断面図

3.6 天井の計画

3.7 各部詳細（1）
特別避難階段，非常用エレベーター，付室

自然排煙式の非常用エレベーター乗降ロビー兼用付室［1］

窓からの自然換気によって付室/乗降ロビーに侵入した煙を排出する方式である．この事例は付室入口の正面に自然排煙窓を設けた，コンパクトな兼用付室の典型である．階段には縦スリット状の窓を設け，自然光が入るように配慮されている．

機械排煙式の特別避難階段付室［2］

煙の排出のために排煙ファンを設置し，排出される空気量に相当する外気を竪シャフトから自然給気する方式である．この事例は高層集合住宅の事例である．

この事例では1つの平面に2つの階段を組み込むシザーズ階段（二重らせん階段）を採用している．それぞれの階段は防火上独立していなければならないため，それぞれに付室が設けられている．また階段室内部でも，それぞれの階段どうしを防火区画するために，コンクリートの階段としている．

1つの階段の付室は非常用エレベーターの乗降ロビーと兼用している．このため給気シャフトの面積は兼用付室の方が広くなっている．

非常用エレベーター以外のエレベーター（小型のもの2機）は乗降ロビーを共用することができないため，この事例ではエレベーター扉の直前に防火扉を設けることで法規に適合させている．

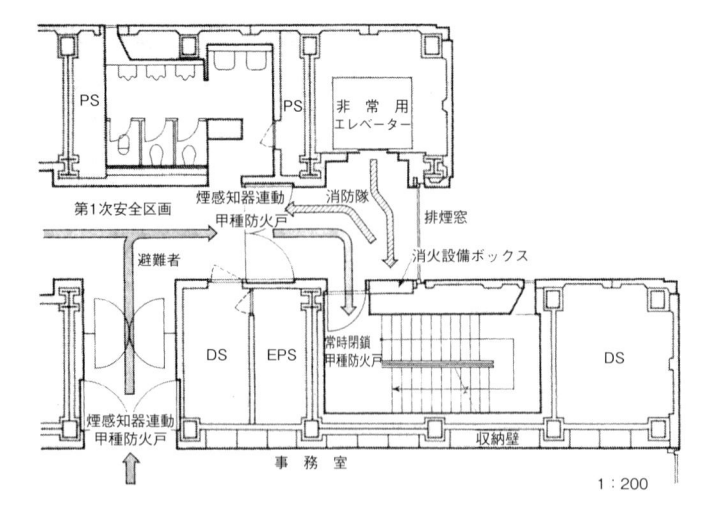

［1］自然排煙式の非常用エレベーター乗降ロビー兼用付室
　　トヨタ東京ビル[1]（設計：日建設計）

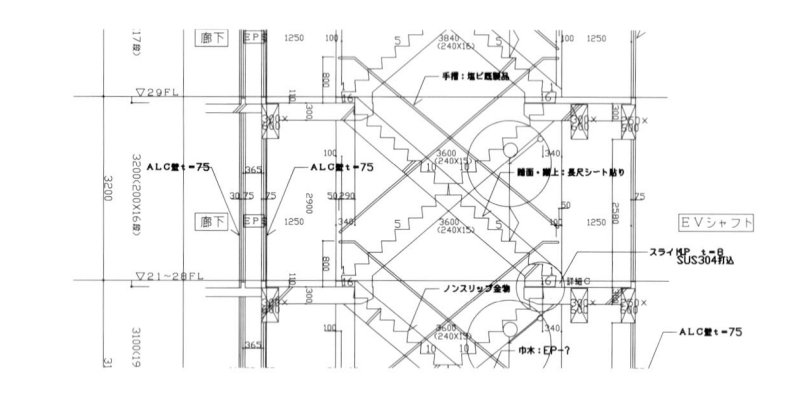

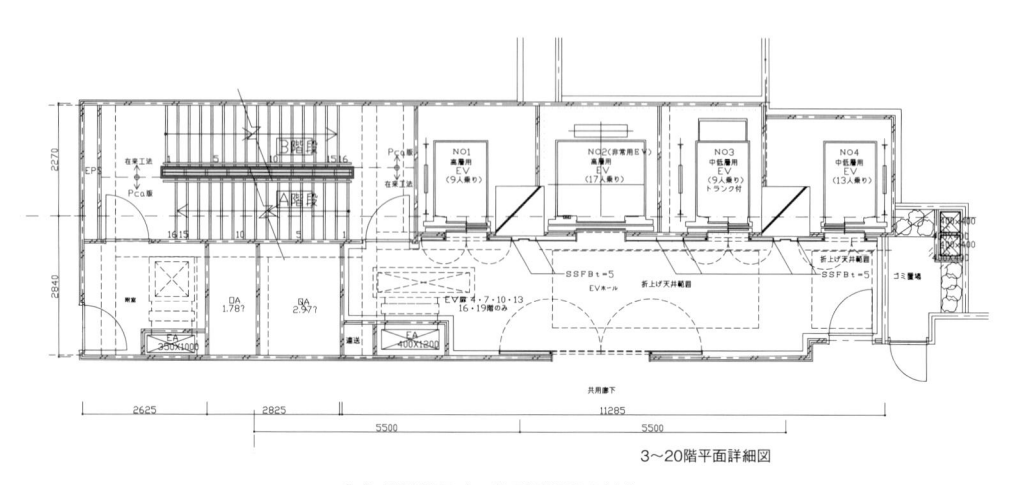

［2］機械排煙式の特別避難階段付室
　　Gマンション（設計：竹中工務店）

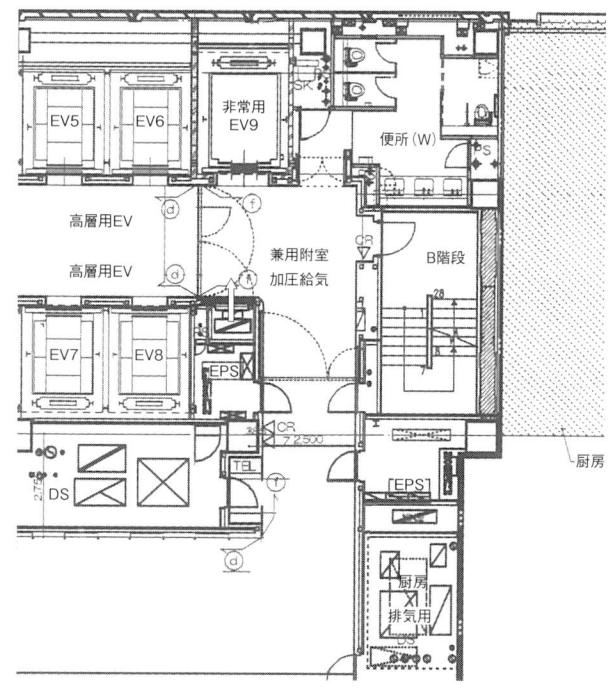

加圧防煙式の乗降ロビー兼用付室 [3]

加圧によって付室内の煙を排出する方式を採用した事例である．シャフトからの給気によって付室内の気圧は 20 Pa 以上に保たれ，廊下からの煙を押し戻す．付室内の圧力が過大になると入口扉の開放に支障が出るため，50 Pa 以上にならないよう避圧口が設置されている．

兼用付室は一般エレベーターロビーと一体であり，日常動線の一部となっているが，火災時には防火扉が閉鎖して区画される．兼用付室の奥にある便所とダクトシャフトについても同様である．

押出排煙式の乗降ロビー兼用付室 [4]

付室内にはある程度の煙が侵入するが，それを加圧給気によって外部に押し出す方式の事例である．排煙経路は各階ごとに設けられている．

参考文献
1) 日本建築学会編：建築設計資料集成 10, 1983.

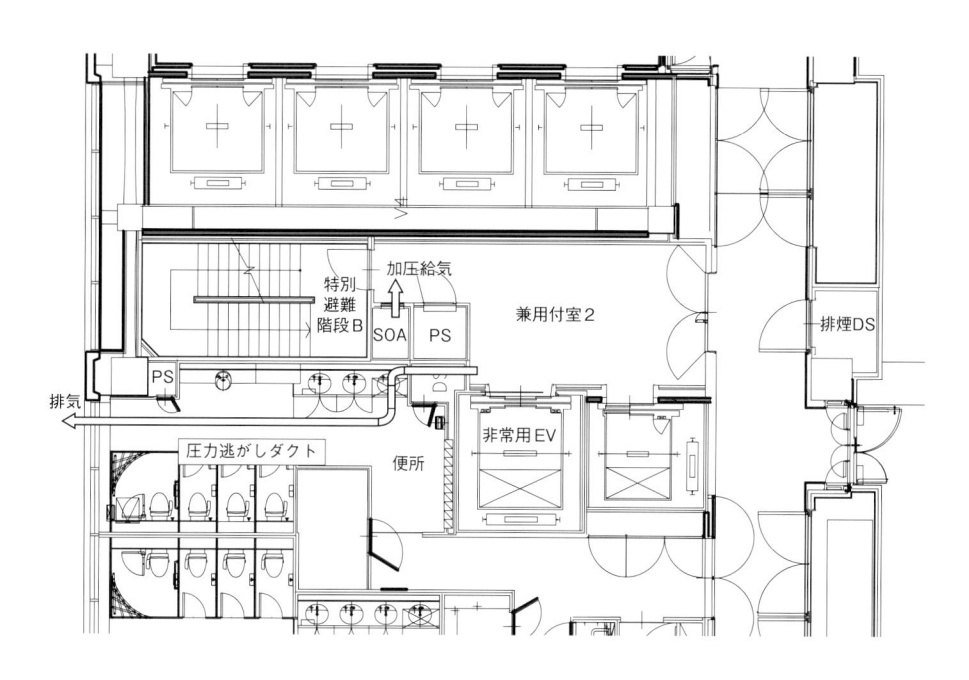

[3] 加圧防煙式の乗降ロビー兼用付室

[4] 加圧排煙式の乗降ロビー兼用付室

3.7 各部詳細（1）

3.7 各部詳細（2）
階段・非常用進入口

低い階高に設けたシザーズ階段

　シザーズ階段は階段の占有面積を削減することができるため，多数の階段が要求される百貨店などでしばしば採用されている．その場合は［1］のような平面の階段が多いが，この平面形を採用するには踊り場での天井高さを確保しなければならないため，階高が約4.5m程度以上となる．

　この事例の建物は階高が4.2mであるため，通常の平面では2本分の階段は収まらない．そこで段部を4つに分割し，それぞれに階高の3分の1の高さ（1.2m）を受けもたせることによって，シザーズ階段を実現している［2］．1つの階を昇降するのに4分の3回転するため，偶数階と奇数階とで階段の入口が交互に移動する形態となっている．まさに二重らせん階段である［3］．

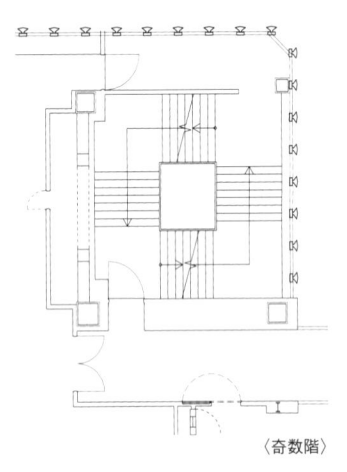

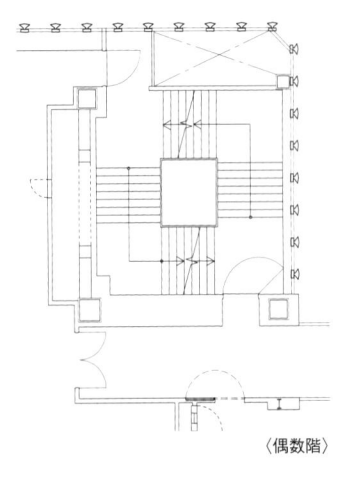

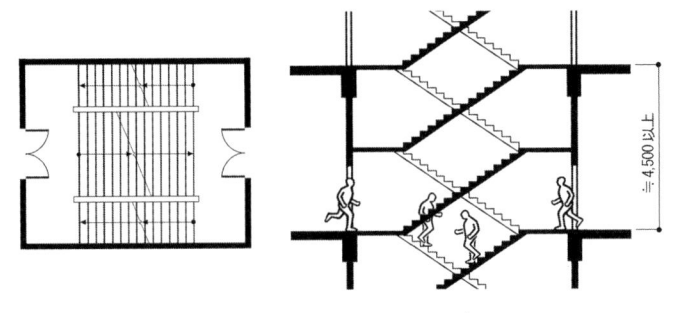

［1］物販店舗に採用されるシザーズ階段

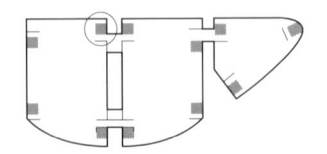

［2］中央4箇所の階段がシザーズ階段

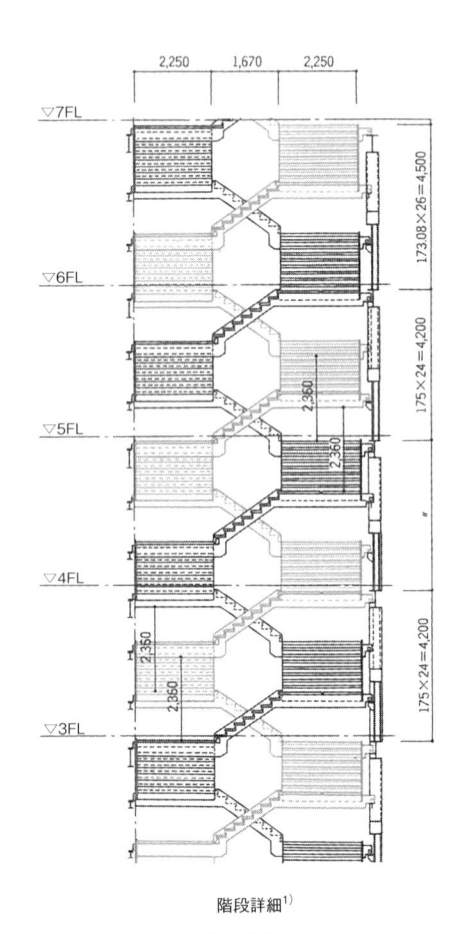

〈奇数階〉

〈偶数階〉

階段詳細[1]

［3］有楽町センタービル（設計：竹中工務店）

3. 設計図に見る防災計画

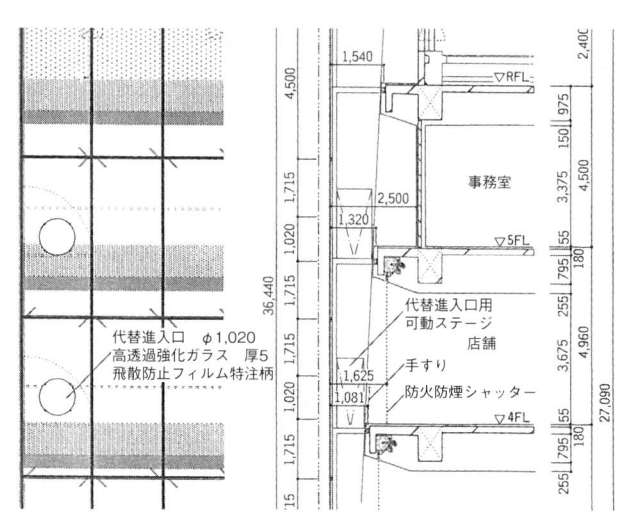

火災時には消防隊進入口になる仕組［4］

道路に面した側が吹抜けとなっているため，そのままでは消防隊の進入口を設置しても消防士が転落してしまうおそれがある．そこでこの建物では可動床を設置し，火災時には煙感知器の信号に連動して床の開口をふさぐようにした事例である．

アトリウムの中の非常用進入口［5］

大型物販店舗の正面全体が約70mにわたって吹き抜けているため，そこには非常用進入口が設けられない．そこで吹抜けを横断する空中スロープを設け，進入口に接続した事例である．

大スパンの吊構造とするほか，トップライトからの光を妨げないようにスロープの両側をガラス張りとするなど，目障りにならないようデザインしている．

非常用進入口は現在の法令では吹抜けなど床のない部分では設置が緩和されるが，これはそれ以前の事例である．

参考文献
1) ディテール93, 1987.
2) ディテール158, 2003.

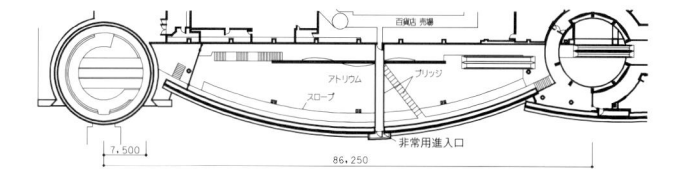

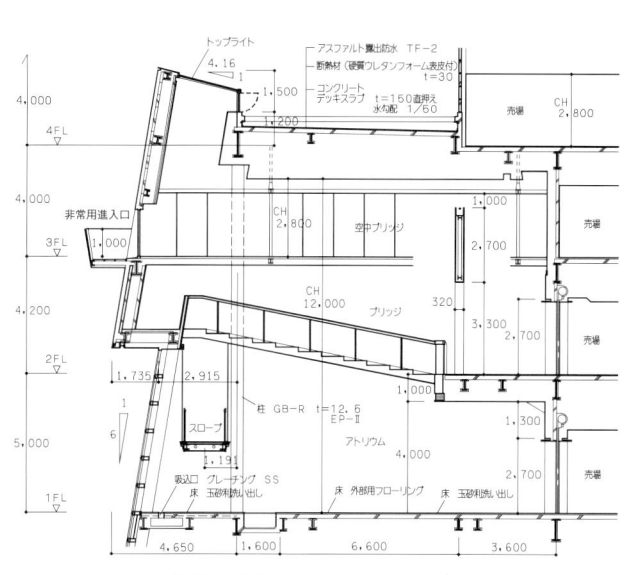

［4］火災が起きると使える消防隊進入口
銀座セブンビル[2]（設計：大成建設）

［5］消防隊のための空中スロープ
パンジョ（設計：竹中工務店）

空中スロープ

3.7 各部詳細 (3) バルコニー

バルコニーを覆うデザイン [1]

条令で要求された百貨店の避難バルコニーを巧妙に目隠しした事例である．格調あるアルミ型材の「すだれ」は内部のバルコニーの存在を気づかせない．その要所要所には消防隊の進入のために開く引き戸も設けられている．

この百貨店は建物の奥側に避難階段を設置しているが，店内からは要所要所に道路側のバルコニーへの出口が設けられており，そこを伝っていけば避難階段に到達することができる．店内からどの方向に行っても避難できるという理想的なプランである．

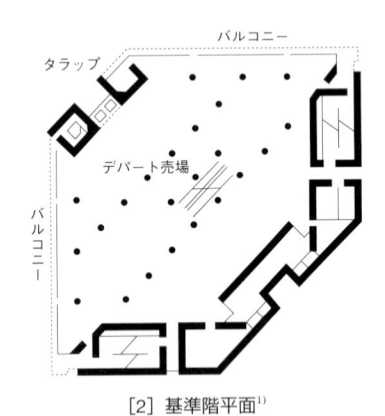

[1] バルコニーのある百貨店 阪急河原町店[1]（日建設計）

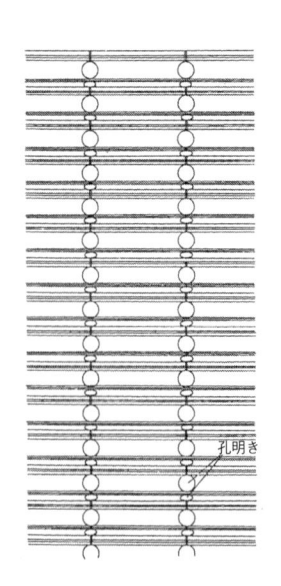

[2] 基準階平面[1]

[3] すだれ外観[1]

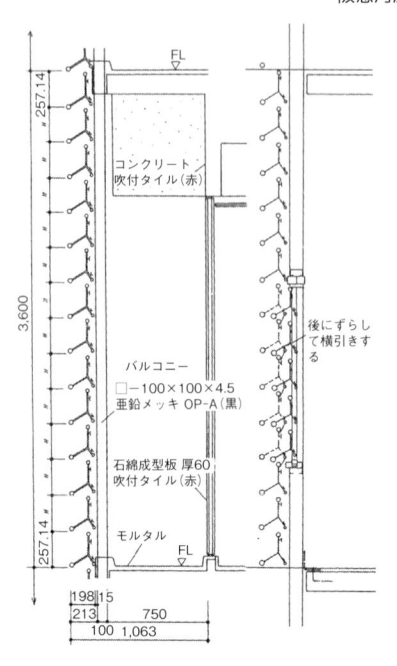

[4] バルコニー断面[1]

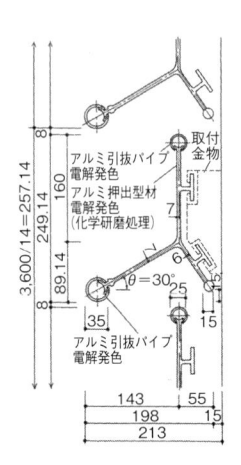

[5] すだれ詳細[1]

68　3．設計図に見る防災計画

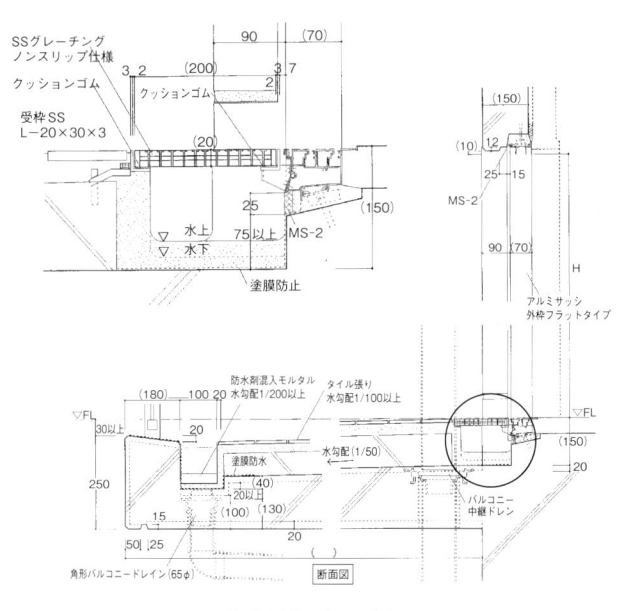

段差のないバルコニー [6]

バルコニー経由の避難経路は多いが，通常の設計ではバルコニーは水切りの必要性から室内より一段低くしていることが多い．しかし病院や車椅子などの利用者の多い施設ではこの段差が避難の障害になることもあるため，このようにして段差を解消している事例がある．

避難バルコニーに設けた小さな階段階段状の避難タラップ [7] [8]

避難バルコニーは最後の脱出手段であることから，そこから先への避難手段はたとえばタラップのように，面積効率を優先して，使い勝手を犠牲にした建物が多い．この事例ではタラップの代わりに小型で急勾配ではあるが，階段を設置している．その分，バルコニーの面積が拡大するので事務室面積を削ることになるが，あえてタラップより使いやすい階段としている．

参 考 文 献
1) ディテール 52，1977．
2) 日本建築学会編：建築設計資料集成 10，1983．

[6] 段差のないバルコニー

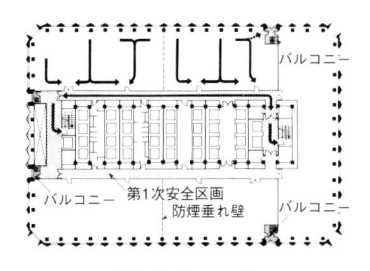

[7] 基準階平面[2]

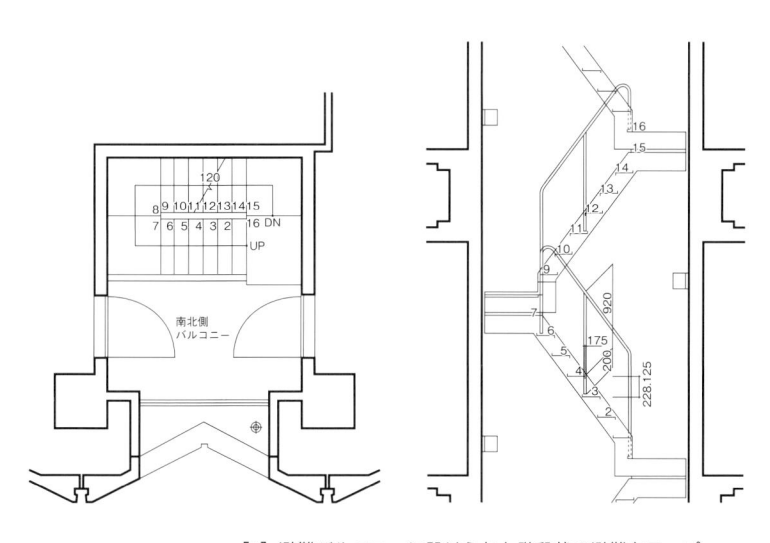

[8] 避難バルコニーに設けられた階段状の避難タラップ
新宿センタービル(設計：大成建設)

3.7 各部詳細 (3)

3.7 各部詳細（4）
消火栓・排煙設備

内部の見える消火栓ボックス [1]

屋内消火栓は建物管理者や在館者が自ら操作するものであるが，通常の消火栓のように箱に収納されていると内部の様子を知ることができないため，重要であるにもかかわらず疎遠な設備になりがちである．この消火栓ボックスはガラスでできているため内部に設置された屋内消火栓設備，消火器，非常電話のほか，救急危惧として併置されたAED，救急セット，毛布がよく見える構造となっている．この消火栓ボックスは空港コンコースの目立つ場所に置かれ，その優れたデザインによってその存在をアピールしている．

デザインされた自然排煙窓 [2]

自然排煙用の開口は建物のファサードに現れるため，外観やインテリアデザインの面でおろそかにできない．この建物ではインテリアでは梁の裏側に目立たないように配置しながら，外観では壁面にそろえたり後退させたり変化をもたせながらデザインのアクセントとしている．

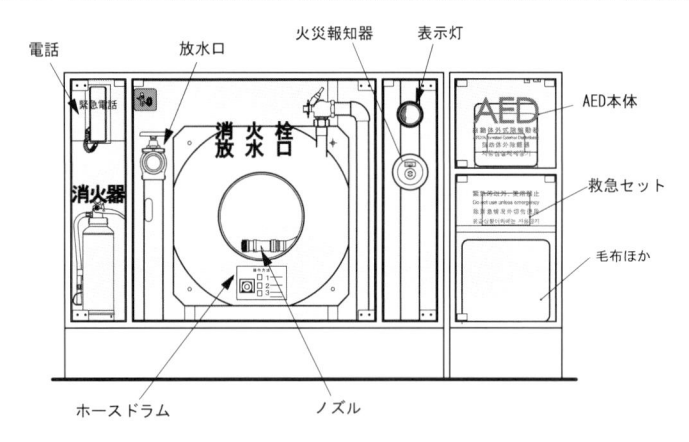

[1] ガラスケースの独立型消火栓
中部国際空港（設計：日建設計）

（撮影：小川泰祐）

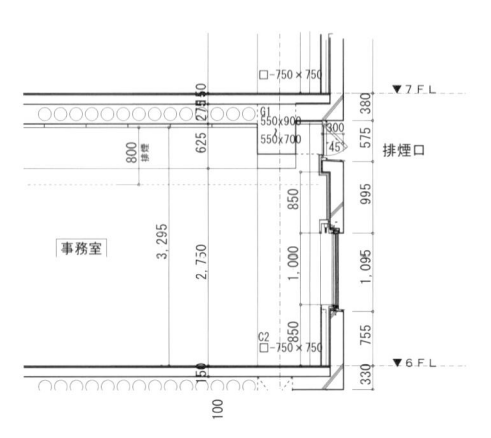

[2] デザインのアクセントにした自然排煙窓
オーウェル東京ビル（設計：竹中工務店）

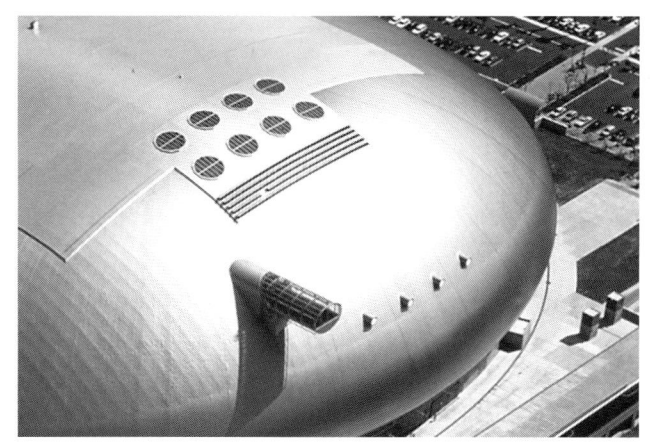

大空間の排煙設備

　超大型ドームでは火災が発生しても煙層が危険な高さまで降下するには時間がかかるため，無排煙でも安全な避難計画が可能であるが，消防活動のための排煙は避難安全とは別に考慮しなければならない．

　この事例では屋根の頂部に排煙口を設け，あわせて夏季・中間期の自然換気にも利用している．開口部を120枚のパネルに分割して3次元局面の屋根になじませている．

　寒冷地のため積雪を考慮した厳重な止水対策や，パネルの断熱による結露防止を施し，さらに漏水を考慮して樋や水受け天井が設置されている．また，雪が留まらないようにパネルは瓦のように重ね合わせられている．開閉機構は電動式である．

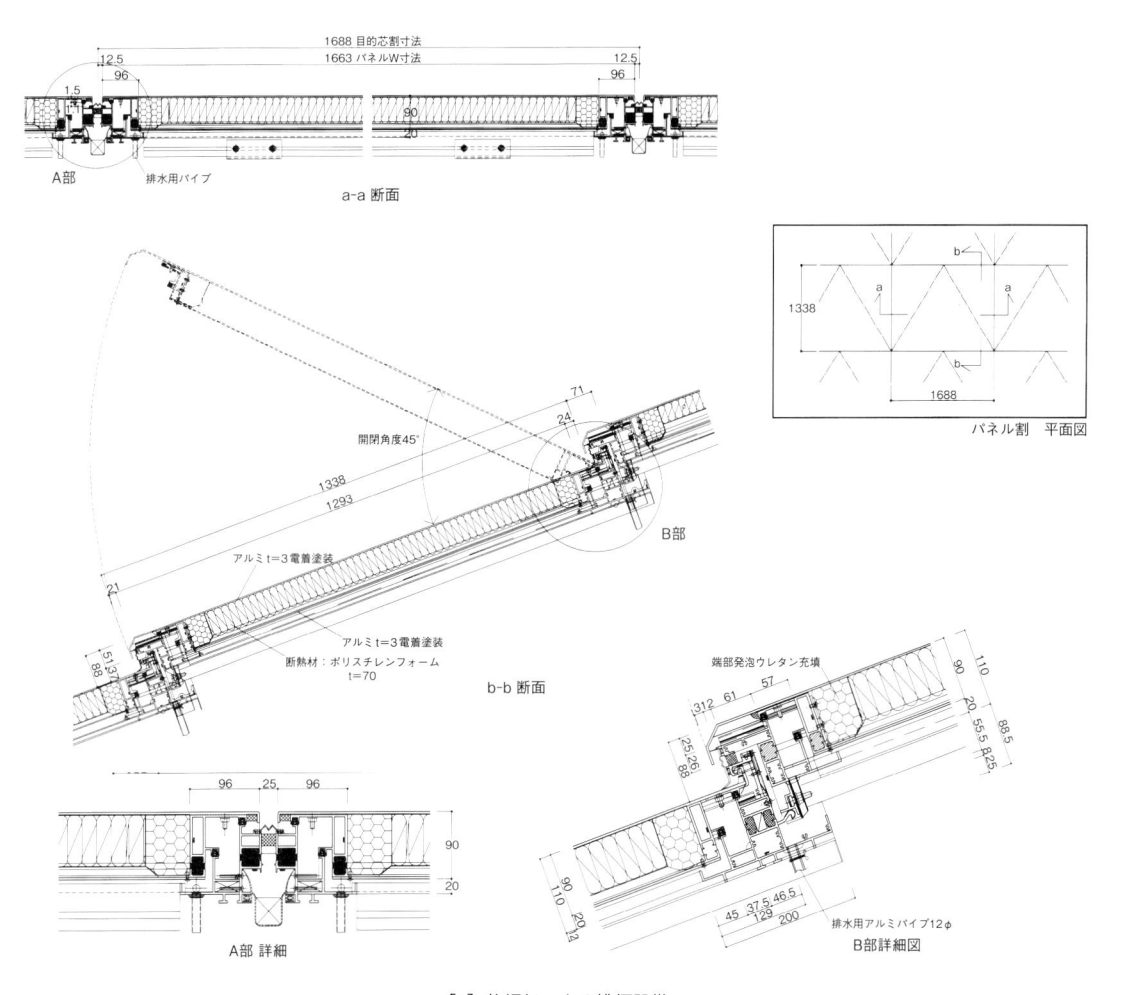

[3] 屋根頂部の8つの丸いトップライトの下に並んでいるのが排煙口
　　札幌ドーム（設計：原広司＋アトリエファイ，アトリエブンク）

[4] 札幌ドームの排煙設備

3.7 各部詳細（5）
防火区画間仕切壁

間仕切壁の種類 [1]

間仕切壁には，空間を仕切る垂直の部位として，種々の性能が要求され，室の用途・目的によって異なる．間仕切壁の基本性能は，耐火性・遮音性・耐震性である．この基本性能をもとにすると，一般・遮音・耐火・遮音耐火の4つに分類される．

間仕切壁の材料・工法では，コンクリート・LGS下地ラスモルタルなどの湿式工法壁と，LGS下地ボード張り・ALCパネルなどの乾式工法壁に分類できる．間仕切壁には基本性能以外に，要求性能を実現するために施工性や周辺部取合いなどの納まり性も重要なポイントである．ここでは現在，主流となっている乾式工法のLGS下地ボード張りによる耐火遮音間仕切壁と，耐火間仕切壁としてALCパネルについての納まり例をとりあげる．

LGS下地ボード張りによる遮音耐火間仕切壁 [2]

LGS下地ボード張りの遮音耐火間仕切壁は，間仕切壁メーカーにおいて種々の材料組合せや取付け方法の工夫により，認定取得された製品があり，その品揃えは多い．

間仕切壁本体は十分性能が確保されていても，取合う周辺部などの納まりによって性能を発揮できない場合がある．

下部取合いでは，ボードの床面コンクリート水分による吸湿を防ぐとともに，施工誤差を吸収するため，浮かせて取付ける．上部や柱形などの取合いでは，耐震上の層間変位追従性と施工上の逃げを考慮して目地が必要となる．これらの目地は，ロックウール充填で耐火は確保できるが，遮音の弱点となる．そのためにロックウール以外にシーリング材や無機質充填材などによって確実に塞ぐことが重要である．

細部の仕様については，間仕切壁メーカーや耐火被覆メーカーが，指定する材料・工法などをふまえて，プロジェクトごとに調整し決定する．

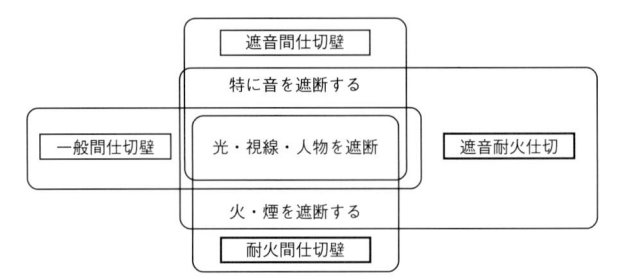

[1] 目的用途による間仕切の分類（竹中工務店資料）

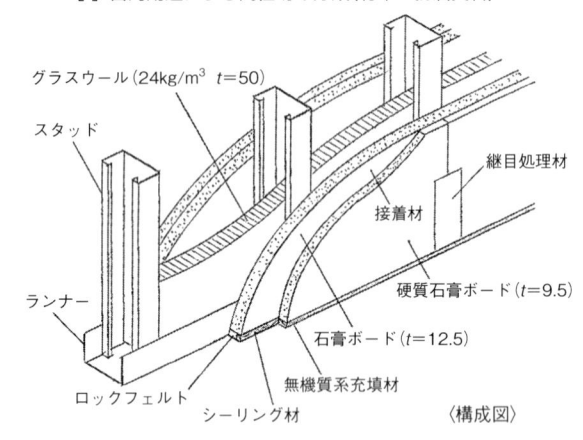

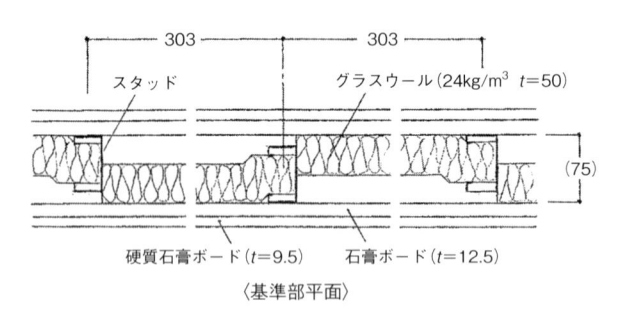

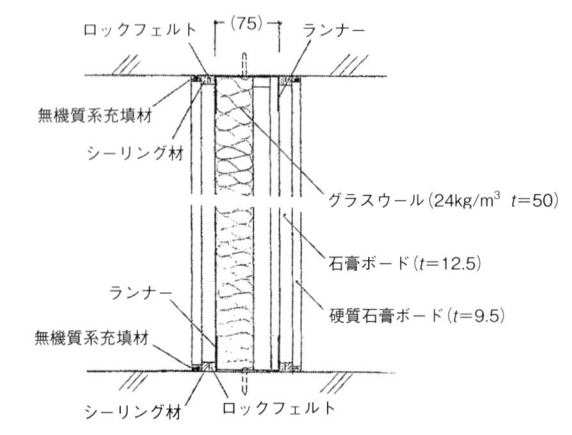

[2] LGS下地石膏ボード張りによる遮音耐火間仕切壁の納まり例
（吉野石膏資料より作成）

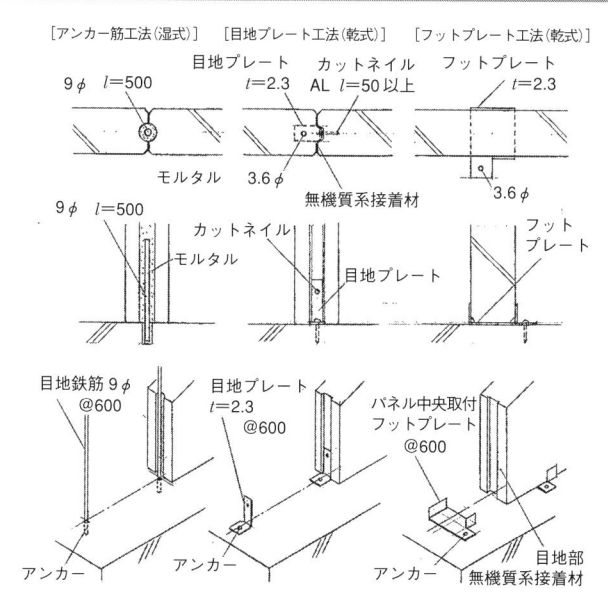

ALCパネルによる耐火間仕切壁 [3, 4]

ALCパネルの取付けには、パネルジョイント中空部にモルタルを充填して壁を形成する湿式工法と、パネルジョイントを本実方式として無機系接着材で壁を形成する乾式工法がある。いずれも下部を固定し上部は金物で挟み込むスライド方式によって、層間変位に追従できるようになっている。

ALCパネル壁の出隅・入隅部には20mm程度の伸縮目地を設け、異なる方向の壁の変位を吸収しパネルの損傷を防ぐ。外壁や柱などの異なった部位との取合い、RC壁などの異なった材料との取合いにおいても同様である。

パネル上部の隙間や伸縮目地にはロックウール充填し、またパネル上部の取付金物はロックウールで被覆し耐火性能を確保する。

鉄骨梁下取合いでは、耐火被覆とALCパネルの取付工程がプロジェクトの条件によって異なる場合があり、その手順の違いによって納まりも異なってくる。耐火被覆が先行する場合は、間仕切用チャンネルを取り付ける受材を、鉄骨梁下にあらかじめ手当をする必要がある。

吹抜け部では、避難階段などでALCパネルを素地のままあるいは塗装仕上げとし、パネルを垂直に連続させる場合は、外壁ALCパネルの納まりに準じる。各階床ごとに水平目地20mm程度を設け、層間変位を吸収する。

また吹抜けロビーや連絡階段などでLGS下地ボード張りで仕上げる場合は、各階のスラブ上にパネルを取付け、LGS下地をスラブ端部のコンクリート止めを利用して取付ける。

エレベーターシャフトで同様のパネル取付けとする場合は、シャフト内の加・減圧を考慮して、パネル下端とスラブ取合いにシーリング材を施し、気密性を確保する。

[3] ALCパネル間仕切壁取付工法の種類
（クリオンおよび竹中工務店資料より作成）

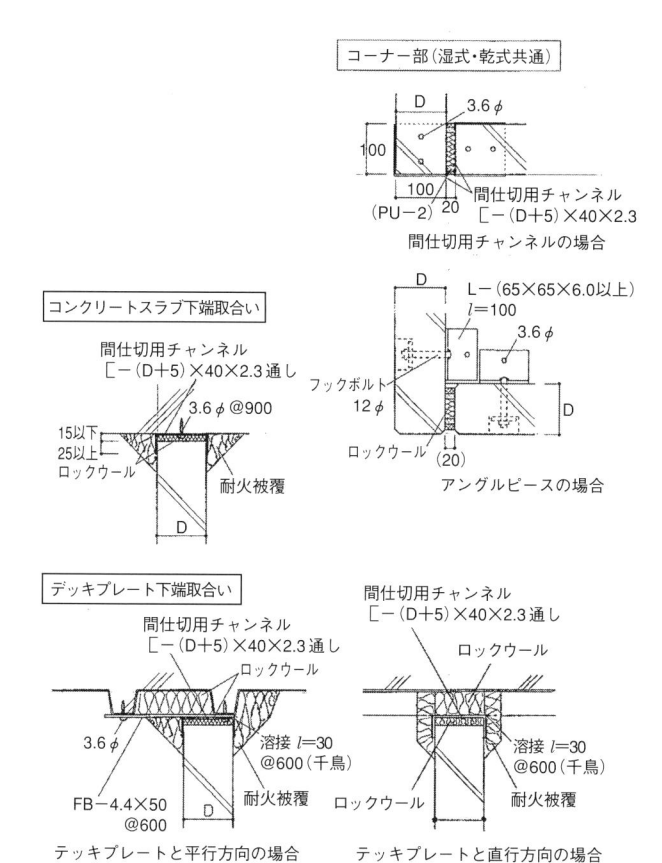

[4] ALCパネルによる耐火間仕切壁の各部納まり例
（竹中工務店資料）

3.7 各部詳細（5）

3.7 各部詳細（6）
防火設備防火戸

防火設備としての開口部

　一般的に開口部とは，窓と出入口の総称として使われる部位である．遮断と透過という2つの相反する機能を有する．開口部には人や物の出入り，光・視線・空気などを必要に応じて透過させなければならない機能が要求される．

　防火扉では，非常時に避難するための誘導表示をはじめ，常時開放状態から非常時には閉鎖によって区画を形成したり，あるいは常時閉鎖状態から非常時には避難や救助のために開放し，さらには扉下部に消火活動のためのホース取入れ口の小開口を装備するなど，種々の状況に応じた機能が求められる．

上枠に誘導灯を組込んだ防火戸 [1]

　誘導灯は一般的には避難経路の壁や天井に設けられる．ここでは防火戸の上枠見付けを天井面まで大きくし，誘導灯を組み込み，配線用の配管を接続できるよう，建具に工夫を施した例である．誘導灯と建具の一体化により，すっきりとした納まりとなっている．

壁厚さを変えず常時開放扉の戸袋を設置した防火戸 [2]

　LGS下地ボード張り耐火間仕切壁に取付く常時開放防火戸の戸袋部分を，認定取得されたボード3枚重ね張りとし，間仕切壁厚さを変えずに，耐火性能を確保しながら納めた例である．

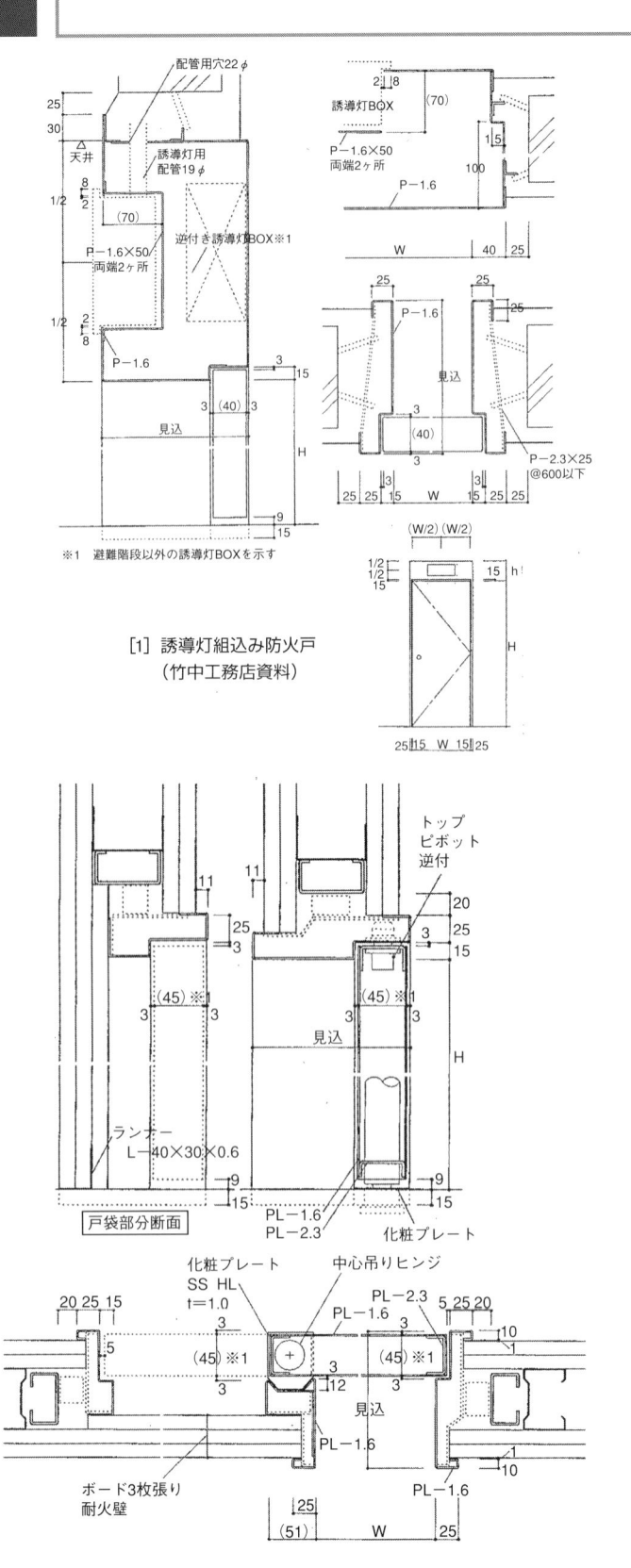

※1 避難階段以外の誘導灯BOXを示す

[1] 誘導灯組込み防火戸
（竹中工務店資料）

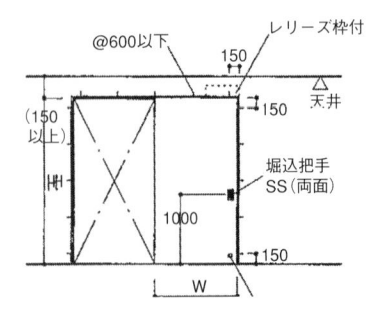

[2] LGS下地ボード張り耐火間仕切壁に取付く，180°開き常時開放防火戸（竹中工務店資料）

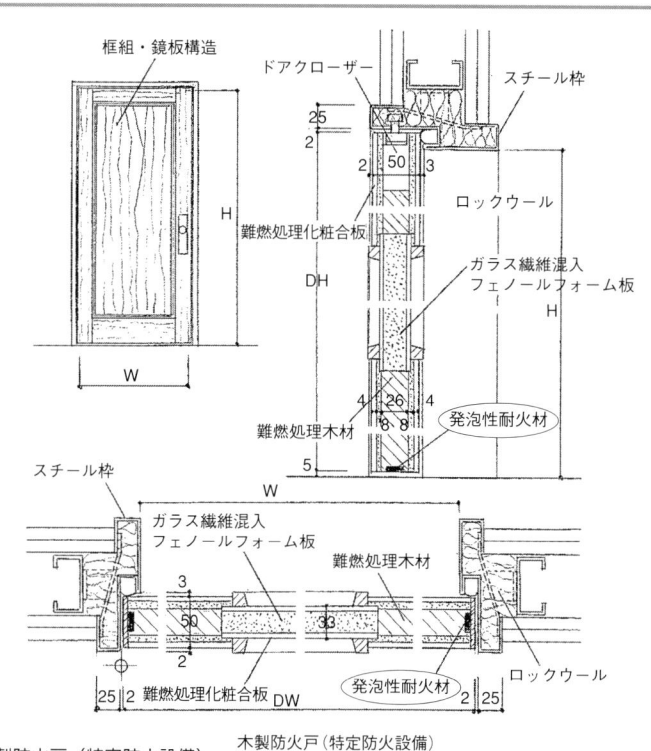

天然木の良さを生かした木製防火戸 [3]

木のもつ優しさ・温もりを活かし，燃える・くるうといった弱点を，材料の組合せや製法の工夫により，特定防火設備を認定取得した木製防火戸の例である．

扉の芯材としてフェノールフォームを，周辺や表面には難燃処理木材を用い一体化して作られている．加熱されると表面層が発炎し直後の炭化により芯材を保護する．また周辺小口部に埋め込まれた発泡性耐火材が加熱に対して発泡し，扉と枠の隙間を塞いで炎を遮断するメカニズムを有している．

地震対応玄関防火戸 [4]

RC造集合住宅などの玄関扉は，地震時の層間変形・周辺壁のせん断破壊によって開閉不能となり，避難や脱出ができなくなる．

ここでとりあげた地震対応玄関防火戸は，上枠を二重構造とし，万一枠が変形してもバネ機構により扉との接触を吸収する．下枠と扉の隙間および締まり側の縦枠と扉の隙間を一般より大きめにとり，枠変形時の接触を回避し，付属金物も変形に対応する構造となっている．

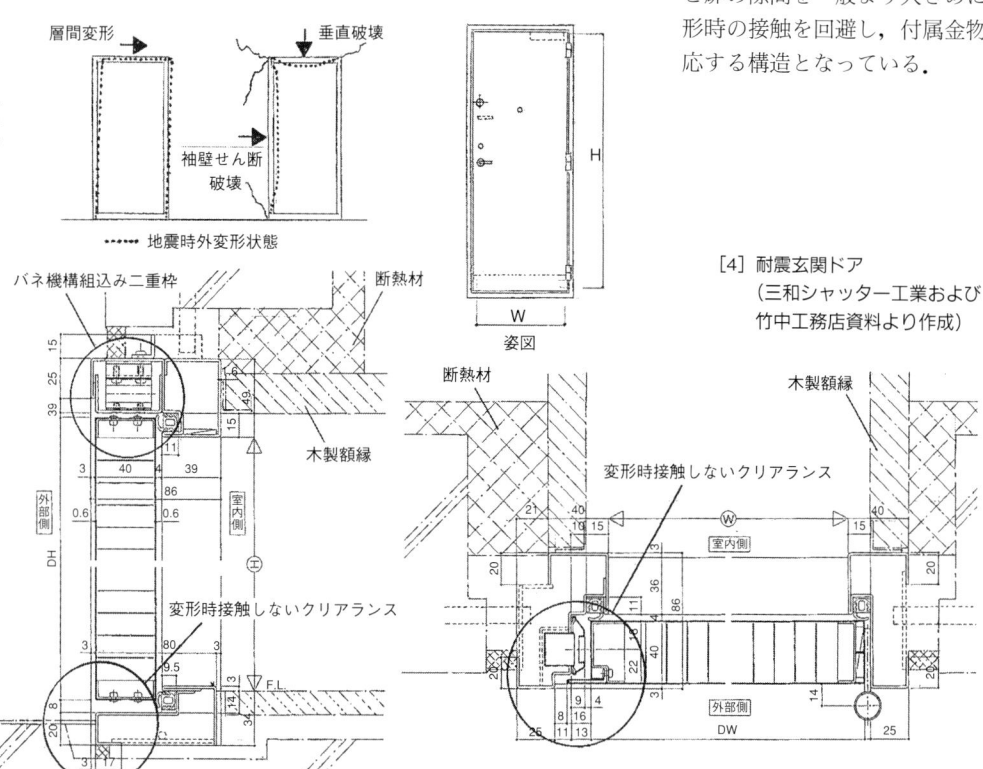

[3] 木製防火戸（特定防火設備）
（宮崎木材工業資料より作成）

[4] 耐震玄関ドア
（三和シャッター工業および竹中工務店資料より作成）

3.7 各部詳細（6）

4. 各種の用途と防災計画

4.1 超高層ビル (1)
超高層ビルの特徴

わが国では超高層ビルの火災はきわめて少ないが、海外ではいくつかの事例があり、高所からの避難の問題、火災拡大防止、消防隊のアクセスなどの面での課題があることを示している。

防災計画の考え方

上階延焼は、建物内部では設備シャフトや吹抜けが、外周部では窓などの開口部が経路になりやすい。超高層ビルではこれらの延焼経路を遮断することがとりわけ重要であるが、火災を拡大させないためのスプリンクラー設備も効果的である。

避難は階段を使用するのが原則だがエレベーターを利用する研究も進められているほか、階の途中に避難拠点を設けた事例もある [1]。

全館同時避難が発生すると階段が大混雑し、限られた数の階段では避難に数時間かかることもある。逆に十分な階段を設置するのも現実的には難しい。これを避けるため、米国の超高層ビルでは緊急を要する階からの避難を優先させる「段階避難」と、鎮火あるいは救助されるまで、建物内部の安全な場所に立てこもる「ろう城」のシナリオが考えられている。

2001年9月の米国における同時多発テロ以降を契機として、階段が利用できなくなった場合の超高層ビルからの脱出手段を検討した報告もある [2]。

防災設備

階段が重要であるため、わが国では付室によって二重に防護された特別避難階段（⇒3.7 (1)）が要求される。はしご車が届かないことに対しては非常用エレベーターが設置されるほか、消防隊専用栓、非常用コンセントなど、消防用設備が設置される。

参考文献
1) Jose Romano: Façade Emergency Exits Concept, Proceeding of the CIB-CTBUH International Conference on Tall Buildings, 2003.

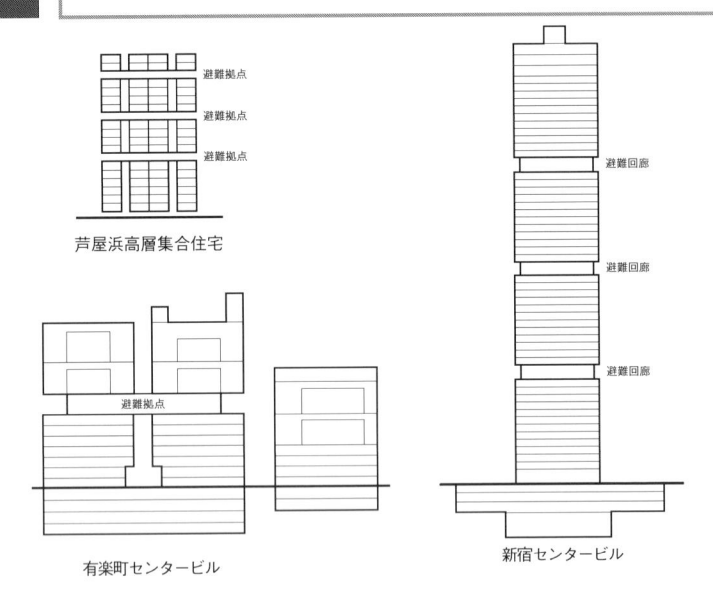

[1] 中間に避難拠点を設けた超高層ビル

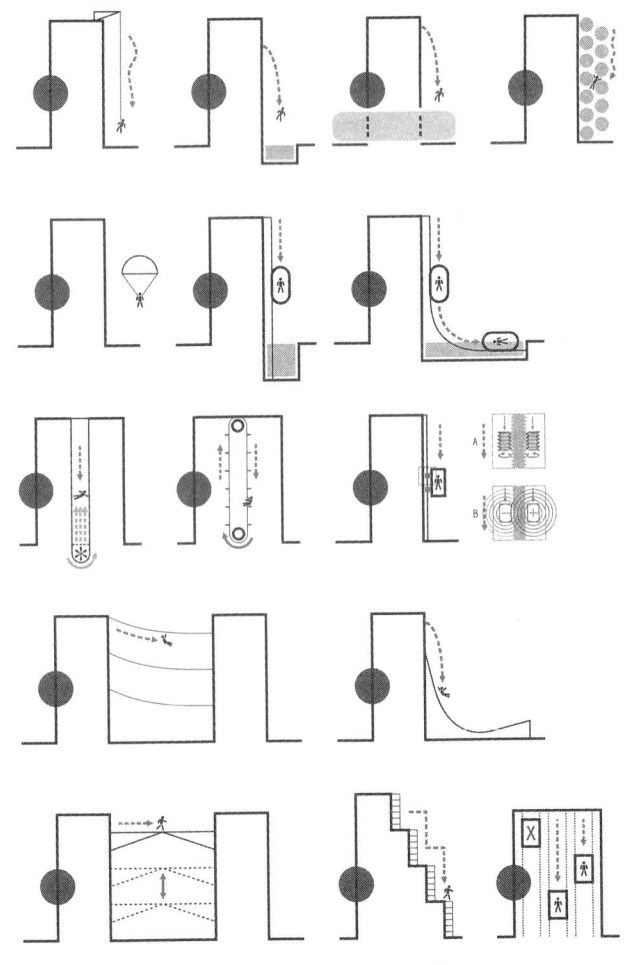

[2] 超高層ビルからの脱出手段[1]

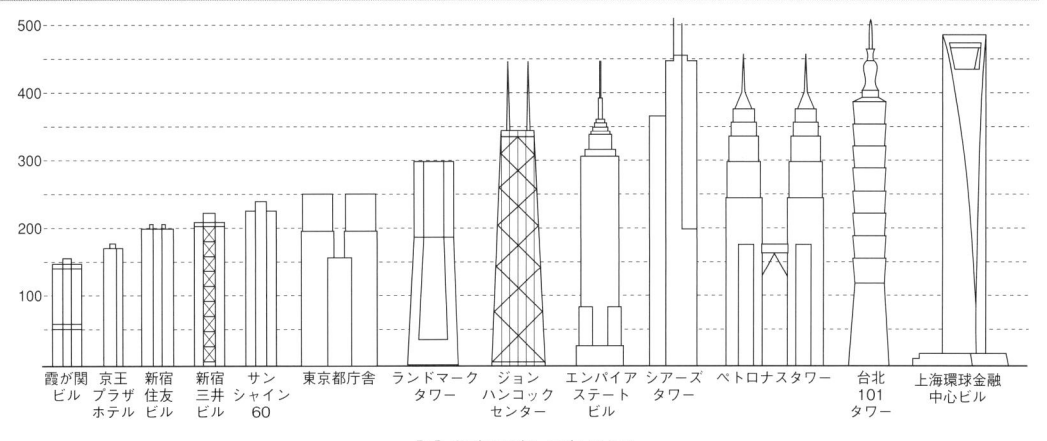

[3] 超高層ビルの高さ比べ

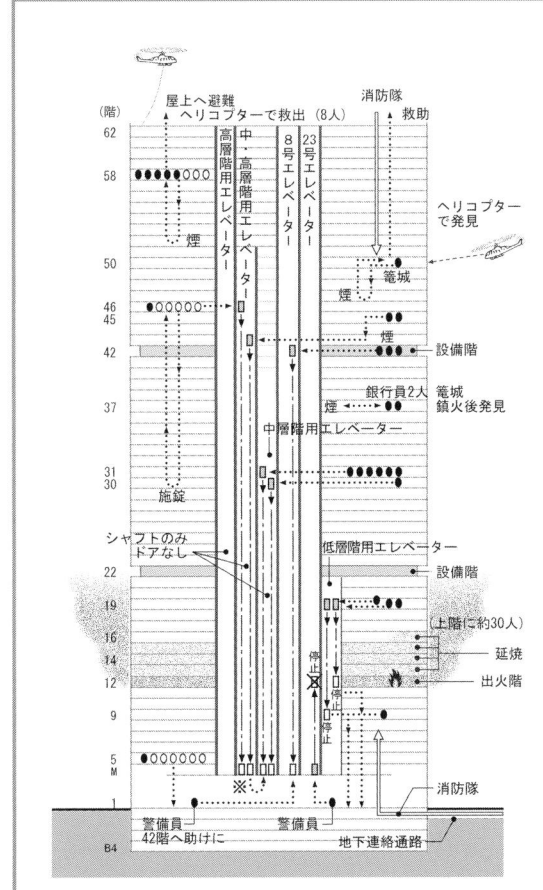

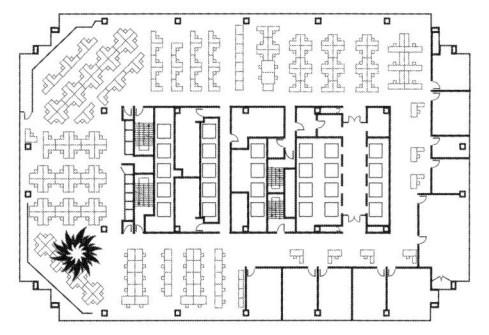

出火した12階の平面

■ファーストインターステートビル火災

1988年5月4日22時頃，12階から出火した火災は15階までの各階を全焼し，16階の一部を焼いて翌日の1時30分頃に鎮火した．外装のスパンドレル区画がなかったため，建物外周部から次々と上階に延焼した．

基準階の面積は約2200 m²あり，ほとんどが大部屋で火災は平面図左下の一角から発生した．火元が大部屋で可燃物が多量にあったことと，スプリンクラーがなかったことから火災が一挙に拡大した．米国ではスプリンクラーが設置されていない高層ビルが多いが，このビルは自主的なスプリンクラーの設置工事中であった．

火災確認のために12階に上がった警備員がエレベーターの中で焼死した．これが唯一の犠牲者であった．深夜の出火だったために在館者の多くは清掃などの外国人労働者であった．

この火災ではスパンドレル区画(⇒ 2.5(2)，3.5(2))の重要性のほかに，スプリンクラーのない建物の危険性，火災時のエレベーター使用の危険性，消防隊アクセスの困難さ，言葉の通じない外国人労働者への伝達・誘導の困難さなどが問題となった．
(濱田信義：ロス火災建物と防災計画，建築防災，日本建築防災協会，1988)

4.1 超高層ビル (1)

4.1 超高層ビル（2）
超高層事務所ビルの平面計画（1：2000）

コアの計画

　超高層ビルのコア計画は建物の効率と使い勝手の面で重要であるだけでなく，階段の配置を決めるので避難安全面においても重要である．

　わが国最初の超高層ビル，三井霞ヶ関ビルは典型的な長方形センターコア形式である．この形態は大型の事務所ビルに適するプランで，その後新宿三井ビル，東京海上ビルなどを経て汐留シティーセンターへと続いている [1]．

　正方形センターコア形式も古くからあり，大阪国際ビルや世界貿易センタービル，東京オペラシティーなどを経て，わが国最高の横浜ランドマークタワーまで続いている [2]．

　長方形プランではコアが片側に寄っている形式も多い．この形式は大規模から小規模まである [3]．平面の両端部にコアを設けたダブルコアまたはツインコア形式は事務室とコアを明快に区分けすることができるが，使い勝手上の問題もある [4]．

　敷地形状によっては事務室が「L」字型になるプランもある [5]．また，三角形のプランもある [6]．さらに大規模になるとコアが分散配置される [7]．

参考文献
1) 新建築臨時増刊，2003-11．
2) 日本建築学会編：建築設計資料集成8，丸善，1981．
3)～8) 新建築
　3) 1978-3，4) 1973-4，5) 1997-4，6) 1970-6，7) 1993-8，8) 2001-11．
9) 日経アーキテクチュア，2004-10-4．
10) 新建築 2003-12．
11) 建築文化 1982-12．
12)～14) 新建築
　12) 1991-5，13) 2003-2，14) 1972-4．

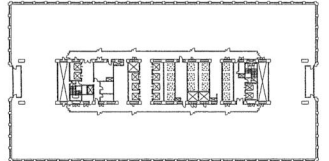

三井霞ヶ関ビル（山下設計，1968）[1] 地上36階

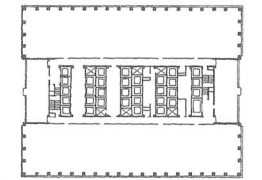

新宿三井ビル（日本設計，1974）[2] 地上55階

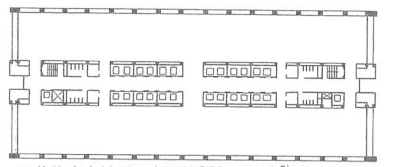

三井物産本社ビル（日建設計，1976）[2] 地上24階

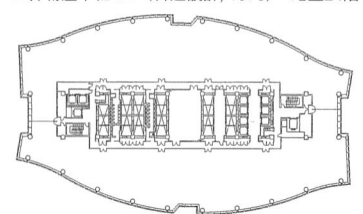

汐留シティセンター（日本設計，2003）[1] 地上43階

[1] 長方形センターコア

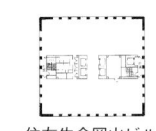

住友生命岡山ビル（日建設計，1977）[3] 地上21階

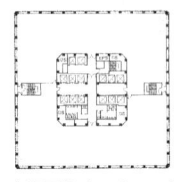

大阪国際ビルディング（竹中工務店，1973）[4] 地上32階

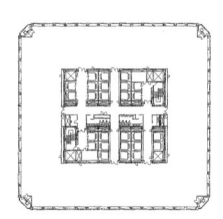

世界貿易センタービル（日建設計，1970）[6] 地上40階

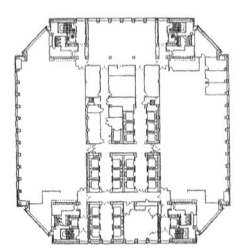

東京オペラシティ（NTTファシリティーズ，1996）[5] 地上54階

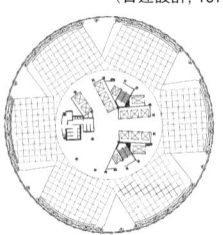

30 St. Mary Axe（Norman Foster, 2004）[9] 地上40階

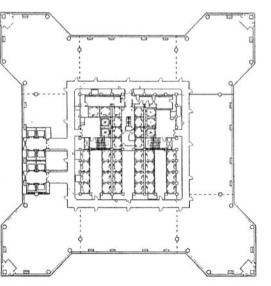

横浜ランドマークタワー（三菱地所，1993）[7] 地上70階

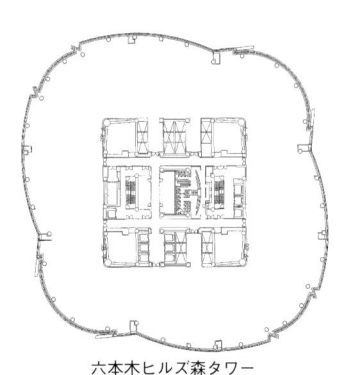

六本木ヒルズ森タワー（森ビル, KPF, 2003）[8] 地上43階

[2] 正方形（円形）センターコア

78　4. 各種の用途と防災計画

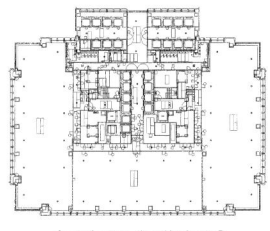

丸の内ビル（三菱地所設計, 2002）[8] 地上37階

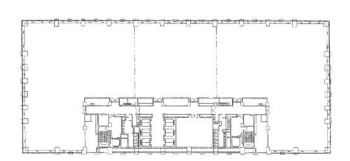

丸の内トラストタワーN館（森トラスト・安井建築設計事務所, 2003）[10] 地上19階

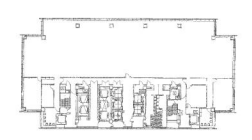

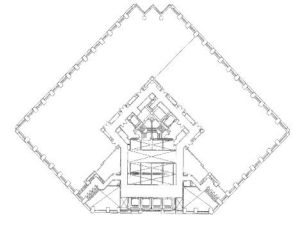

飯田橋ガーデンエアタワー（日建設計, 2003）[8] 地上35階

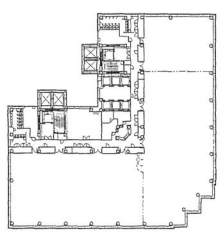

梅田DTタワー（竹中工務店, 2003）[8] 地上27階

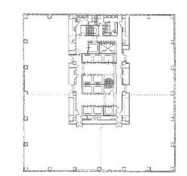

プルデンシャルタワー（大成建設, 2002）[13] 地上38階

[3] コアが片側に寄った長方形プラン

新宿オークタワー（日本設計, 2002）[1] 地上38階

[5] 事務所がL字になるプラン

日本アイ・ビー・エム本社ビル（日建設計, 1971）[14] 地上22階

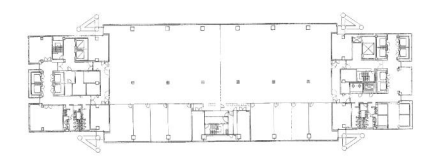

日本テレビタワー（三菱地所設計, 2003）[8] 地上32階

[4] ダブルコアまたはツインコア

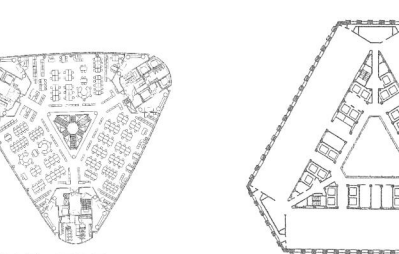

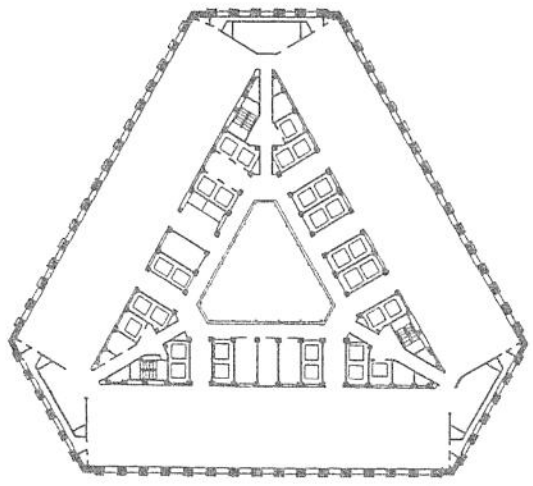

三和東京ビル（日建設計, 1973）[2] 地上25階

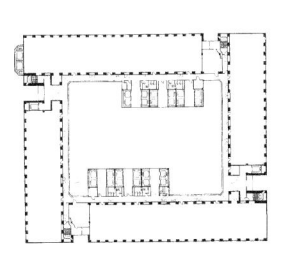

汐留メディアタワー（KAJIMA DESIGN, 2003）[8] 地上34階

新宿住友ビル（日建設計, 1974）[2] 地上52階

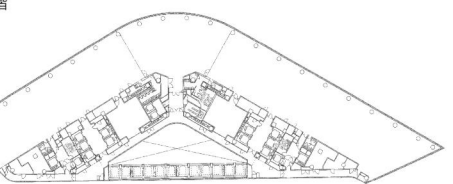

新宿NSビル（日建設計, 1982）[11] 地上30階

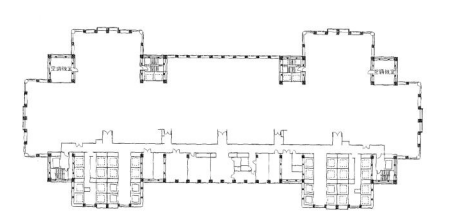

電通本社ビル（大林組, ジャン・ヌーベル, ジョン・ジャーディ, 2002）[8] 地上48階

[6] コアが三角形のプラン

東京都庁舎（丹下健三, 1991）[12] 第一庁舎．地上48階

[7] コアを分散配置したプラン

4.1 超高層ビル（2）

4.2 事務所ビル（1）
事務所ビルの特徴

事務所ビルは火災の件数も死傷者数も少ない用途である．これは利用者がほぼ特定の人々であり，建物を熟知していること，昼間の使用が多いこと，分煙や湯沸しの電化が進み裸火の使用が限定されていることなどによる．

防災計画

多方向避難の原則から避難階段は避難経路の両端に設定され，また日頃からよく認識される位置にあることが望ましい．

排煙方式は自然排煙と機械排煙のほか，蓄煙方式による事例も少なくない．蓄煙方式は煙が排出されないため，区画によって煙の拡散を遅延することや避難時間の短縮のために出入口扉を多く設置するなど，排煙設備に代わる対策が必要である．

事務所ビルの特徴として，テナントの入替や組織変更に対応して頻繁にレイアウト変更が行われる［1］［2］．

レイアウト変更に容易に対応するため，感知器，スプリンクラー，非常用照明など防災や照明，空調設備は基準寸法（モジュール）を設定するとよい［3］．

セキュリティーと防災

人や情報に対するセキュリティーが厳重になり，建物内外での入退管理に留まらず，フロアや，ゾーン，室ごとに施錠管理が細かくなされる傾向にある．

セキュリティーの観点では出入口は限定されている方が扱いやすいが，防災の観点からは避難口が複数ある方が冗長性が高い．特に個室が連なるレイアウトの場合は火災覚知が遅れるおそれもあり，2方向避難の確保や，非常時の解錠方法に配慮が必要である．

性能設計のニーズ

空間の快適性や，シンボル性などオーナーやテナントの要望によって吹抜け空間や極細の柱，免震構造などが計画されている．これらの新しい技術・空間は防災面で脆弱な面もあるが，性能設計を行うことによって実現されている．

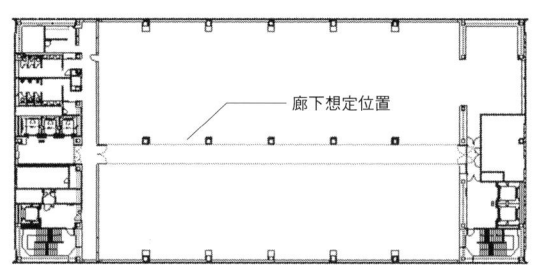

両サイドコアに共有部を集約し，専有部を広く確保した事例．小分割時には2方向避難のため中廊下を設置する．
排煙は天井チャンバー方式で，小部屋分割時には在来排煙にも対応できるようにしている．性能規定を適用し，防煙区画を拡大している．

［1］大部屋使用の場合

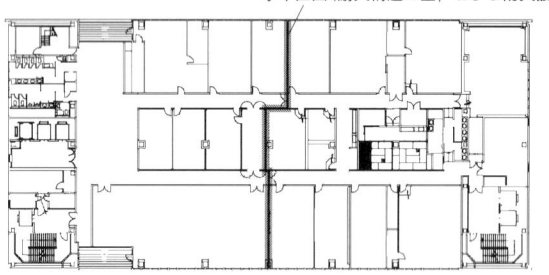

複数の小教室が並ぶカルチャーセンターでは火災時の覚知が遅れ，逃げ遅れるおそれがあるため，火災区画の限定および滞留スペース確保を意図して，防火区画によって専有部を2分割している．

［2］個室が配置されるテナント例

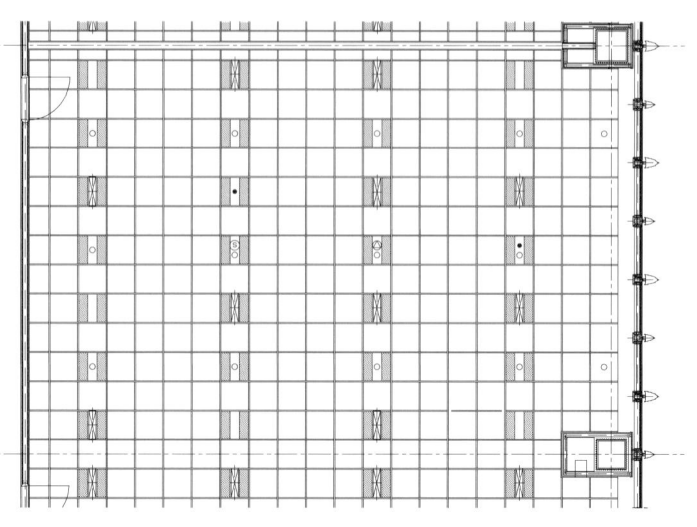

［3］天井伏図

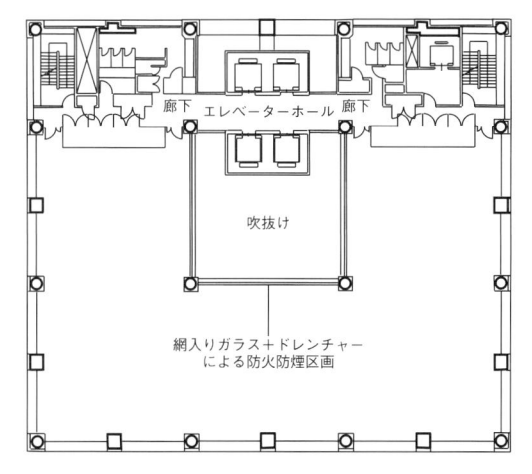

執務空間に吹抜けをもつ事務所ビル

吹抜けと事務室間の区画を向上させ，全館加圧防煙システムを適用し，延焼防止性と避難安全性を確保するとともに，吹抜けにより適度な奥行きの事務室と両面採光による開放的で快適なオフィス環境も創出した事例である．

中央に1階から最上階まで貫く吹抜けを設け，一次処理された新鮮空気を供給する巨大なダクトとして利用し，事務室内の快適性向上や外気冷房にも役立てている．

この吹抜けは，火災時には新鮮空気の供給ダクトとして活用する仕組みを採用している．吹抜けと事務室間は防火防煙シャッターによる区画ではなく，網入りガラスと散水によって区画している．また同時に吹抜けの給気を利用して火災階以外の階を加圧し，竪シャフト（給気シャフト，エレベーターシャフト，階段室など）も間接的に加圧し，煙伝播経路とならないようにするとともに火災階の廊下を加圧できるようにした．空間の圧力は避難経路に従って順次高くなるようにしている．

建物名称　京橋清水ビル
計 画 地　中央区京橋
用　　　途　事務所
設 計 者　清水建設
規　　　模　地下2階，地上14階
延べ面積　15803 m²

参考文献
1）広田正之ほか：建築設備と配管工事，Vol.33，No.10，1995．

[4] 基準階平面図[1]

[5] 全館加圧防煙システムの概要図[1]

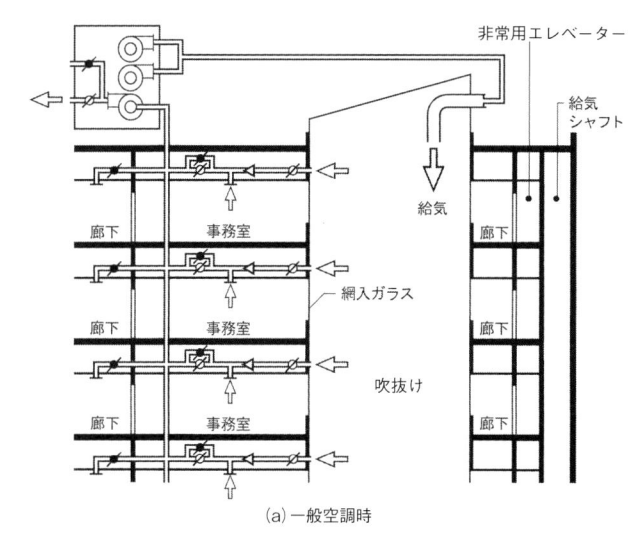

(a) 一般空調時
(b) 加圧防煙時
(c) 吹抜け

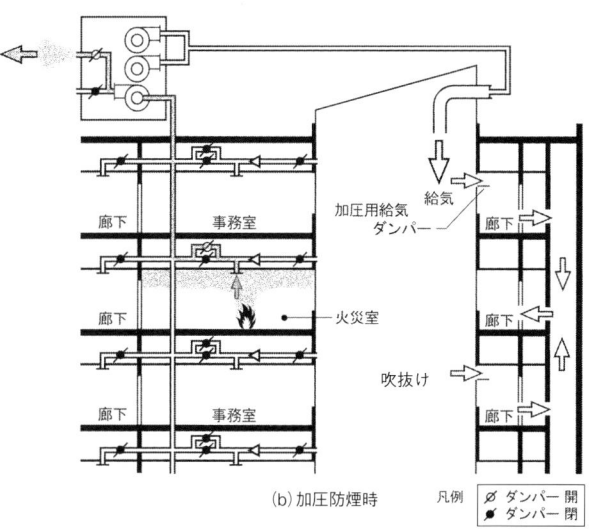

4.2 事務所ビル（2）
ファサード・天井

細い柱と透明なファサード

都心にしては緑の多い環境と，大通りに面する視認性の高い立地を活かすため，建物外周部の柱をできるだけ細くすることによってリズミカルで開放感のあるファサードを実現した事例である．

柱を細くするためには柱スパンの短縮のほかに，耐火性能検証法によって耐火被覆を軽減している．仕様規定に従えば，1階から8階の耐火被覆は2時間耐火の性能が必要であるが，これを9階以上の階と同じ1時間耐火とし，さらに耐火塗料を使用することによって柱の外径を約190 mmとすることができた．

この設計にあたっては火災時の加熱による部材の構造性能の低下を考慮し，熱応力解析を行い，周辺架構および火災階の構造安定性を検討した．また，コア部の鋼管コンクリート柱については，無耐火被覆としている．

建物名称	コウヅキキャピタルウェスト
計画地	大阪市北区曽根崎
用途	事務所
設計者	日建設計
規模	地上13階，地下1階
延べ面積	4865.33 m²

[1] 建物外観と内部の様子（撮影：石黒　守）

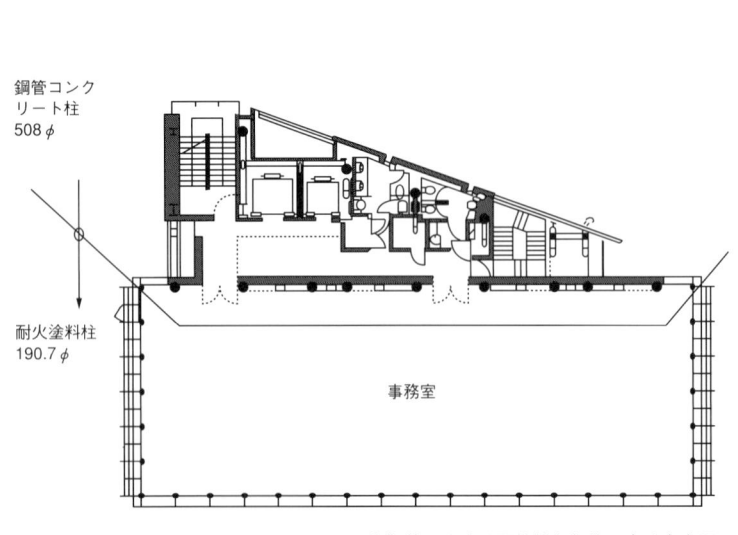

[2] 使いやすく開放的な無柱の事務室空間

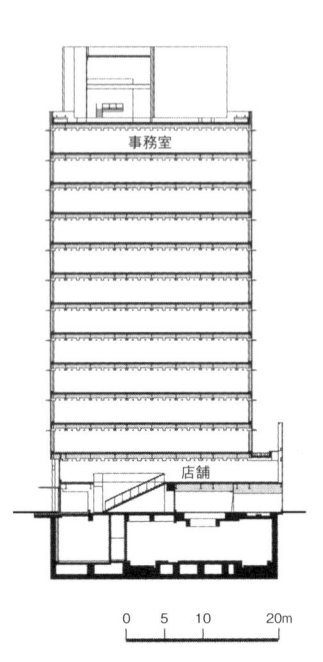

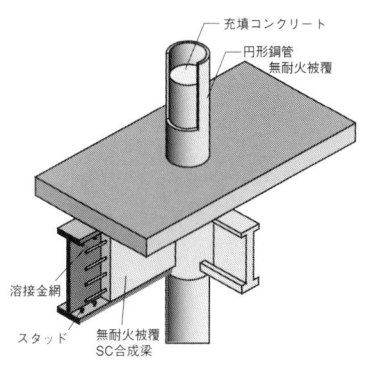

[3] 耐火ガラス壁で区画された階段　　[4] CFT柱，SC梁模式図

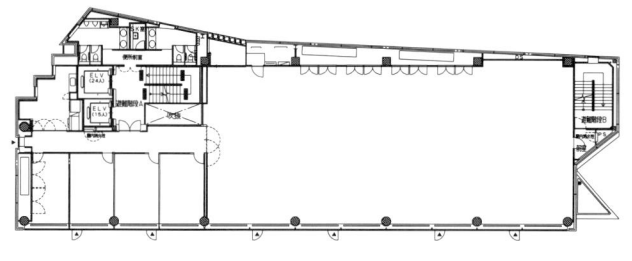

[5] 基準階平面図

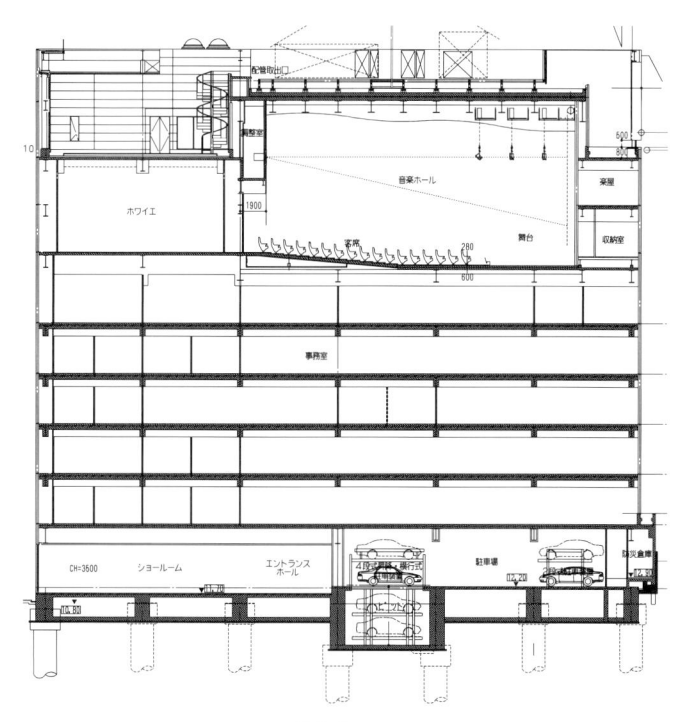

[6] 断面図

高い天井高を活かした排煙設備と耐火被覆

本建物は上層部に音楽ホールを有する本社ビルとして計画された複合ビルである．事務室・付室蓄煙，ガラスの階段室，構造の無耐火被覆が実現されている．

基準階は事務室と4つの会議室から構成されている．事務室は床スラブ，SC梁（⇒2.7(2)）をそのまま仕上げ面としているため天井高が一般的な事務室よりも高い（約3.1m）．また，事務室は在室者も少ないため，滞留解消時間は短く，よって居室避難時間も短い．そこで天井高さを活かして蓄煙としている．

すべての居室には遮煙性のある防火設備をつけ，廊下や階段前室への漏煙量を減らして階および全館避難限界時間を長くし，階避難安全性能，全館避難安全性能を確保している．

また，音楽ホールは集会施設にあたり，条例では音楽ホールから地上に通じる1以上の階段を特別避難階段とすることが必要であったが，敷地形状が成型でないため，ワンフロアの事務室面積を最大限にとった当初の平面計画では，特避階段の付室，および排煙・給気用竪シャフトを設置することが困難であった．そのため，排煙設備以外で避難安全性能を確保し，避難安全検証を行うことで実現した．

エレベーターに面した避難階段は遮熱性のあるガラス壁で区画され，視覚面での空間の連続性と安全性を両立している [3]．

CFT柱は鋼管内部に，SC合成梁はH型鋼の側面にコンクリートを充填することで構造体の熱容量を大きくしている [4]．これにより火災の熱に曝されても鋼材温度が上がりにくく，耐力低下を抑えている．耐火実験によって必要な耐火性能を有していることを検証し大臣認定を得ている．

建物名称　白寿本社ビル
計画地　　東京都渋谷区富ケ谷
用　途　　事務所，音楽ホール，ショールーム
設計者　　竹中工務店
規　模　　地上9階
延べ面積　5357 m²
構　造　　柱：CFT　梁：SC造

4.2 事務所ビル（3）
小規模事務所

2層ごとの無区画吹抜けを実現

共用部にある2層吹抜けの竪穴区画をはじめ、事務室の排煙、階段室の防火構造を避難安全検証によって適用除外とした自社ビルの事例である．

2層ごとの吹抜けはオフィスワーカーのコミュニケーションを誘発するために併設されている．この吹抜けについては，事務室からの煙が廊下に漏洩する時間を特定防火設備および防火構造の間仕切壁で区画しておいた上で，漏れ出した煙を吹抜け周辺部に設けた天井懐に蓄煙することによって，吹抜けと避難階段に煙が流入する時間を延長させるようにしている．これによって事務所から漏出した煙が避難上支障のある高さまで降下する以前に事務室からの避難と全館の避難を完了させる仕組みである．

事務室については高天井であるため無排煙でも安全であることが検証できた．また，エレベーターシャフトの竪穴区画と避難階段の防火区画も適用除外とすることができた．

建物名称	アズワン株式会社本社ビル
計画地	大阪市西区江戸堀
用途	事務所
設計者	竹中工務店
規模	地下1階，地上8階
延床面積	5303 m²
構造	S造，RC造，SRC造（免震構造）

[1] 外観 　　[2] 吹抜け部

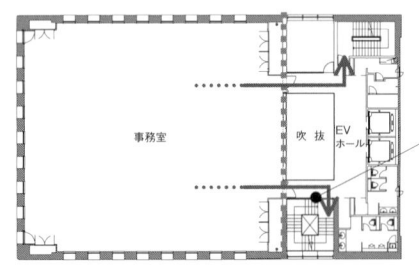

[3] 基準階平面図（S＝1：600）

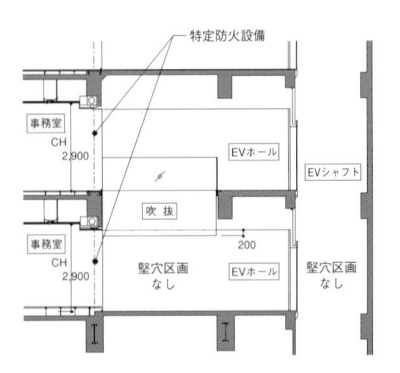

階段室区画壁を壁とせずに遮煙性能を有するガラススクリーンとして吹抜け部への開放性を高めている．

[4] 吹抜け部断面図

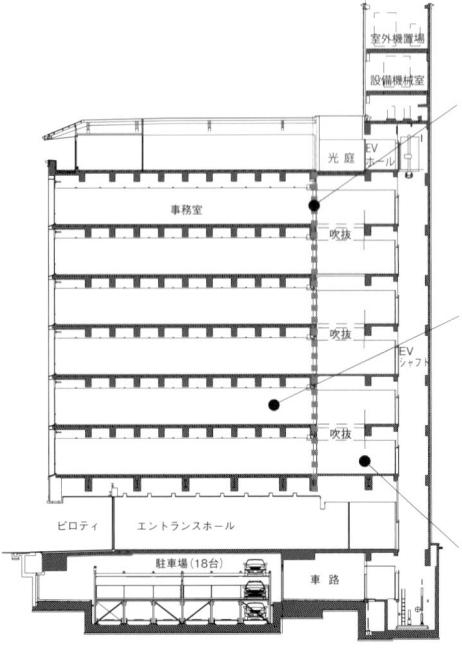

[5] 断面図 S＝1：600

事務所と吹抜け部分との間を防火，防煙シャッター＋特定防火設備にて1次安全区画を形成し吹抜け部への煙の侵入を防ぐ．

事務所部分の高い天井高を利用し，蓄煙および防煙区画を拡大している．

1次安全区画の形成 吹抜けスペースの下層部にH＝200の防煙垂壁を設定し，煙が吹抜けに入るまでの時間を稼ぎ，竪穴区画を適用除外させている．

吹抜けまわりの区画を省略

全館避難安全検証法を適用して吹抜けまわりの竪穴区画やエレベーター扉の遮煙区画を極力省略した事例である．

建物の南側のコアは2基のエレベーター，吹抜け，階段室，エレベーターホールで構成されている．西側のエレベーターはオープンタイプで，吹抜け空間と一体となっている．また，エレベーターホールと吹抜けの間もガラス防煙垂れ壁が設置されているだけである．

事務室の開口部に遮煙性能を有する防火設備を設置することにより，火災室からの漏煙量を減少させた上で，煙が吹抜けに漏出するのを防止するためエレベータホールを一時的な蓄煙空間として利用している．

[6] 建物外観（右側が吹抜け部分）

[7] 吹抜けおよびエレベーターホール

建物名称	コズミクスⅡ
計画地	新潟県新潟市
用途	事務所
設計者	大林組
規模	地上7階
延べ面積	5113 m²
構造	S造

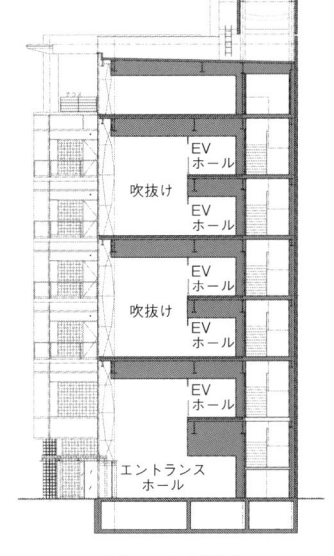

[8] A-A′断面図

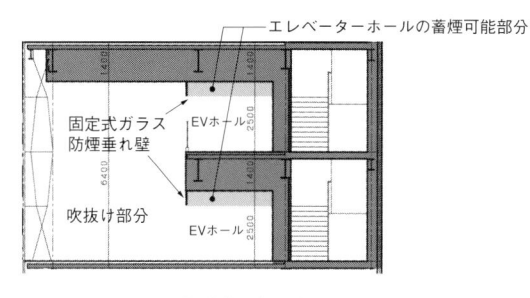

[9] 吹抜け部の断面詳細図

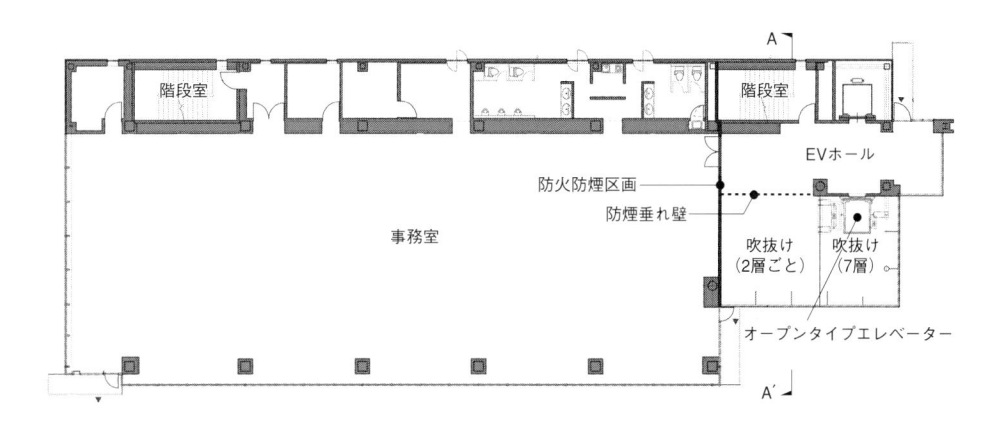

[10] 平面図（4・6階）

4.2 事務所ビル（3）

4.2 事務所ビル（4）
耐火スクリーン・独自の防耐火技術

耐火スクリーン区画による2階層ごとの吹抜け

開放性の高い執務空間を確保するためにオフィスガーデンと称する2階層吹抜けの開放空間を平面中央に配置し，その防火区画に耐火スクリーンを採用し，この空間の煙制御のために加圧防排煙システムを採用した事例である．また効率のよいコア計画とするため，非常用エレベーターとサービス用エレベーターと乗降ロビーを兼用している．

加圧防排煙システムは，特別避難階段の付室と階段室の両方に加圧給気する二重のシステムを採用している．さらに，このシステムの確実性を向上させるために1階および23階機械設備階の階段室途中に扉を設置して，特別避難階段を上中下に3分割し，煙突効果による過大な差圧を防止している．

事務所階は2階層を同時に加圧し，給気は階段室以外に4つの付室と2つのエレベーターロビーから同時に行う．防火区画に使用する耐火スクリーンは加圧給気によって降下障害を起こさないことを確認している．

建物名称	汐留タワー
計画地	東京都港区
用途	事務所，ホテル
設計者	鹿島建設
規模	地下4階，地上38階
延べ面積	80582 m²
構造	S造，SRC造

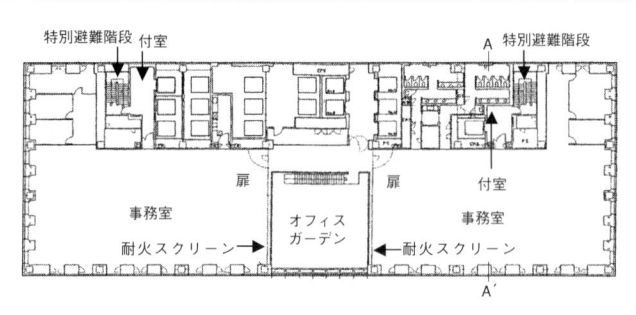

[1] 基準階平面図

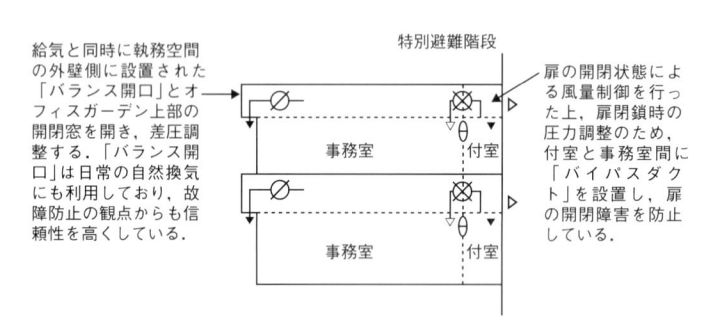

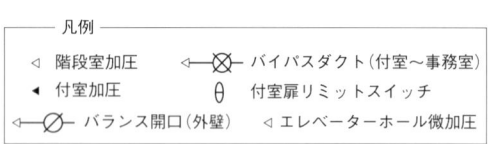

[2] A-A′断面概念図2

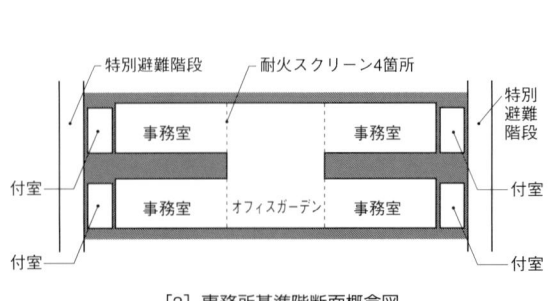

[3] 事務所基準階断面概念図

[4] 建物外観

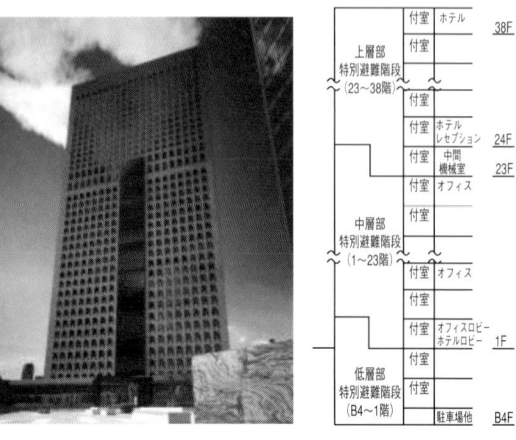

[5] 建物用途とゾーニング

4. 各種の用途と防災計画

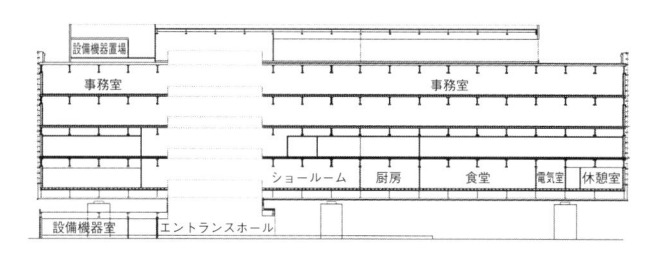

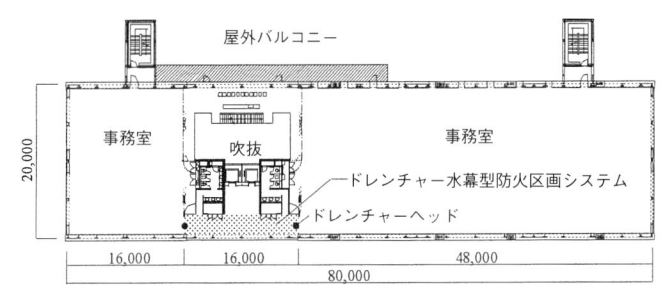

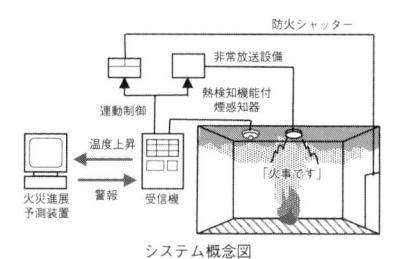

火災の進展に対応した防火対策の採用により使用段階での自由度を向上

吹抜け空間を有する中規模事務所ビルに，新たな防耐火技術を積極的に取り入れ，排煙設備を廃止することによる天井裏の有効活用や，間仕切変更への自由度の向上，耐火被覆の低減などを実現した事例である．

避難安全，延焼防止，構造耐火の各々の火災安全上の目的に対し，独自に開発した以下の技術を取り入れている．

①火災フェイズ管理型防災システム

初期段階での火災の拡大をリアルタイムで監視できるようにし，火災の進展状況に応じて非常放送設備や竪穴区画の防火戸などの防火対策を制御し，非常時の避難安全性を確保する．

②ドレンチャー水幕型防火区画システム

エレベーターホールの両端の開口部2カ所にドレンチャーヘッド各1点を設置し水幕と空間の組み合わせにより延焼拡大を防止する．

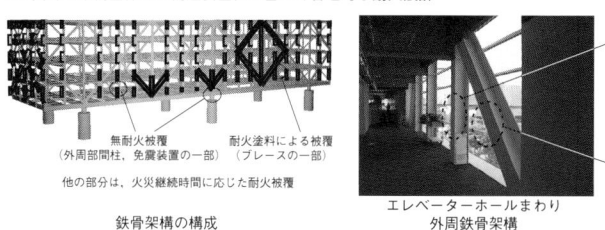

③架構全体による耐火設計技術

本建物の特徴であるメガ架構の構造形式を考慮し，従来の部材単位での耐火設計に代えて，3次元弾塑性熱応力変形解析により架構全体での構造安定性を確認し，鉄骨柱および免震装置の耐火被覆の合理化を図っている．

建物名称	清水建設技術研究所本館
計画地	東京都江東区
用途	事務所
設計者	清水建設
規模	地上6階
延べ面積	9461 m²
構造	S造，一部RC造

参考文献

1) 広田正之ほか：清水建設技術研究所新本館の防耐火技術，火災，Vol. 267，2003．

4.3 超高層集合住宅（1）
住宅火災の特徴

共同と戸建てを問わず，住宅は出火件数，死者発生率が他用途よりはるかに高い［1］（⇒2.2）．住戸内では日常的に厨房，喫煙などの火気使用があり，家具や衣類，雑貨など可燃の生活用品が多量にある．また就寝用途で，飲酒もあることから，火災の発見，避難開始が遅れがちである．さらには高齢者や乳幼児など，災害弱者も少なくない．火気や可燃物の管理の観点では，共同住宅では階段などの共用部の管理は他人任せになりがちであり，管理上の死角になる恐れがある．事務所用途の建物などでは一般的に大規模な建物ほど管理がされ，単位面積当たりの出火件数が減少する傾向にあるが，住宅ではあたらない［2］．

初期消火性能の向上

住宅は出火率も高く［1］，災害弱者も多いことから，火災の抑制効果のあるスプリンクラー設置が望ましい．なお水道管直結の住宅用簡易型で代替できる場合もある．

延焼の防止

共同住宅では出火しても1住戸内に火災を留め，延焼させないことが原則である．また超高層ビルに共通して，上階延焼の防止は最も重要である．この点，バルコニーの設置は有効である．意匠上の理由や積雪地帯のため設置されない場合があるが，スパンドレルを大きくとったり，スプリンクラーによって火災規模を抑制するなど何らかの延焼防止対策が必要である（⇒3章）．

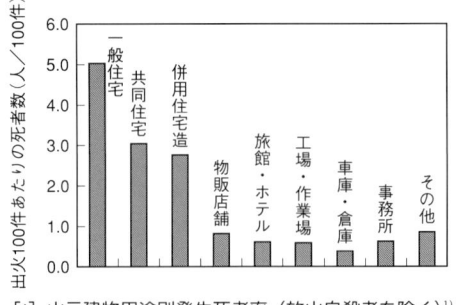

［1］火元建物用途別発生死者率（放火自殺者を除く）[1]

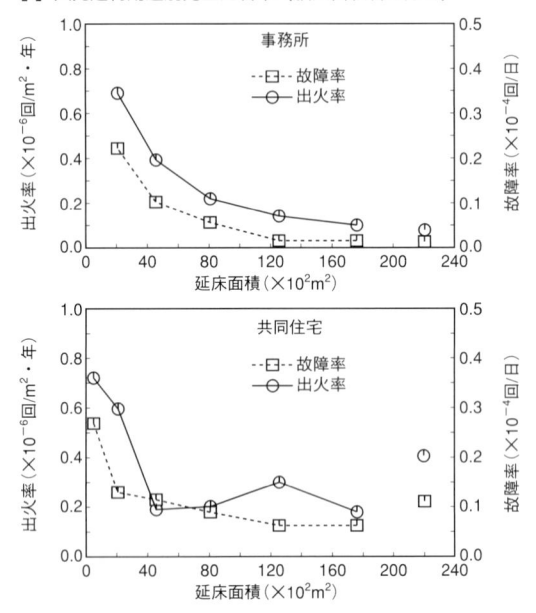

［2］出火率および非常用照明器具故障率[2]

事務所の場合，規模が大きいほど管理水準が上がり故障率・出火率ともに減少している．共同住宅の場合，規模が大きくなると総住戸数が増え，一戸あたりの管理水準が上がるわけではないため，故障率・出火率ともに横ばいである．

■スカイシティ南砂火災
（東京都，1989）[5]

1989年，28階建ての24階の住戸が全焼し，159 m²を焼損した．住戸の防火戸が逃げ遅れた住民を助け出すために開放状態にあったことと，強風により特別避難階段付室扉が押し開かれたことにより，煙が廊下および付室に充満した．噴出火煙はバルコニーにより遮られ，上階延焼は免れた．

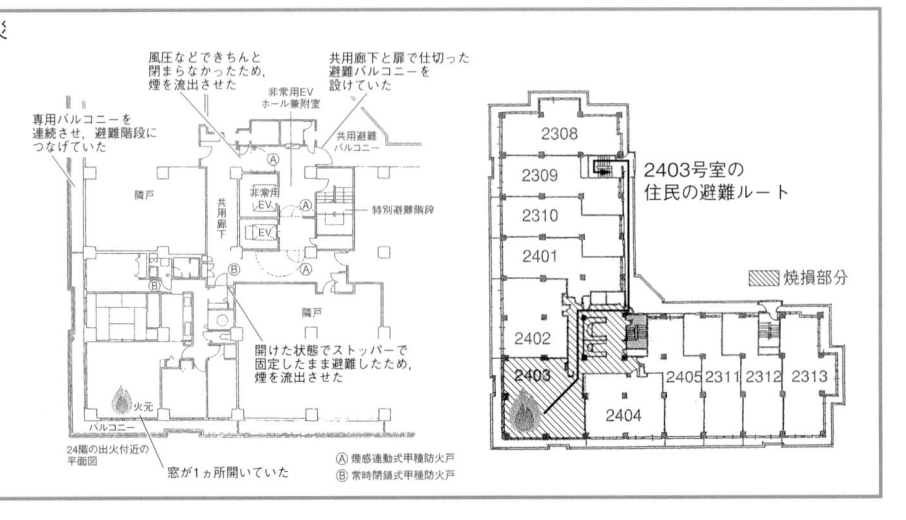

24階の出火付近の平面図

Ⓐ 煙感連動式甲種防火戸
Ⓑ 常時閉鎖式甲種防火戸

2403号室の住民の避難ルート

焼損部分

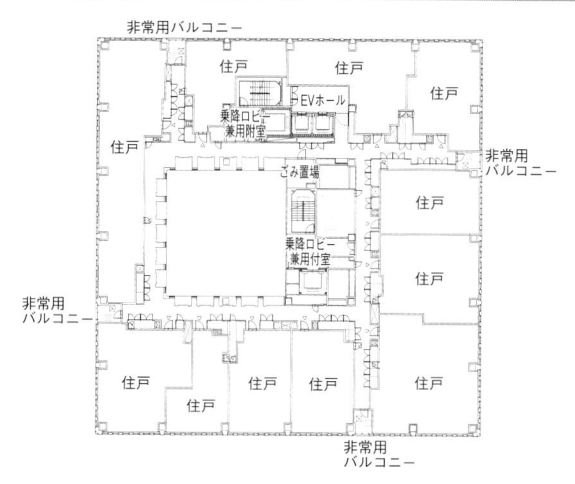

[3] 共用廊下を加圧防煙した例[3]
（プルデンシャルタワー，設計：大成建設）

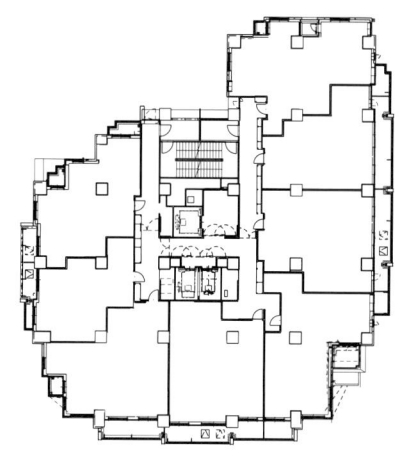

[4] 共用廊下を分割して水平区画した例
（パークシティ杉並，設計：竹中工務店）

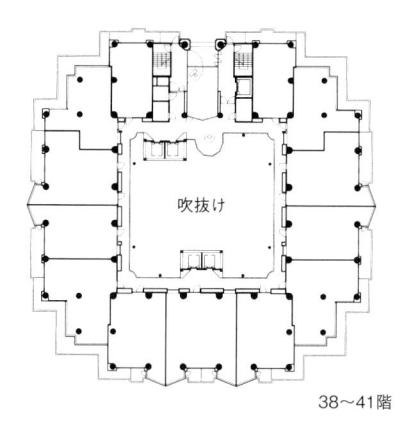

[5] 中央吹抜け型[4]
（エルザタワー55，設計：竹中工務店）

共用部やボイド空間への煙侵入対策

火災時には廊下やエレベーターホールなどの共用部へ煙侵入を許すと階全体の避難経路が失われ，さらには火災の拡大にもつながるため，まず住戸ごとの防火防煙区画が必要である．

廊下の煙制御方法では，機械排煙や自然排煙窓の設置のほか，加圧給気による防煙システムの例もある［3］（⇒ p.91）．［4］のように廊下を複数に水平区画し煙の拡散範囲を限定使用とした事例もある．

超高層住宅では中央部にボイド空間を設け，その周囲に開放廊下を配しているものがある［5］．この場合，廊下に漏れ出た煙はボイドを伝って上空から排煙されるが，下部からの給気がなかったり，ボイド面積が十分に広くないと有効に排出されず，煙濃度が高いまま上階の廊下を汚染するおそれがある．

逃げ遅れ対策

各住戸はプライバシーの観点から遮音対策がなされているため，非常時の情報が伝わりにくい．この点で各住戸への火災報知，避難誘導の指示などができる放送設備は重要である．さらに，高齢者や病人のことを考えると共用部の煙制御，廊下に避難できない場合を考慮した避難バルコニーの設置などが必要である．また避難できず，救助を待つ間，住戸内でろう城せざるをえない場合がある．このことからも住戸の防火区画，延焼防止策は重要である．

参考文献
1) 火災便覧第3版，共立出版，1997．
2) 朴哲也ほか：データーベースを利用した非常用照明設備の故障率と出火率，日本建築学会構造系論文報告集，第418号，1990．
3) 新建築，新建築社，2003.2
4) 日本建築学会：建築設計資料集成 総合編，2001．
5) 日経アーキテクチュア，10月15日号，2001．

4.3 超高層集合住宅（2）
加圧防煙システム

加圧防煙システムによる避難経路の安全性向上

　超高層複合ビルの上部に設けられた集合住宅で，加圧防煙システムを適用した事例である．

　本建物では特別避難階段の付室と乗用エレベーターシャフトに加圧給気し，中廊下を間接的に加圧することで，避難経路を長時間にわたって煙からに守るようにしている．中廊下に煙が伝播した場合は付室の防火戸を閉鎖するとともに，廊下の機械排煙設備を起動する．

　高齢者や児童など，運動能力の劣る居住者を考慮して，住戸と付室に圧力調整口を設けるとともに，中廊下に圧力調整用竪ダクトを設け，住戸扉と付室扉に加圧による過大な圧力がかからないようにしている．

建物名称　赤坂溜池タワー
計 画 地　東京都港区
用　　途　事務所・共同住宅・店舗・駐車場
設 計 者　森ビル（基本計画・監修）
　　　　　清水建設（設計・監理）
規　　模　地下2階，地上25階，塔屋2階
延べ面積　47758 m²
構　　造　地下SRC造，地上S造

参考文献
1) 掛川秀史ほか：高層集合住宅における加圧防煙システムの性能確認実験，日本建築学会技術報告集，第15号，2002．
2) ニュース建築：赤坂溜池タワー，日経アーキテクチュア，2000.12.25号

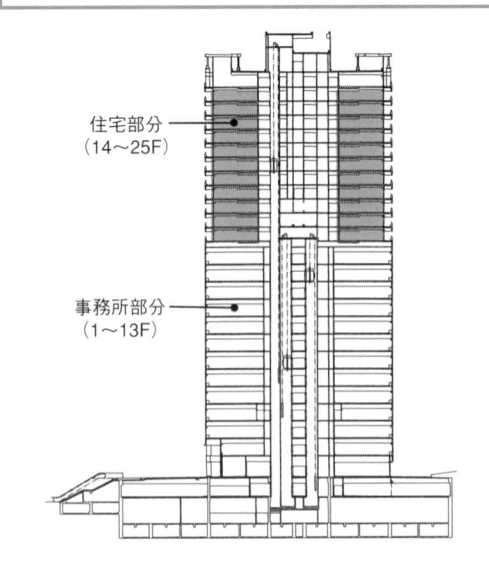

[1] 内部構成

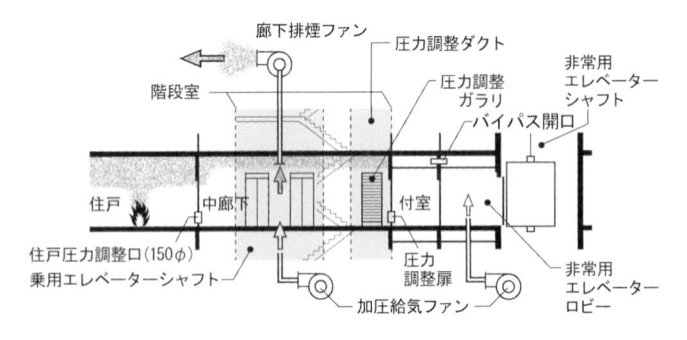

[2] 加圧防煙システムの構成（住宅階）

[3] 建物外観

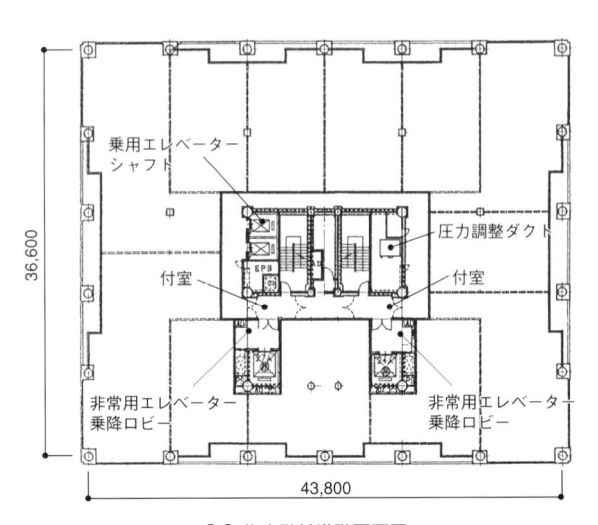

[4] 住宅階基準階平面図

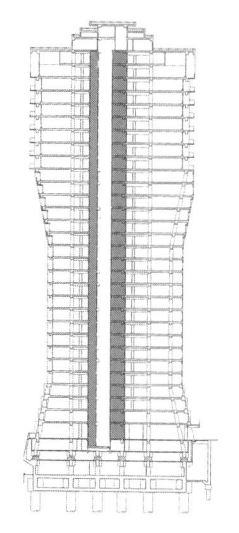

共用部の加圧防煙

超高層の共同住宅の第一安全区画の廊下と付室に加圧防排煙を採用した事例である．

地下1階，地上29階の住戸階に，付室，付室兼用非常用エレベーターロビーおよび乗用エレベーターシャフトを専用給気ファンにより加圧し，廊下は2次給気を行っている（機械排煙も併設）．

付室と付室兼用非常用エレベーターロビーへの給気のための外気取入れは地下の免震層で行い，乗用エレベーターシャフトへの外気取入れと廊下排煙の排出は，塔屋レベルで行っている．

また，すべての住戸は，内部廊下を経て付室より特別避難階段へ避難する経路をメイン経路とし，バルコニーからの隣戸への水平避難による経路をサブ経路として2方向避難を確保している．

建物名称	元麻布ヒルズフォレストタワー
建設地	東京都港区元麻布
設計者	森ビル，建築設備設計研究所 竹中工務店
用途	共同住宅，駐車場，店舗
階数	地下3階，地上29階，塔屋2階
延床面積	45024 m²
最高高さ	96 m

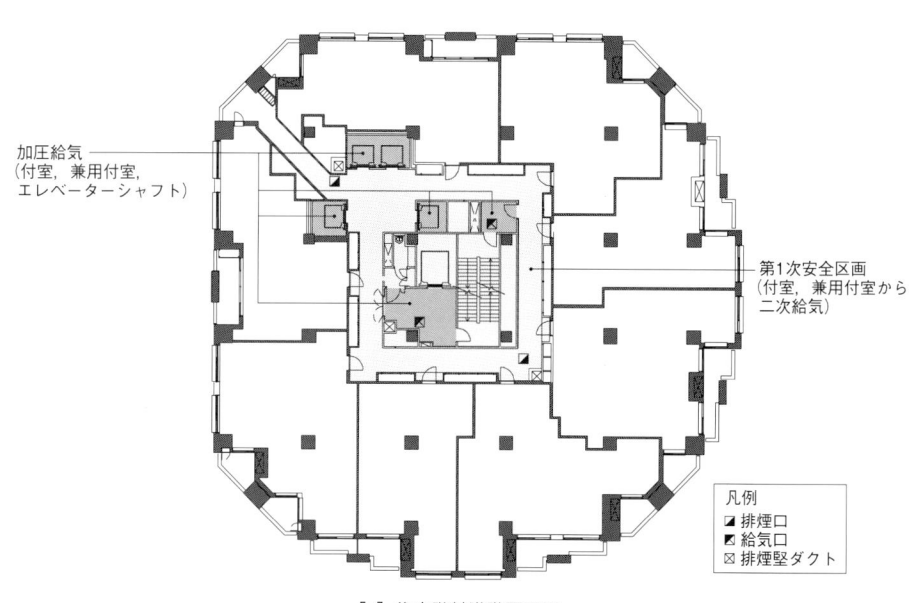

撮影：（(株)ミヤガワ）

[5] 建物外観と断面図

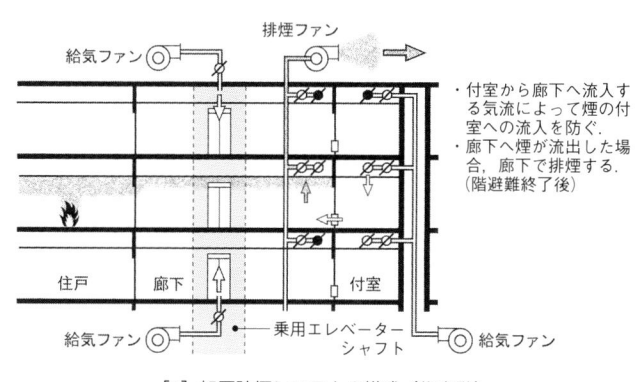

- 付室から廊下へ流入する気流によって煙の付室への流入を防ぐ．
- 廊下へ煙が流出した場合，廊下で排煙する．（階避難終了後）

[6] 加圧防煙システムの構成（住宅階）

[7] 住宅階基準階平面図

4.4 物販店舗（1）
物販店舗火災の特徴

物販店舗には火災史に残る多数の死者を出した事例がいくつかあり，防火対策や法令の改正に大きな影響を与えてきた［1］．

物販店舗は衣料品や家具など大量の可燃物が広い売場に収容される．多くの購買客が高密度に存在するという特徴がある．このため火災が発生し，初期消火に失敗した場合には大事故につながりやすい．また，外壁の開口部が少ないため長時間火災になりやすい．

避難計画

物販店舗では避難口や避難階段の配置が重要である．店舗内のどこからも必要以上に長い距離を歩いたり，滞留が偏って発生することがないよう，避難階段や避難口は売場レイアウトに配慮しながら偏ることなく配置する必要がある．

階段が直接売場に面していると，避難者とともに煙が流入するおそれがある．この場合，階段に前室を設けると効果的である．

［2］は出口や階段をバランスよく配置することによって，階段が少なくても避難時間が短くなる例を示している．

煙制御

店舗は可燃物が多量に収容されているため火災時には大量の煙が急速に発生し，避難に著しい支障を及ぼすだけでなく消防活動にも障害となる．このため，煙の拡散を抑制したり，有効に排出する仕組みが必要である．

維持管理

百貨店などでは専属の店員のほかに専門店の店員もいるため，統制の取れた火災時の対応を行うには関係者全員への周知と訓練が必要である．

また竣工後は，適法状態を保つよう管理しなければいけない．とりわけ階段室や避難経路には物品を放置しないよう厳重な管理が必要である．

発生年	所在地	建物名	死者(人)	負傷者(人)	焼損面積(m^2)	特徴
1932	東京	白木屋	14	40	13140	火災に強いと思われていた耐火建築で起きたわが国最初の大規模火災．死者の大半は避難中の墜落死．電気配線のショートからセルロイドの玩具に引火し，火災が拡大した．この火災を教訓に2方向避難，防火区画，屋上広場，避難階段，スプリンクラーの設置などの規則ができた．
1963	東京	西武百貨店池袋	7	216	10250	改修中の百貨店で，可燃性溶液にマッチの火が引火し火災発生．自動閉鎖機構のない防火シャッターが閉まらず，火災拡大．
1972	大阪	千日デパート	118	81	8763	改装工事中の出火．竪穴区画の不備から上階飲食店に煙が拡散し，さらに階段入口が施錠されていたことなどから避難経路を失い，多くの犠牲者が出た．
1973	大阪	西武高槻ショッピングセンター	6	13	28658	開店直前の出火でスプリンクラーなど防災設備が使用できない状態で火災が拡大．無窓の建物で煙が排出されず，また消火も困難であったため20時間の長時間火災となる．
1973	熊本	大洋デパート	103	121	12581	日本最大の犠牲者を出したデパート火災．2階の階段内のダンボールから出火し，上階に延焼し，煙が拡散した．工事中のため，避難階段の一部や防災設備の使用ができず，3階以上で100人が死亡．
1990	大阪	長崎屋尼崎店	15	6	814	寝具売場で発生した火災が可燃性の天井に燃え移るなどして急拡大した．防火扉が閉鎖されず階段に煙が侵入し，避難経路を失った在館者が犠牲になった．
2004	埼玉	ドンキホーテ浦和花月店	3	8	2237	24時間営業の量販店で夜間に起こった火災．買い物客を誘導後，再確認を行っていた従業員3名が死亡．出火原因は放火が疑われている．

［1］主な物販店舗の火災事例

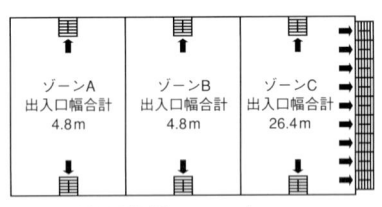

［2］防火区画と避難階段の配置[1]

(a) 階段幅合計：3m×15本＝45m — 現行法の仕様規定で要求される合計幅を満たす例．3例のうち階段幅合計が最も大きいが階段が偏って配置されているため，ゾーンA，Bからの避難は最も時間がかかる．

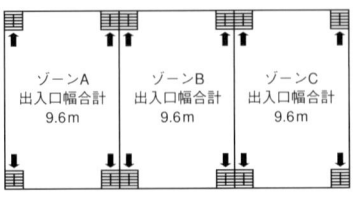

(b) 階段幅合計：3m×12本＝36m — 階段幅合計は(a)より少ないが，ゾーンA，Bでは2倍の階段幅があるため，階全体での避難時間は短くなる．

(c) 階段幅合計：2m×12本＝24m — 安全に滞留可能なバルコニーが外周に配されたプラン．ゾーンA，Bからの居室避難時間は(b)と同じでより階段合計幅が少ない．

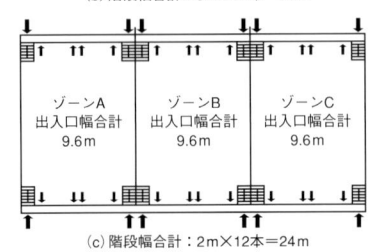

＊基準階7200m^2を3分割した物販店舗での階段配置計画

出口幅凡例　← 2.4m　← 1.8m　← 1.2m

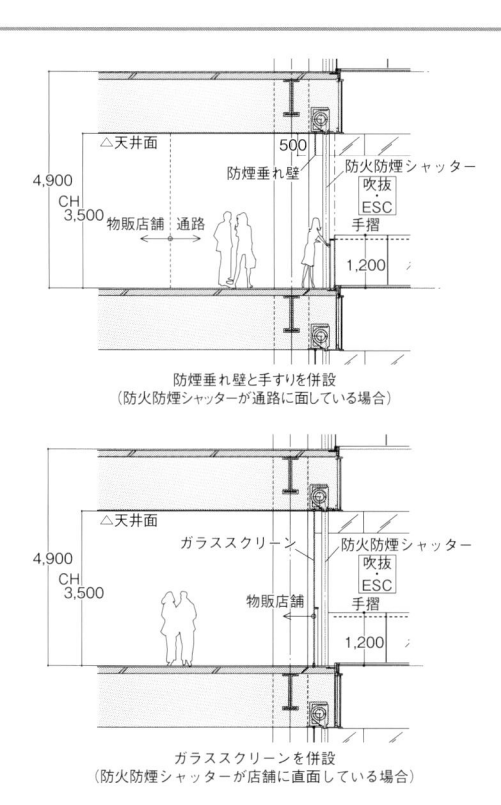

防火区画

初期消火に失敗した場合に備えて火災の拡大を一定範囲に抑制することが効果的である．

またエスカレーターやアトリウムの堅穴区画は物販店舗の場合，通常時の一体的な使用や視覚的つながりを維持するためにシャッターなどの随時閉鎖式防火設備によって区画がされる場合が多い．

作動信頼性の維持のため定期的な点検が不可欠である．商品や棚などによる閉鎖障害を防止するために維持管理を徹底することや，あらかじめガラススクリーンや手すりを併設した事例もある［3］．

参考文献

1）吉田克之：商業施設の防災計画，建築防災，(財)日本建築防災協会，2002．
2）吉村秀實：検証/長崎屋尼崎店の火災，消防，第12巻，第5号．

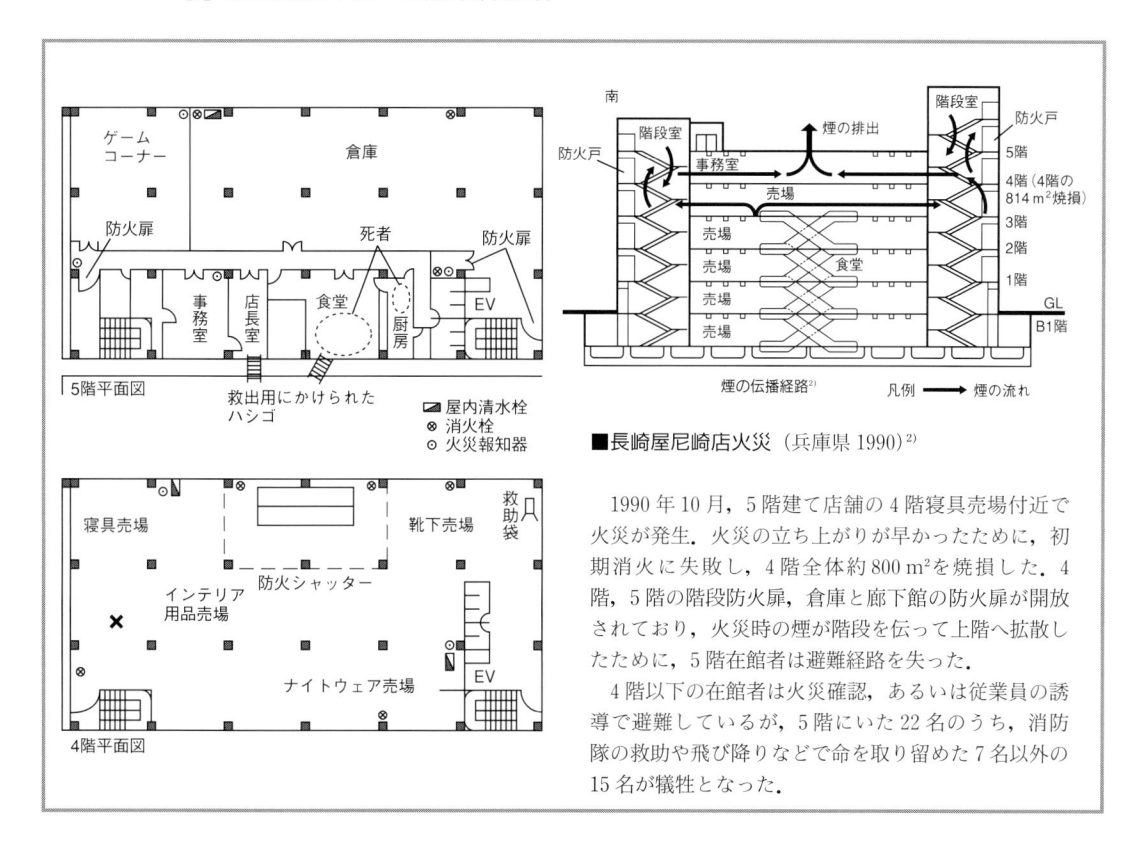

［3］堅穴区画用シャッターの閉鎖障害対策例

■長崎屋尼崎店火災（兵庫県 1990）[2]

1990年10月，5階建て店舗の4階寝具売場付近で火災が発生．火災の立ち上がりが早かったために，初期消火に失敗し，4階全体約800 m²を焼損した．4階，5階の階段防火扉，倉庫と廊下館の防火扉が開放されており，火災時の煙が階段を伝って上階へ拡散したために，5階在館者は避難経路を失った．

4階以下の在館者は火災確認，あるいは従業員の誘導で避難しているが，5階にいた22名のうち，消防隊の救助や飛び降りなどで命を取り留めた7名以外の15名が犠牲となった．

4.4 物販店舗（2）
加圧防排煙システム

加圧防排煙によって内部の連続空間を実現した小規模店舗

　各階が連続した内部空間というデザインコンセプトをそのまま実現するために性能設計を適用した事例である．

　内部空間は吹抜けによって上下に連続しており，さらに外装ガラスと床スラブ端部周囲との間には約50 cmの隙間が開いている．吹抜け端部にはチューブとよばれる中間階がある．

　内部空間が上下に連続しているため，そのままでは火災時には煙が内部に瞬く間に充満して危険である．これを防止するために加圧防排煙方式を採用した．出火時には火災階の自然排煙口［5］を開放するとともに，給気シャフトを通じて全館に加圧給気を行う．給気には階段シャフトとエレベーターシャフトを利用している［3］．

　出火階とその他の階との間に圧力差を確保するため，チューブの上には防煙スクリーン［4］を，床スラブ端部には防煙ダンパー［7］を設けるなど，いろいろな対策が組み込まれているが，これらは視覚的に目立たないように工夫され，デザインコンセプトを阻害しないようにしている．

```
建物名称    プラダブティック青山店
計画地      港区南青山
用途        店舗，事務所
設計者      Hertzork & De Mulon
            竹中工務店
規模        地下2階，地上7階
延べ面積    2860.36 m²
構造        S造，一部RC造（免震構造）
```

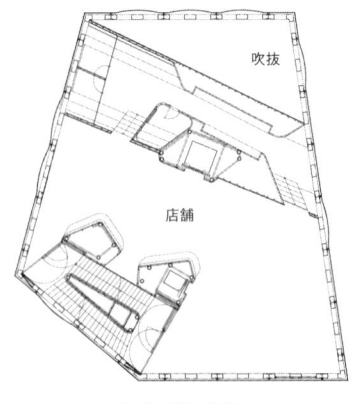

［2］2階平面図

すべての面がガラスで構成されている．ガラスは平面だけでなく凸型と凹型とがある．また排煙窓と非常用進入口も同じデザインとしている．

［1］建物外観

［3］2, 4, 5, 6階の階段の防火戸に設けた店舗への給気ガラリ

［4］チューブ上部はシリカクロス製の防煙スクリーンで遮煙

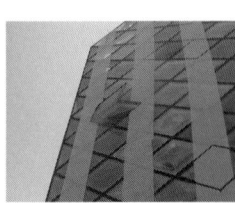

［5］加圧ファンの起動信号により外装の一部が自動開放し，排煙口になる

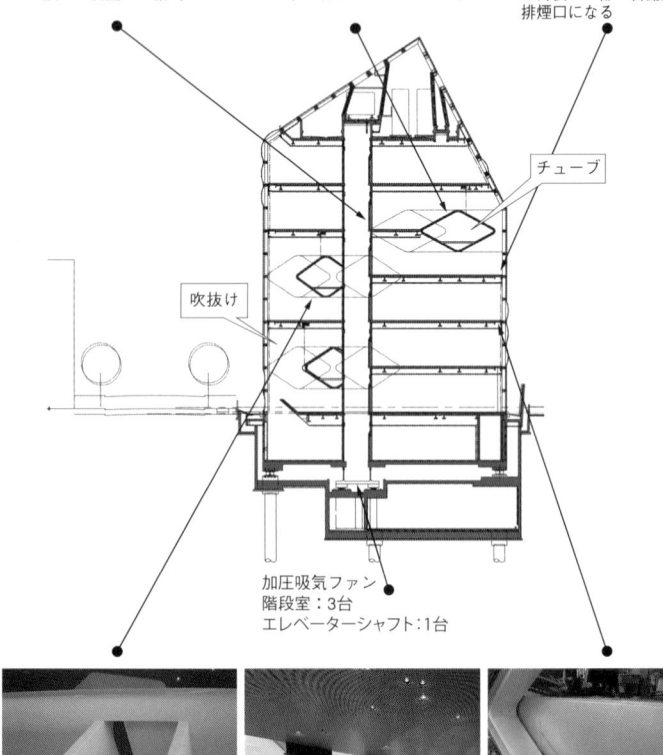

加圧吸気ファン
階段室：3台
エレベーターシャフト：1台

チューブ

吹抜け

［6］チューブ階段に設置した連絡階段の防火戸（引き戸）

［7］床スラブ末端部と外装ガラスの間に設けたダンパー

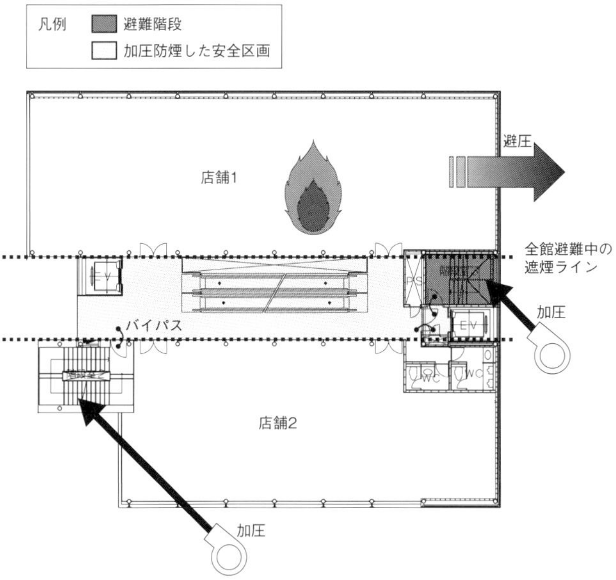

[8] 基準階

店舗1から出火した場合，店舗1の避圧口を解放し，同時に加圧ファンを起動して，火災室・エスカレーターホール間で遮煙

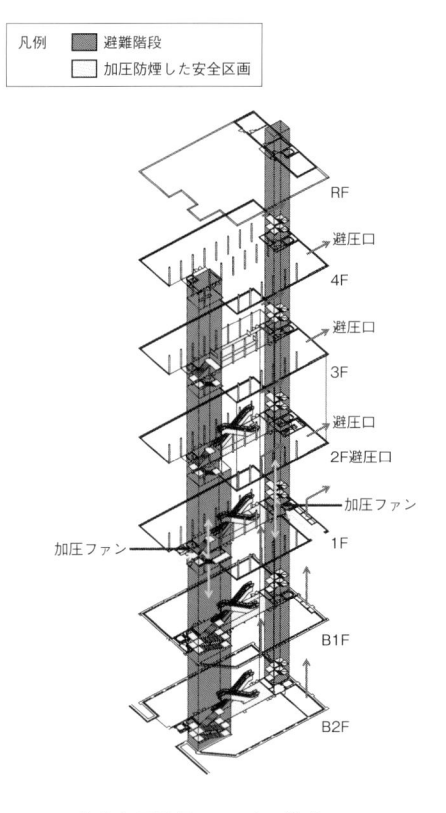

[9] 加圧防煙システムの構成

[10] エスカレーターホール

エスカレーターホールを加圧防煙した物販店舗

　地下2階から3階にわたって設置されたエスカレーターの部分に加圧防煙システムを適用することによって廊下を一体の竪穴区画とした事例である．

　避難階段に直接給気することにより避難階段を正圧にし，火災時の避難および消防活動の拠点である避難階段への煙の侵入を防止している．また避難階段に給気し，同時に火災室の避圧口を開放することで，「階段室→（前室）→エスカレーターホール→火災室」の順で空気の流れを作り出し，火災室・エスカレーターホール間で遮煙し，全館避難終了まで避難経路への煙の侵入を防止している．この際の階段室扉全閉時における過大な圧力上昇の防止と避難経路への給気を継続するために，各階の階段扉には圧力調整用のバイパス開口を設けている．

　エスカレーターホールと店舗間の防火区画に低膨張ガラスを使用した特定防火設備はめ殺しのガラススクリーンを設置することにより，「店舗の顔」の演出と火災安全性能を両立させている．

名　　　称	札幌シャンテ
建 設 地	札幌市中央区
設 計 者	竹中工務店
用　　　途	飲食，物販店舗
階　　　数	地下2階，地上4階，塔屋1階
建築面積	672 m²
延べ面積	3979 m²
構造種別	地上：S造　地下：RC造

4.4 物販店舗（2）

4.4 物販店舗(3) 大型店舗の避難計画

バルコニー避難を活用した百貨店 [1]

大阪市の繁華街「ミナミ」エリアで，メインストリートである御堂筋に面して計画された物販・飲食商業施設，ギャラリーを併せもつ大型物販店舗である．

避難計画 [2] [3]

階段を一部に集結させることなく適切に分散させて配置するとともに，外周部にバルコニーを設け，バルコニーからも直接階段室に避難できる計画としている．これにより，売場のあらゆる場所からも避難口を発見しやすくなるうえに，歩行距離も短くなり，スムーズに避難口にたどり着くことができる．特にバルコニーを活用することにより効率的に避難口の個数，幅員を確保でき，避難口前での滞留時間も必要最低限に抑えられる．またバルコニーを活用することによって，店舗やフロアからの避難時間が短くなるため，階段を減らすことができ，フロアにおける売場の有効面積の増加にも貢献している．これらに加えて階段室の屋内側からの入口には付室もしくは付室同等の構造を有する前室を設け，避難者に対する安全区画を提供して，階段室の安全性を高める計画としている．

煙制御

竪穴にかかわる煙制御には次のような配慮をしている．まず階段・非常用エレベーターシャフトなど地下階から最上階までを結ぶ竪穴区画は，居室との間に前室などを設け，またエスカレーターホールの吹抜けは10階で上下2つに竪穴区画に分けることにより，ドラフト効果による煙拡散を抑止するよう計画している．さらに常用エレベーターシャフト（[3] 斜線部分）は地下階から給気加圧し，エレベーターシャフトへの煙の侵入を防止している．

[1] 外観パース

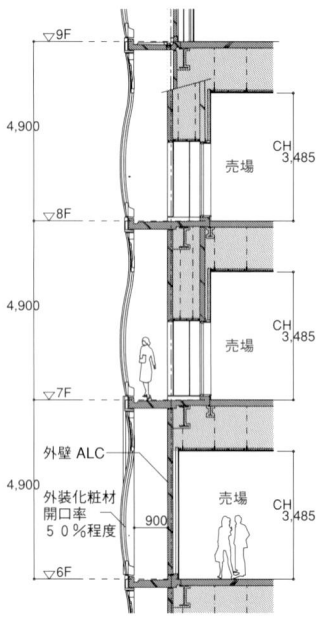

[2] バルコニー断面図

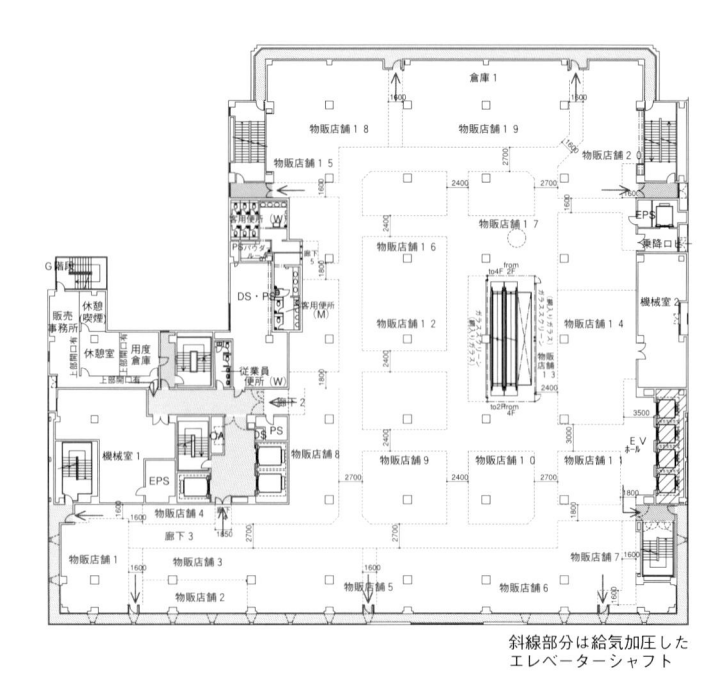

[3] 基準階平面図

斜線部分は給気加圧したエレベーターシャフト

建物名称	心斎橋そごう
計画地	大阪府大阪市中央区心斎橋筋
用途	物販店舗・飲食店舗
設計者	竹中工務店
規模	地下2階，地上14階，塔屋3階
延床面積	58183 m²
構造	S造（一部SRC造）

モール吹抜けの開放性を高めた大型ショッピングセンター

ショッピングセンターの核となる賑わいとアメニティをもったモール（吹抜け）を作り出すために，全館避難安全検証のルートC（大臣認定）による防火設計を行った事例である．

モール空間の視認性と開放性を高めるために，吹抜けを経由しない避難経路の設置，給気を併用した吹抜けの自然排煙などの対策を行い，吹抜け内外の避難安全性を確認することによって，モール吹抜けまわりの防火シャッターをなくしている．

また，店舗棟の避難階段を平面上バランスよく配置し，すべての避難階段に安全区画を設置して防火防煙性能を高め，全館避難の安全性を確認することによって，階段設置数の合理化を行っている．排煙設備では防煙区画を1500 m²以内までに拡大し，天井面の垂れ壁を減らすことによって，内装計画がしやすいスッキリとした店舗空間としている．

モール吹抜けまわりの防火シャッターをなくし，視認性と開放性の高い空間を実現している．

[4] 3層吹抜けのモール空間

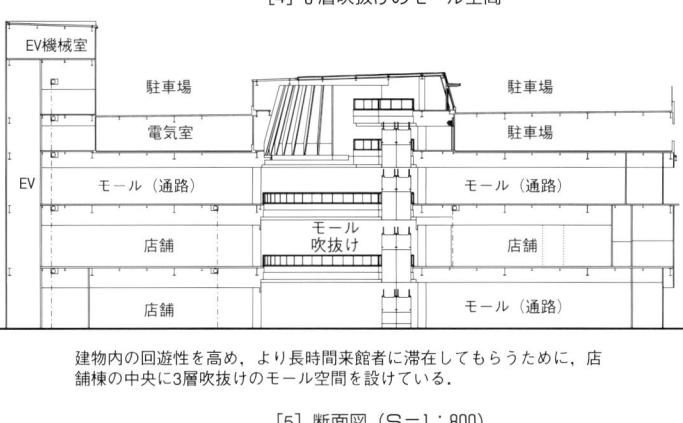

建物内の回遊性を高め，より長時間来館者に滞在してもらうために，店舗棟の中央に3層吹抜けのモール空間を設けている．

[5] 断面図（S＝1：800）

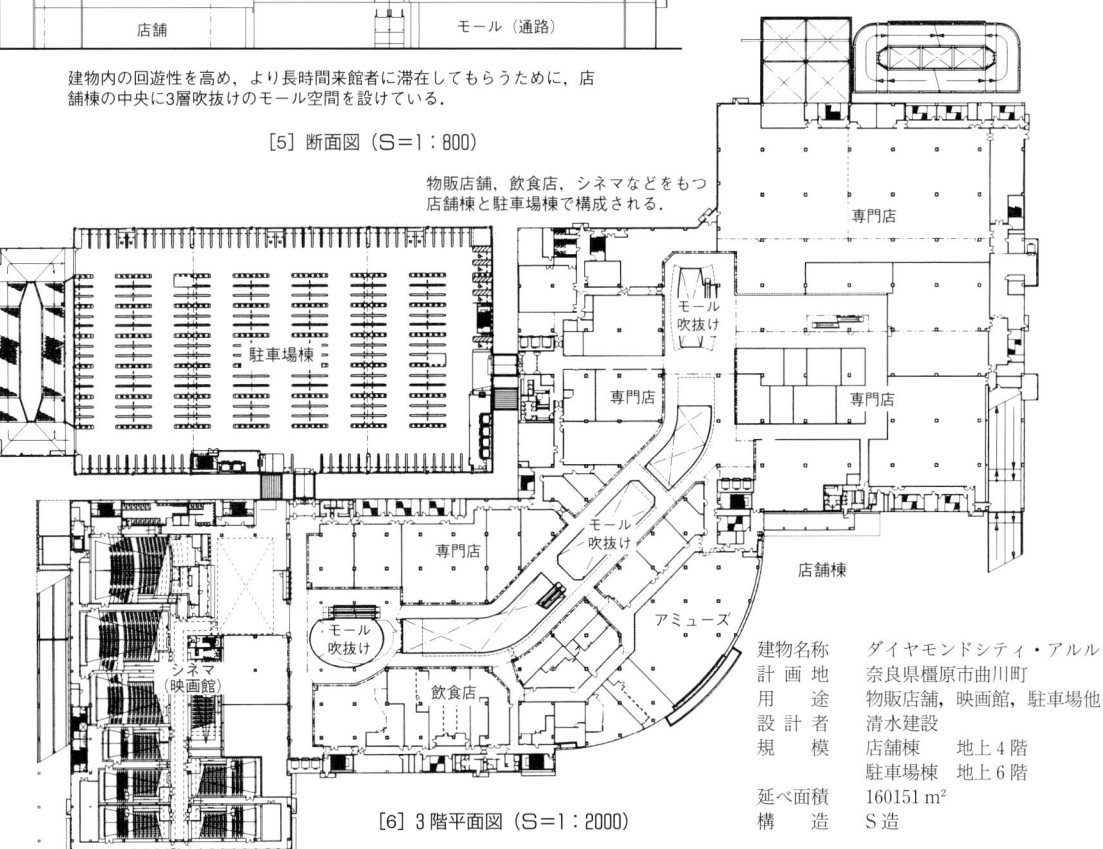

物販店舗，飲食店，シネマなどをもつ店舗棟と駐車場棟で構成される．

[6] 3階平面図（S＝1：2000）

建物名称	ダイヤモンドシティ・アルル
計画地	奈良県橿原市曲川町
用途	物販店舗，映画館，駐車場他
設計者	清水建設
規模	店舗棟　地上4階
	駐車場棟　地上6階
延べ面積	160151 m²
構造	S造

4.5 集会施設

　集会施設には劇場，公会堂，音楽ホール，多目的ホール，映画館などがある．これらの施設は用途・目的に応じてそれぞれ特徴はあるが，共通しているのは火災時には全員が一斉に避難することである．このため客席から建物外までの経路をわかりやすく，歩行しやすくする必要がある．

集会施設にかかわる法規制

　わが国では集会施設については建築および消防法令によって，縦通路の設置が優先されているため［1］のような客席レイアウトが圧倒的に多いが，海外では縦通路のないレイアウト［2］もよくみられる．避難時間の面からは，一見するとコンチネンタル型の方が時間がかかるように見えるが，避難時間は避難出口の数や合計幅で決まるので，通路形式だけで判断することはできない．

煙制御［3］

　劇場では舞台で出火した場合，客席部への煙の侵入を防止する必要がある．舞台上部に排煙口がない場合，煙は舞台上部を満たした後，プロセニアム下端を越えて客席部に侵入する．フライの最上部に自然排煙口を設けると中性帯が上昇するため，これを防止することができる．舞台は可燃物が多いため基本的には自然排煙が好ましいが，都市部の劇場では騒音が遮断しやすいことを考慮して機械排煙とするものも多い．

避難動線［4］

　不特定多数が利用する施設であるため，避難動線は入場動線と一致させるとともに，複雑な経路にならないように留意する．
　シネマコンプレックスでは複数の映画館が高密度で配置されているため，建物全体として人口密度の高いものとなる．避難計画ではそれぞれの映画館には基本的には2つ以上の出口を設け，それぞれ反対方向に向かう避難経路を設けるのがよい．

参考文献
1) 日本建築学会編：建築設計資料集成，7，丸善，1981．

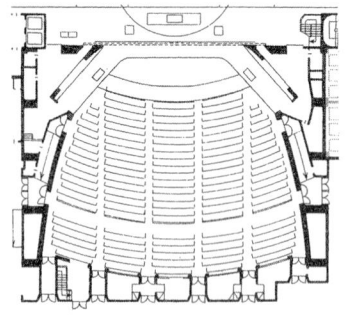

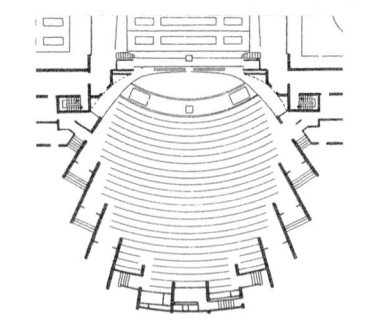

[1] 縦通路型（帝国劇場）[1]

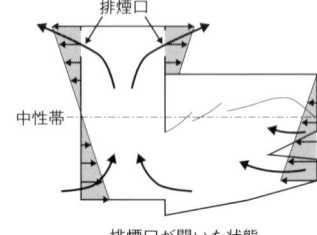

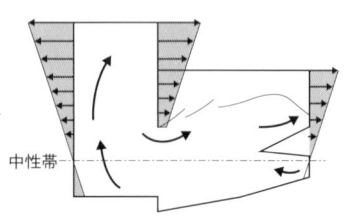

[2] コンチネンタル型（ケルン市立オペラハウス）[1]

フライで排煙する（左）と中性帯が上がるため，空気の流れは客席から舞台方向になり，客席への煙の進入を防ぐ効果がある．排煙がない（右）と中性帯がプロセニアムより下がり，煙が客席側に流れる．

[3] フライでの排煙の効果

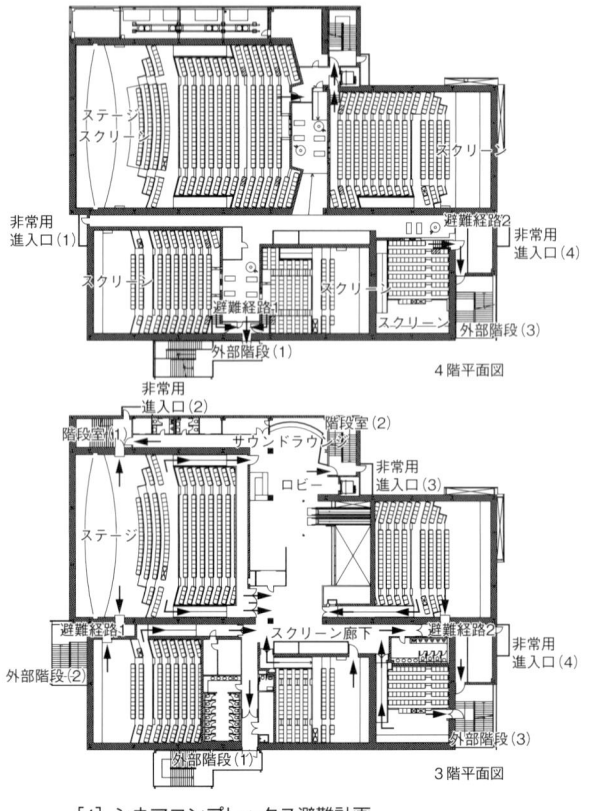

[4] シネマコンプレックス避難計画
（ユナイテッドシネマとしまえん，設計：竹中工務店）

蓄煙効果を使った音楽ホール

音響最適化のために類例の少ない正5角形プランが特徴の中規模サイズのコンサートホールである．初期反射音が理想的分布を得るよう細心の注意が払われているが，排煙口も遮音にとって阻害要因となるため，ホールの大きな気積を利用した蓄煙効果によって排煙設備を設けない計画とした．このことは結露防止やコスト低減にも寄与している．

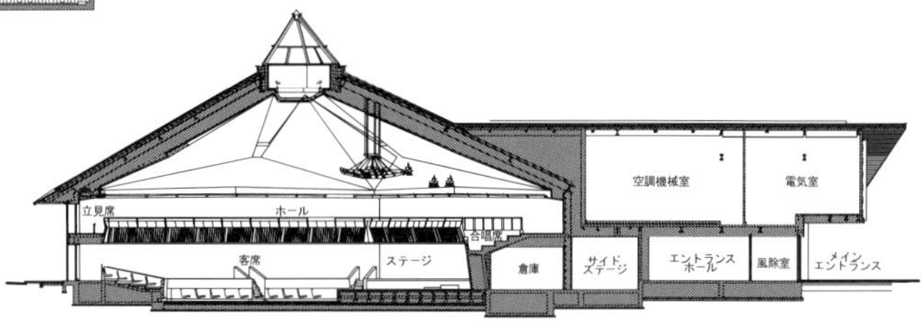

ホール部分は1階に固定席，2階に立見席を設けている．大半を占めるホール1階からの避難は通常使用時の動線を避難用動線とし，混乱が生じないようにしている．また，2階立見席からは直接地上に通じる避難経路も設けている．

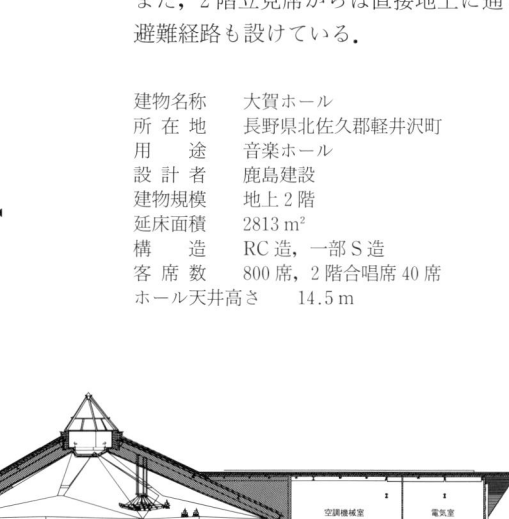

[5] ホール内観（撮影：平 剛）

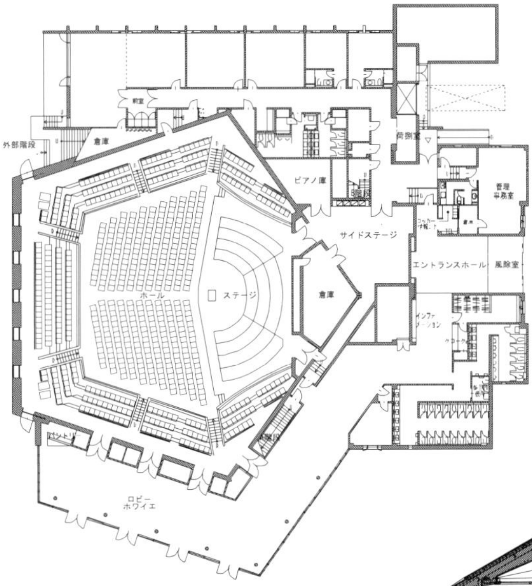

建物名称	大賀ホール
所在地	長野県北佐久郡軽井沢町
用途	音楽ホール
設計者	鹿島建設
建物規模	地上2階
延床面積	2813 m²
構造	RC造，一部S造
客席数	800席，2階合唱席40席
ホール天井高さ	14.5 m

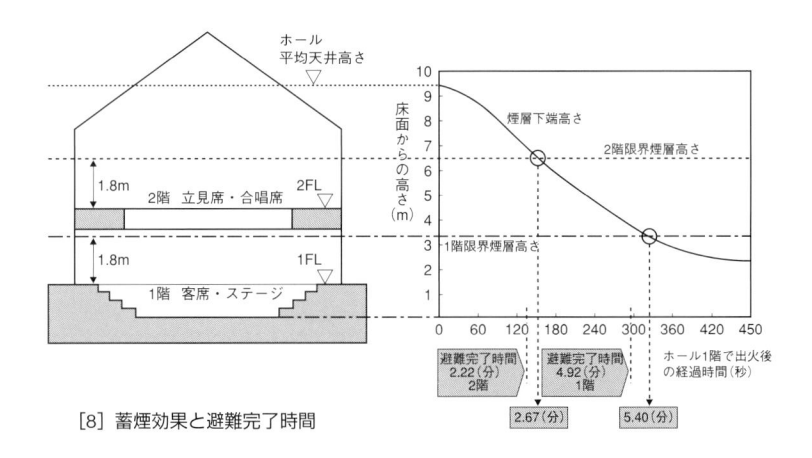

[6] 平面図

[7] 断面図

[8] 蓄煙効果と避難完了時間

4.5 集会施設

4.6 展示施設（1）
展示施設の防災・避難計画/無排煙設備

展示施設の概要

ここでいう展示施設とは美術館，博物館，動植物園・水族館などのことである．これらの施設には文化財や美術品などの重要な物品が収蔵されているため，これらを火災，盗難，破壊行為などから守ることは重要な課題である．展示施設は歴史的には戦争による被害が多かったが，近年では火災はきわめて少なくなった．統計的には安全な建物といえるが，今後は放火やテロを対象としたセキュリティー対策も考慮する必要があるだろう．

防災計画

展示施設の火災時の状況は展示物によって異なるのでその対策も一概にはいえないが，展示室そのものよりも，来館者からは見えない収蔵庫や管理関係書室からの出火防止対策が重要である．レストランを併設している展示施設もあるが，厨房の規模に応じた出火防止と延焼防止対策が必要である．また近隣火災のもらい火が想定される地域では建物外周部の防火対策も行う必要がある．

避難計画

展示施設は日常は来訪者も少ないが展示内容によっては多数の来館者が訪れることもあるので，多人数を考慮した避難計画も必要である．内部は展示場の都合からひとつの展示空間内でも仕切などが設けられていたり［1］，複数の展示空間が組み合わされている［2］ことがあるため，経路が屈曲しがちである．このような空間で見学に集中していると，方向を見失うおそれがある．この点で要所要所に設けた休憩所に近接して避難階段を設けるようにすれば避難経路がわかりやすく合理的である［3］．

空間構成をわかりやすくしたり，演出性を高めるために吹抜けなどの大空間を設けた展示施設もある．

参考文献
1）日本建築学会編：建築設計資料集成，7，1981．

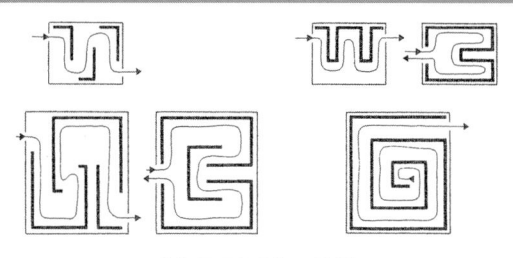

［1］展示空間内の動線[1]

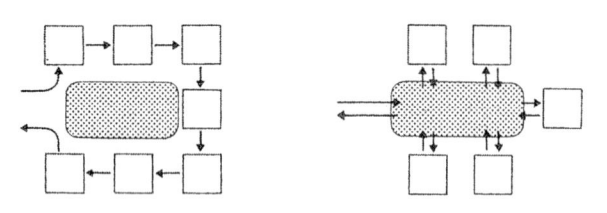

［2］展示空間をつなぐ動線[1]

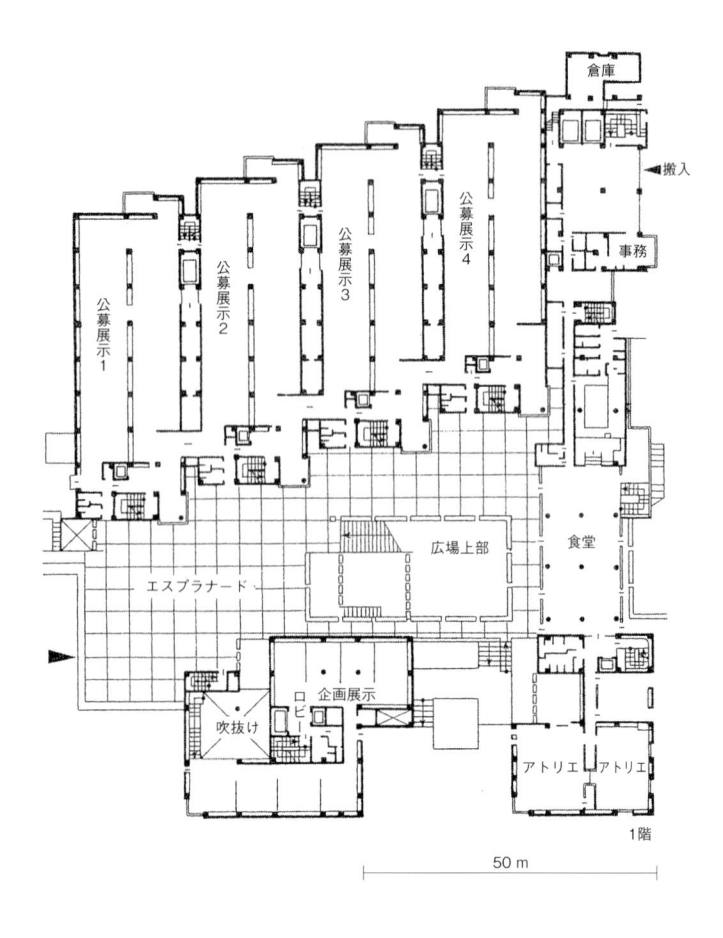

［3］展示空間ごとに避難階段を設置した例[1]
（東京都美術館，設計：前川國男建築設計事務所）

[4] 建物外観(撮影:安藤忠雄建築研究所)

[5] クロード・モネスペース(撮影:松岡満男)

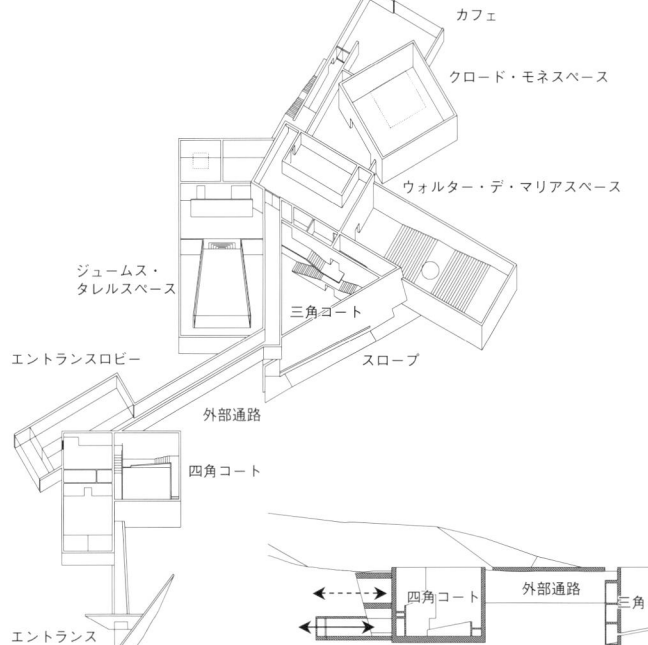

[6] アクソノメトリック

[7] 断面図

空間自体が作品となった美術館

地下1階から地下3階までの地中に埋まった美術館である.2人の現代美術作家,美術館長,建築家の安藤忠雄のコラボレーションで生み出された空間そのものが作品であることを追求.そのために性能設計を行った事例である.

床,壁,天井といった空間のエレメントおよび内部空間に差す自然光を際立たせ,設備機器などの要素を極力視界から排除させるために,高い天井による蓄煙の効果を活用し,排煙設備を設けない計画とした.階避難安全性能を有することについて大臣認定を受ける方法(ルートC)により実現した.

建物は地下1階〜地下3階の各階において直接屋外に通じる出入口を有しており,各階を避難階として計画した.

建物は外部通路によって2つのエリアに分けられている.そのため階避難安全性能の検証において,2つのエリアは別の独立した階として取り扱っている.

美術館は,複数の展示室がシークエンスとしてつながっていく構成となる.展示室を火災室とした場合の煙の流動を極力抑え,煙の拡散を防ぐため,展示室の出入口には原則,常時開放煙感連動閉鎖の防火設備(防火戸)を設けている.

建物名称　地中美術館
所在地　　香川県香川郡直島町
用　途　　美術館
設計者　　安藤忠雄建築研究所
施工者　　鹿島建設
建物規模　地下3階
延べ面積　2574 m²
構　造　　RC造,一部S造

4.6 展示施設（2）
連続的な展示空間・一体空間

展示空間との連続性のある開放的な観覧通路を実現した水族館

大人から子供までが楽しみながら学べる世界最大級の淡水魚水族館で，開放的な空間を実現するために性能設計を適用した事例である．

来館者は，エントランスホールを通り，エレベータで4階へ上り，そこから展示空間を回遊しながら1階へ降りていく．

1階エントランスの屋根を支持する鉄骨梁，3階と4階の屋根を支持する鉄骨の柱と梁は，熱応力変形解析により非損傷性が確保されていることを確認し，無耐火被覆にしている．

東側の3階および4階の展示室については，空間の連続性を実現するために全館避難安全検証を行い，展示空間（水槽）と観覧通路の竪穴区画を撤廃している．また，一部の部屋の排煙設備を設置していない．

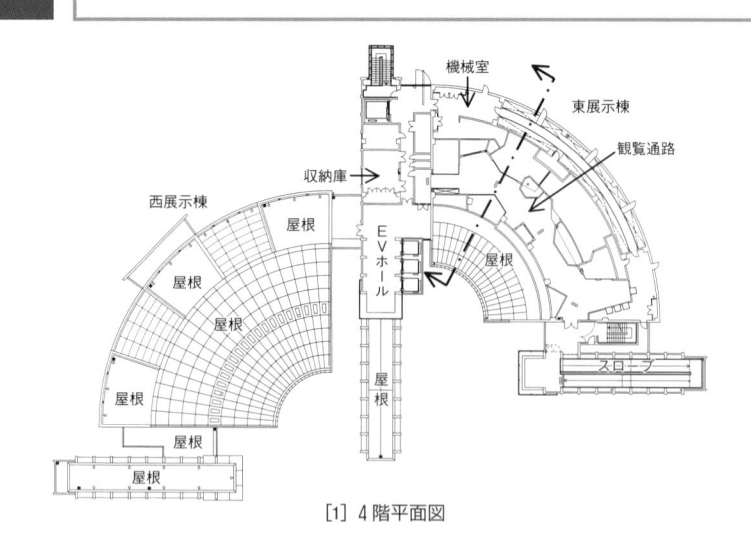

[1] 4階平面図

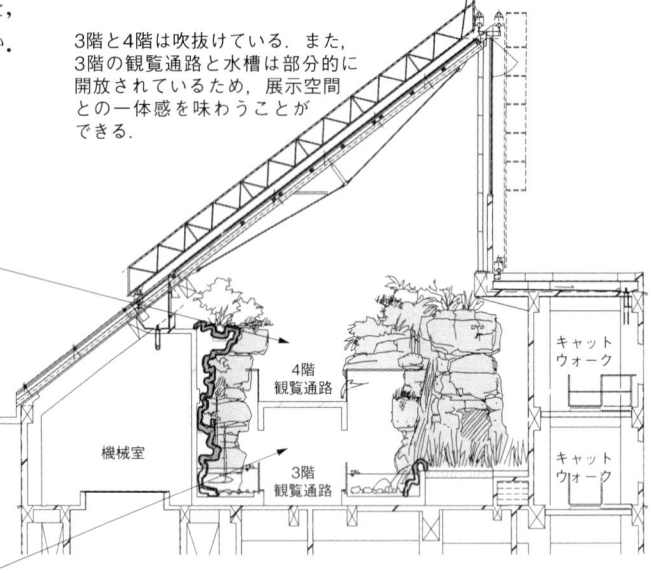

建物内観（4階：長良川上流）

建物内観（3階：長良川上流）

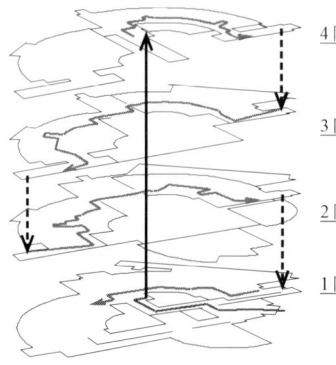

3階と4階は吹抜けている．また，3階の観覧通路と水槽は部分的に開放されているため，展示空間との一体感を味わうことができる．

[2] 東展示棟断面

建物名称	アクア・トトぎふ（岐阜県世界淡水魚園水族館）
計画地	岐阜県各務原市
用 途	水族館
設計者	安井建築設計事務所
規 模	地上4階
延べ面積	8411.10 m²
構 造	RC造，一部S造

4階：長良川上流
3階：長良川上流，中流，下流
2階：東日本の川，アジアの川，世界の川
1階：コンゴ川，アマゾン川

[3] 観覧経路

一体空間と無耐火被覆の美術館

　この美術館の来館者は3階からアプローチし，2階のロビーを経由し，1階と地下1階の展示室に誘導される．来館者が建物に入ったと同時に全体の構成を一目で把握でき，展示室への経路を理解できるようにする必要があった．そのために地下1階から3階までを竪穴区画のない吹抜けとしている．また建物は耐火建築物であるが，耐火の性能設計を行い，ロビーと展示室の主な柱は耐火被覆のない普通鋼としている．

　吹抜けの竪穴区画をなくすためにロビー部分の火源となる可燃物量を少なくし，ロビーを他の諸室とは防火区画している．またロビー内の各階で2方向避難が確保でき，ロビー以外の諸室からは，ロビーを介さないで避難できるようにしている．

　煙制御については高い天井高を利用して，蓄煙方式を採用している．安全確認は煙層降下のシミュレーションにより行った．ロビー内の可燃物量を抑制したことが煙層降下時間確保に寄与した．

[4] 建物外観（撮影：石黒　守）
[5] ロビー内の様子（撮影：石黒　守）
[6] 平面図
[7] 断面透視図

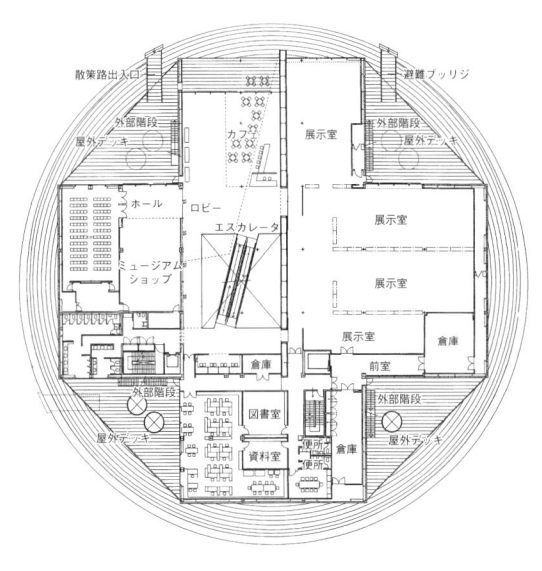

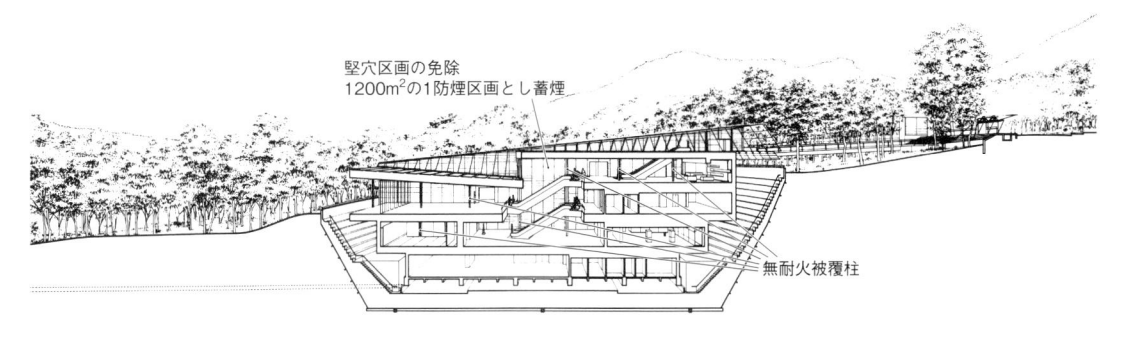

建物名称	ポーラ箱根美術館
計画地	神奈川県足柄下郡箱根町
用途	美術館
設計者	日建設計
規模	地上3階，地下2階
延べ面積	8099.64 m²
高さ	8 m

4.7 学校 (1)
学校における火災の特徴

学校の特徴 [1]

　教育システムが，ひとりひとりの個性や理解度に対応した柔軟なシステムへ変換されている．総合的学習や主体的な学習を進めるため，図書・コンピューター・視聴覚機器などの多様な学習媒体の活用や弾力的な集団編成が可能な教室計画がなされている．これに応じてオープンスペースを組み合わせて連続的な空間を確保した例や中庭や吹抜けなどを組み合わせて生活の場としての豊かさを図った事例が増えている．

学校における火災危険性

　小中高校では火気は比較的管理され，また定期的に避難訓練が行われるなどソフト面での対応は良好で，火災の発生件数も少ない．しかしハード面では排煙設備が義務化されていない，都心の学校の中高層化など火災安全面からは不利な点もある．

　また高等教育機関では可燃あるいは有毒ガスを発生させる危険性の高い薬品の使用もあり，死亡事故も発生しており（コラム参照），火気管理や適切な区画の設定などの配慮が必要である．

　吹抜けの設置やオープンスペースを学習空間として使用する場合など，防火区画や防排煙を考慮した計画などが重要である．

参考文献
1) 日本建築学会編：建築資料集成 総合編，丸善，2001．

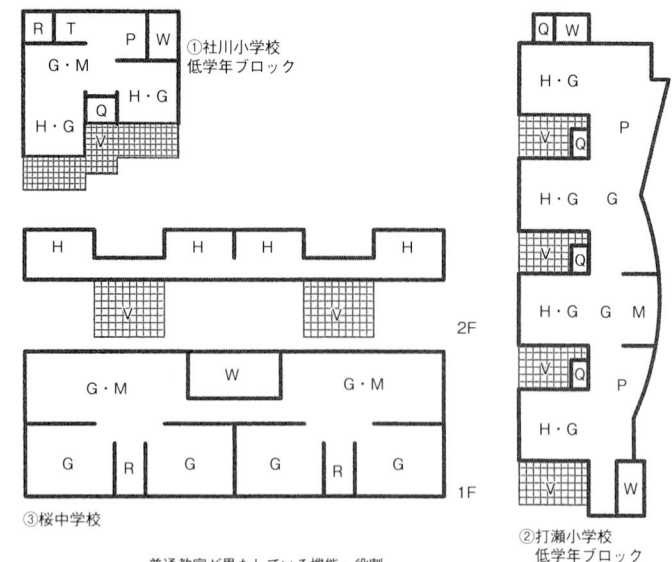

①社川小学校 低学年ブロック
②打瀬小学校 低学年ブロック
③桜中学校

普通教室が果たしている機能・役割
G：一般学習スペース
　さまざまな学習活動の場．自由度，広がりが求められる
H：ホームベース
　クラスの学校生活の拠点．持物の収納，掲示，連絡
　特別教室型のクラスルーム，教科教室型のホームベース
W：水まわりスペース…トイレ・手洗い・水呑みなど
　低学年のクラスルーム，特別支援教室などに付属
P：作業活動スペース
　流し，作業台，床仕上げを備えた作業活動の場
T：教師コーナー
　小学校のクラスルーム，教科教室に確保される
R：教材スペース
　クラスや教科の教材を整理よく収納，保管する
M：メディアスペース
　図書・コンピューター・視聴覚機器・教材・作品などの場
V：半屋外空間…ベランダ・テラス・バルコニーなど
　汚れや音を気にせず活動でき，気分転換の場となる
Q：クワイエットスペース…閉じたスペース
　音から守られた場，やすらぎの場…デン・アルコーブ

[1] クラスルームまわりの機能摸式図[1]

■大阪大学基礎工学部火災

　1991年3月，大学の研究室で半導体の試作・実験中に，材料のシランガスの容器内で突然爆発が起こり，容器が破裂．この爆発によりガスが教室内に漏れて引火・炎上した．この火災で実験中の学生2名が死亡，5名が負傷を負った．

　この事件を機に危険物管理が強化されるようソフト面での改善がなされているが，ハード面でも研究室の区画化，排煙設備の設置など使用方法に応じた検討が必要である．

（消防科学総合センター，「消防防災博物館」ホームページより）

研究室窓から噴出する煙
研究室平面図

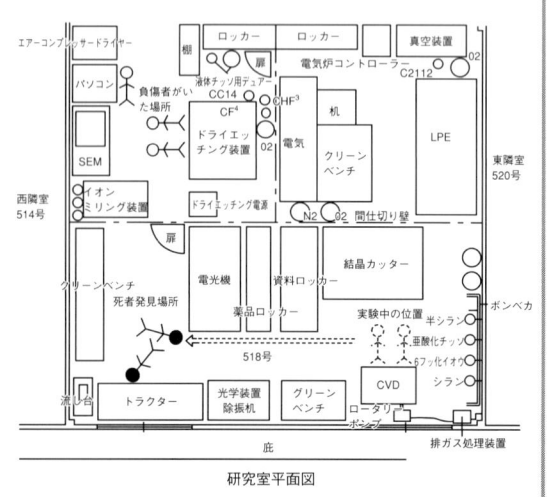

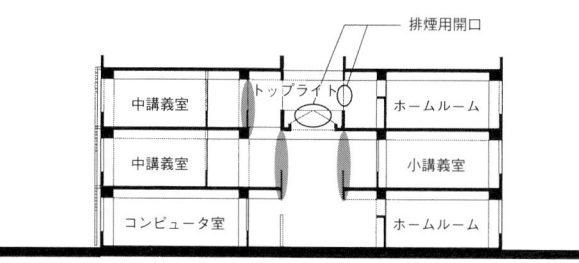

[2] 吹抜け区画の考え方

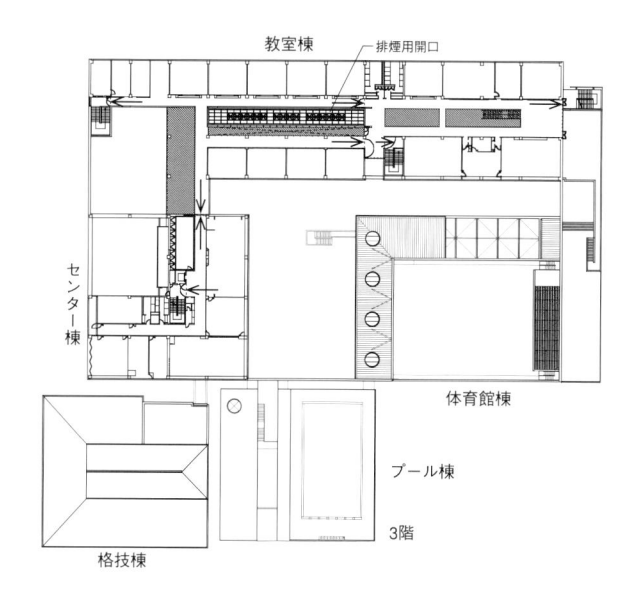

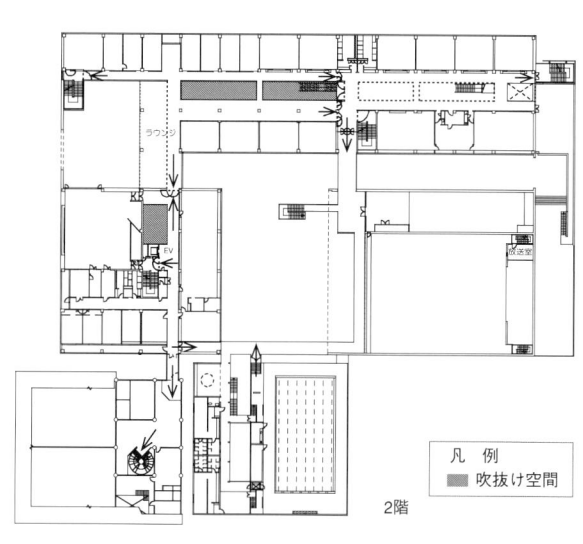

[3] 平面図[1]

3層吹抜け廊下をもつ高校

新しい教育形態である単位制高等学校であることと，低層住宅地に囲まれた敷地での通風採光確保のため，吹抜けを積極的に取り入れた計画で，その空間特性を活かすことによって竪穴区画をせずに，避難安全性を確保した事例である．

吹抜けに面して廊下があり，その外側に教室群が配置されている．教室からの避難は吹抜けを経由するが，吹抜け空間の蓄煙およびトップライトからの排煙により，煙から安全に避難できることを確認している．

教室棟はほぼ中央で2つのブロックに防火区画し，かつ隣接するセンター棟，体育館に通じる通路を設けることで，水平避難を確保し，短時間で吹抜けから退出することを可能としている．

吹抜け空間を介して上階に延焼拡大する危険性に対しては，吹抜け周辺に配置された通路の庇効果および教室と廊下間の開口形状を工夫し，火災時の噴出火炎を抑制することで，延焼危険がないことを確認している．

建物名称	東京都立芦花高等学校
計画地	東京都世田谷区粕谷
設計者	早川邦彦建築研究室 東京都財務局営繕部
階数	地下0階，地上4階
延べ面積	26839.55 m²
構造	PC造，一部RC造

参考文献
1) 新建築，2003年7月号．

[4] 吹抜け空間[1]（撮影：新建築社・鈴木研一）

4.7 学校（1）

4.7 学校（2）
階段状大空間・外気開放のアトリウム

階段状大空間を内包する大学

　緩やかな斜面に置かれた縦横100 m，高さ24 mの巨大なワンボックスの内部が，学生の研究，授業，ゼミ，ミーティングなどの活動の中心となる「スタジオ」とよばれる階段状の大空間を中心として構成されている．大空間の建屋の中に開放的な建物が内包されているという形態をした計画である．

　このスタジオ大空間は蓄煙効果がきわめて高く，火災時における煙降下，煙温度の性状予測結果から，屋外に準じる空間とみなしている．

　スタジオ大空間は見通しがよく，トップライトと周囲の外壁面から自然光を大規模に取り入れていることが，避難者の心理的負担を低減すると考えられる．また，このスタジオ大空間は遮煙区画されたマルチパースペースを介して北側ブロックとつながっているため，水平避難も可能となっている．

　スタジオは多目的に利用されるが，教員室との間は防火区画し，さらに実験など多量に可燃物を使用も制限することにより，スタジオ内部で想定される火災を小規模に限定している．また各レベルのスタジオについては，上階と水平方向に延焼しないことを確認している．これらの対策によってスタジオ大空間を防火シャッターなどのない，一体の防火区画とすることができた．

建物名称　　はこだて未来大学
計　画　地　　北海道函館市亀田中野
設　計　者　　山本理顕設計工場
階　　　数　　地下0階，地上5階
延べ面積　　26839.55 m²
構　　　造　　PC造，一部RC造，S造

[1] スタジオ大空間（俯瞰）

[2] スタジオ大空間（見上げ）

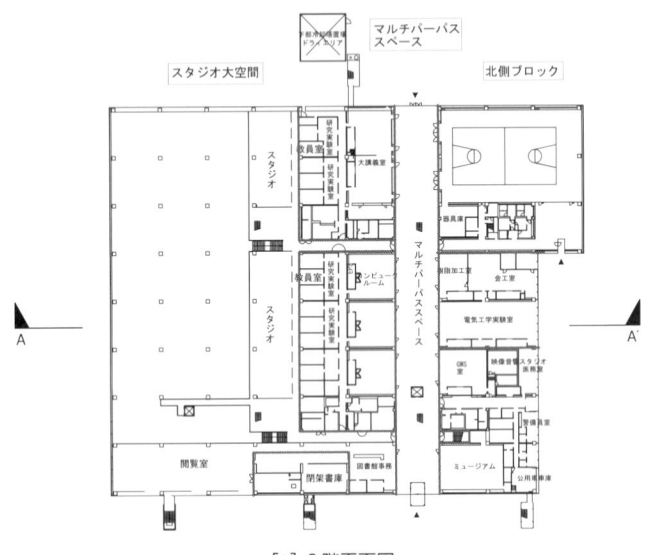

[3] 3階平面図

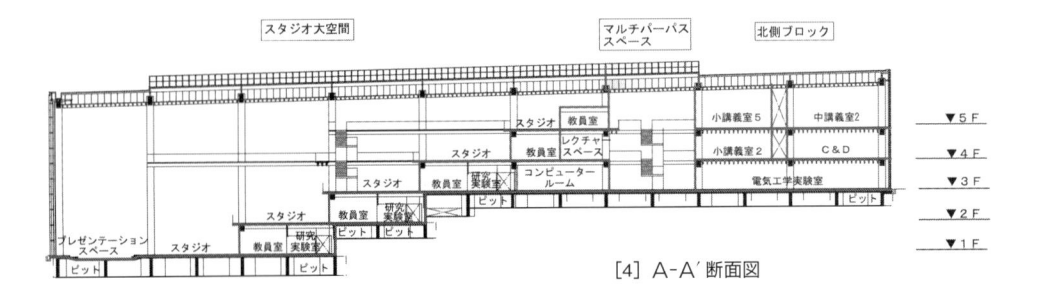

[4] A-A´断面図

外気開放のアトリウムをもつ研究室棟

研究室棟の核となるアトリウムの空間特性を最大限に活かすために，旧建築基準法第38条の大臣認定によって，防火設計を行った事例である．

建物はアトリウムを取り囲む研究室群と，研究室群を宙に浮かせて作り出した高さ11 mのピロティから構成される．アトリウムは高さ31 m，約4万m³の大気積をもつ内部空間であるが，外気に開放された開口部を屋根トラスの側面とピロティに設けることによって，屋外に近い空間特性としている．

アトリウムの外気開放の開口部による誘引効果と暖気の浮力で上昇気流を生み出し，平常時の自然換気と火災時の自然排煙を行っている．自然排煙の効果を煙流動シミュレーションにより検証し，アトリウムの防煙区画を適用除外とするとともに，アトリウムの周辺居室と廊下の自然排煙をアトリウム経由で排煙する計画としている．

また，アトリウムが内部空間であることから，吹抜け部に竪穴区画および面積区画が必要となるが，上階延焼および吹抜けを介した対向面への延焼拡大がないことを検証し，これらの区画の適用除外を受けている．さらに耐火設計によって，耐火被覆のないスリムなCFT柱とし，軽快かつ開放性の高いアトリウムを実現している．

自然採光と自然通風を取り入れた屋外に近い空間特性をもつ開放性の高いアトリウム．耐火設計によって，耐火被覆のないスリムなCFT柱としている．

[5] アトリウム内観

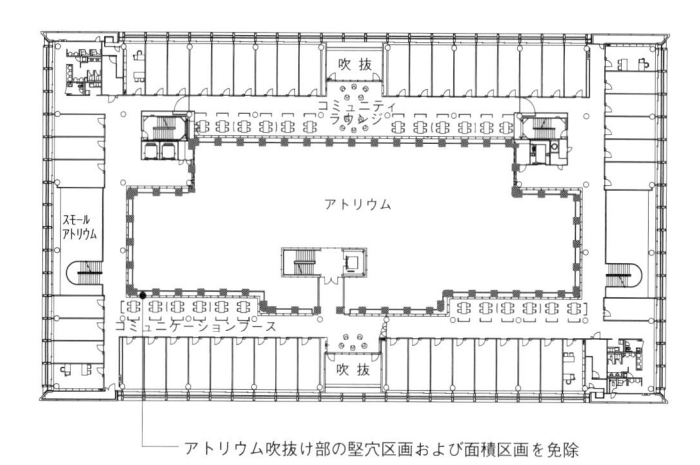

アトリウム吹抜け部の竪穴区画および面積区画を免除

[6] 5階平面図（S＝1：1000）

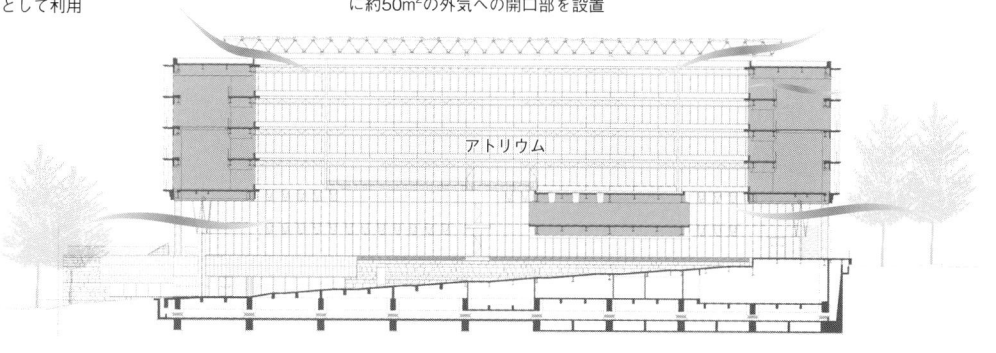

アトリウムを自然換気と火災時の自然排煙の経路として利用

屋根トラス側面に約250m²，ピロティ側面に約50m²の外気への開口部を設置

[7] 外気開放のアトリウム

建物名称	慶應義塾大学日吉新研究室棟（来往舎）
計画地	神奈川県横浜市港北区
用途	大学（研究室）
設計者	清水建設
規模	地上7階
延べ面積	18606.28 m²
構造	S造（免震構造）

4.8 病院（1）
病院の防災計画

病院の特徴 [1]

病院は各種の診療科目を取り揃えた総合病院から単一の診療科目に特化した専門病院まで多様であり，入院施設のほかに治療，CTやMRIなどの検査，放射線，手術，理学療法，薬局などさまざまな医療施設から成り立っている．また，震災などに際して，地域の拠点施設として安定した機能が求められる．病院として特に注意しなければいけない点は以下である．

(1) 入院患者や通院患者，見舞客，医師，看護師，職員などさまざまな種類，年齢層の特定，不特定の人が混在している．その中には自力避難の能力が低い患者がおり，特に手術室やICUなどには移動することすら難しい患者がいる．
(2) 就寝施設であり，夜間は職員が少ない．
(3) 設備配管，配線，ダクト類が多く，防火防煙区画を貫通するものがある．
(4) 寝具など可燃物があり，また薬品，ガス，アイソトープなどの危険物もある．
(5) 診察室，病室，検査室など小部屋が主体で，それらをつなぐ廊下が長くなる．

病院の防災計画

入院患者で階段を使って自力で避難できる人は多くない．また，夜間は患者の避難に時間がかかる．そのため煙の拡散を抑え，安全に避難するための空間を確保し，避難の許容時間を長くとる計画が望ましい．避難能力の低い患者が多い病棟などに対して以下の方策が多くとられる．

水平避難区画 [2]

1つの階を複数に防火・防煙区画しておき，火災の危険が及ぶ範囲と避難の対象となる人を限定する．また出火した区画にいる患者を他の区画へ一時的に水平避難させ，安全を確保する．次いで必要であれば順次地上まで避難させる．

避難経路上にも防火扉が設けられることになるが，ストレッチャーや車椅子などの通行を考慮したり，開閉方向にも配慮する．

区画されたゾーンには，最終避難経路であり消防・救助活動の拠点にもなる階段を少なくとも1箇所は設け，袋小路にならない計画とする必要がある．

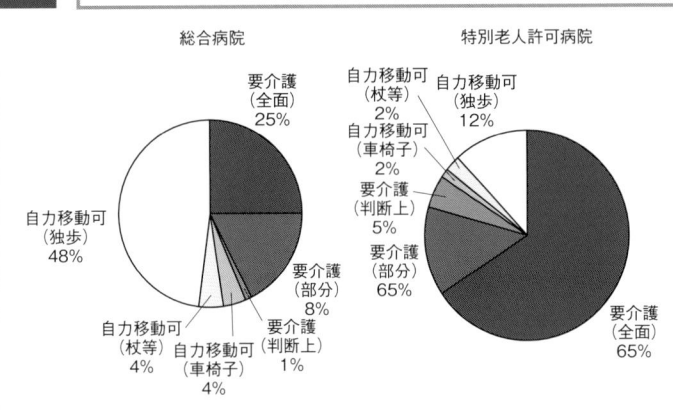

[1] 入院患者の避難行動分布[1]

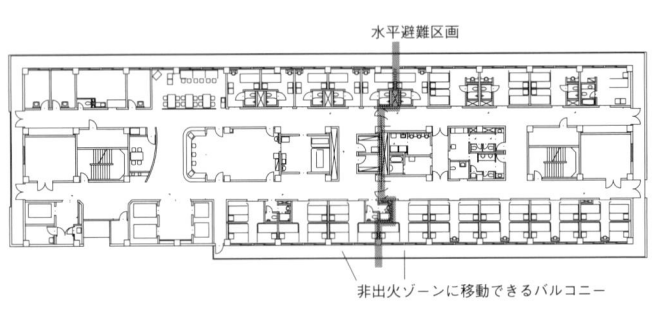

[2] 水平避難方式と避難に有効なバルコニー（ダブルコリドーの病棟例）

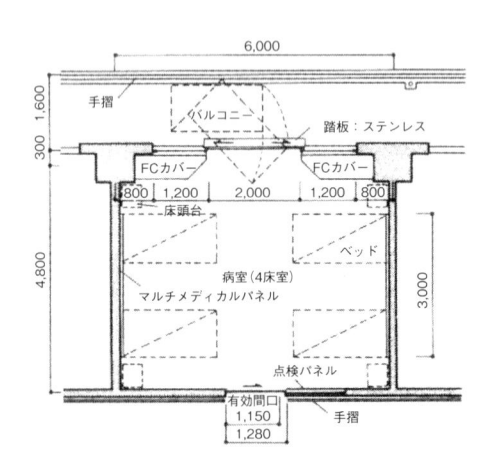

[3] 病室とバルコニーの関係[2]

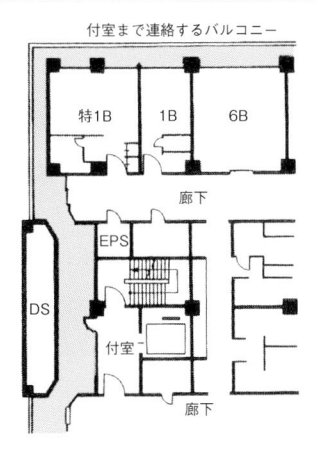

[4] 避難階段に通じるバルコニー[2]

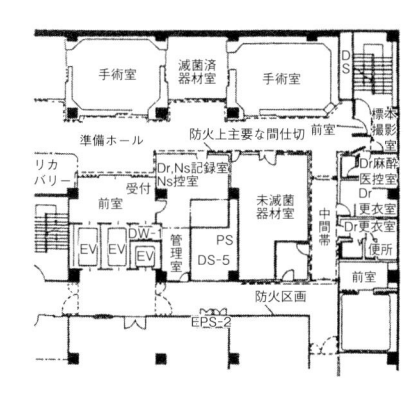

[5] ろう城区画の例[2]

避難バルコニー [3] [4]

患者をまず煙汚染の危険度の低いバルコニーに搬出し、そこから順次スロープや階段に避難させるものである。バルコニーの幅は避難上十分な奥行をとり、またバルコニーへの出口、バルコニーから避難施設への入口の解錠方法には問題ない方式とする必要がある。

ろう城区画 [5]

手術部やICU、未熟児室など患者を避難させること自体が難しい部屋では内部からの出火を防止し、さらに他の部分からの出火に際しても影響を受けないように鎮火するまでろう城できる空間とする必要がある。ダクト類を含めて防火・防煙区画を厳重にすることや、排煙設備や非常用電気系統などの設備系統を独立のものとすることが必要である。またろう城する区画には外部との通信手段を設け、出火室を経由しないで避難や消防隊がアクセスできる経路を確保する必要がある。

参 考 文 献

1) 日本火災学会編：火災便覧 第3版,共立出版,1997.
2) 日本建築センター：新・建築防災計画指針,(財)日本建築センター,1995.
3) 北九州消防局：済正会八幡病院火災,火災,Vol.23,No.3,1973.

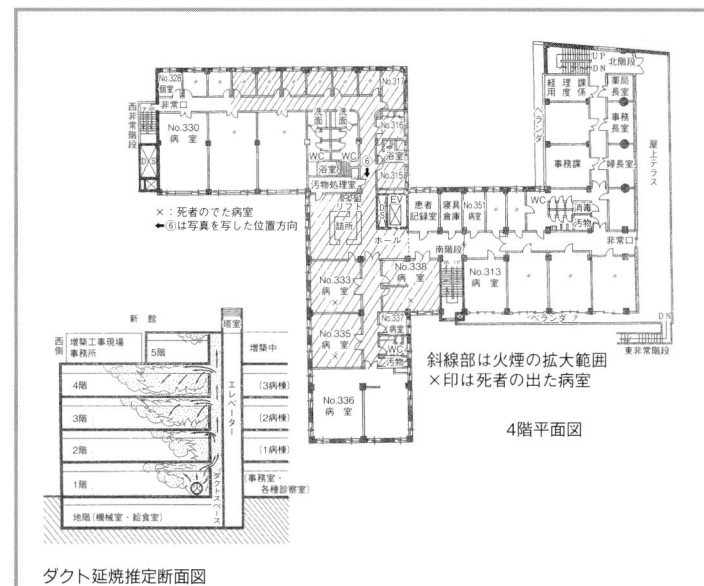

■済生会八幡病院火災[3]

1973年3月8日午前3時頃に医師が仮眠している1階の診療室から出火した。医師や警備員が消火器や屋内消火栓による消火を試みるものの失敗。火は天井裏に延焼し、さらに竪ダクトの埋め戻し未施工箇所から竪ダクト内の配管被覆、配線被覆に延焼して、上階の埋め戻し未施工箇所から各階へと延焼し、火災は拡大した。

看護師など関係者は上階への延焼のおそれに気づかず、2階ICU患者や未熟児室の避難に傾注したために、結果として上階での避難開始が遅れた。延焼拡大の経路となった竪ダクトを中心に1階から4階まで延焼しているが、特に4階南側病室は袋小路になっており、濃い煙と熱気によって避難経路を断たれた入院患者のうち、体の不自由な高齢者を中心に13人が犠牲になった。

4階平面図

ダクト延焼推定断面図

4.8 病院 (1)

4.8 病院（2）
大規模病院の防災計画

病棟を5つのゾーンに区画した事例

　将来の機能の更新や増築に備えてホスピタルストリートと名づけられた棟をつなぐ動線に沿って，外来棟，診療棟，入院棟の3つの棟を並列配置した大規模総合病院である．

　入院棟は衛生上の理由からバルコニーへの避難に頼らない計画とし，主に以下の工夫をしている．

(1) 水平避難を基本として1フロア5つのゾーンを設定している．ICUやHCUなど移動の難しい患者が収容されている室ではろう城も可能な計画としている．
(2) 東側，北側，南側に消防活動用のバルコニーを3箇所設置し，屋上にヘリポートを設置している．
(3) 廊下はベットのすれ違い，追い越しが可能なように有効幅員を2.7m確保している．
(4) 病室の出入口は煙感連動としている．

名　称	東京大学医学部付属病院
計画地	東京都文京区本郷
設　計	東京大学施設部，東大病院設備企画室，東京大学建築学科長澤研究室，岡田新一設計事務所
面　積	延べ面積 65638 m²　建築面積 4943 m²
階　数	地下3階，地上15階
構　造	S造
病床数	1046床

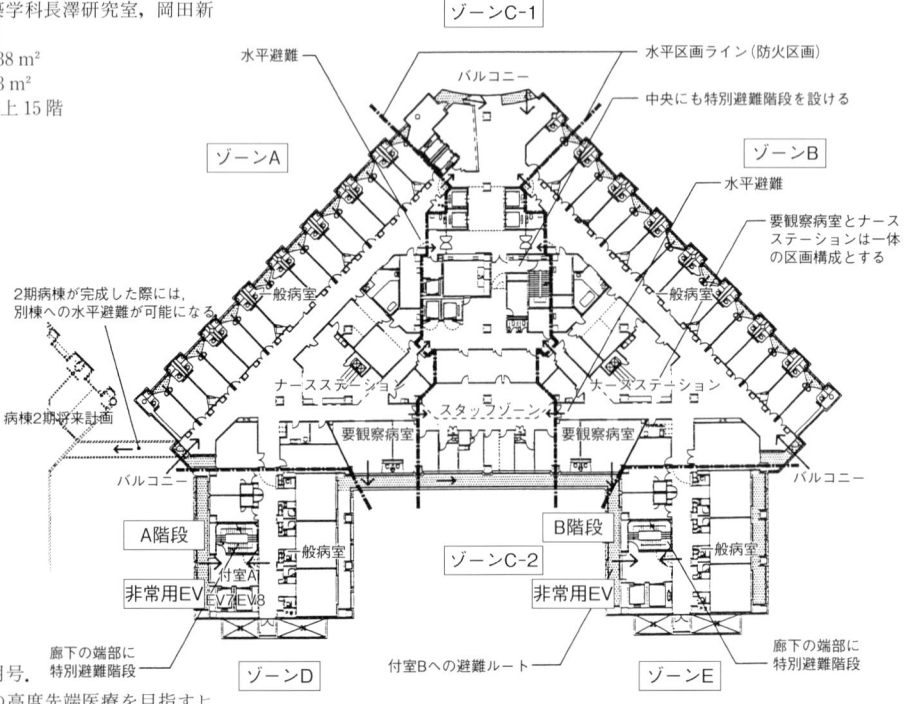

参考文献
1) 新建築．2007年6月号．
2) 岡田新一：次世代の高度先端医療を目指すヒューマンホスピタル安全性を追求した防災・構造計画，建築防災，(財)日本建築防災協会，pp.2-7，2002.10．

[1] 鳥瞰写真（撮影：新建築社・小川重雄）[1]

[2] 全体平面図[2]

[3] 入院棟基準階防火区画（基本計画時点）[3]

[4] 鳥瞰写真

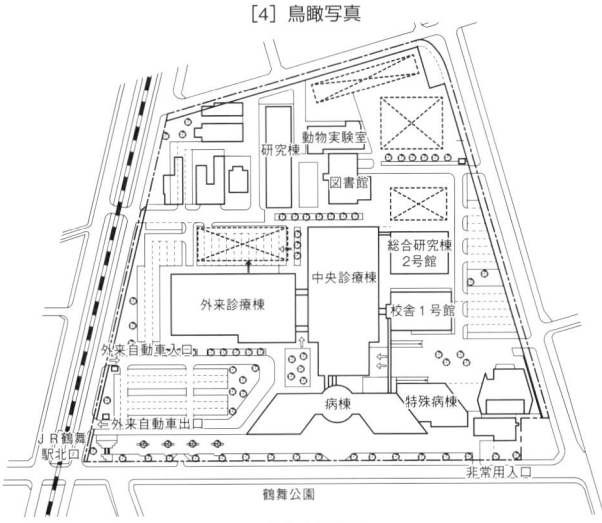

[5] 配置図

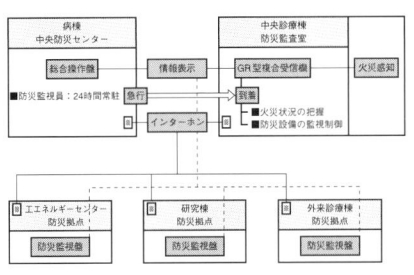

[6] 防災管理体制の概略図

[7] 病棟基準階平面

管理体制に重点を置いた大規模病院

名古屋大学鶴舞団地（医学部・附属病院）の防災監視体制は，病棟に中央防災センターを設置し，団地内の全施設を統括する防災拠点として位置づけ，各建物の包括的な監視機能を有し，夜間を含めた24時間常駐監視を行い，団地内の防災監視システムの中枢的役割を果たしている．

また，当団地は完成時には20万 m² 余りの大規模団地となることから，中央防災センターには総合操作盤を設置し，新中央診療棟にはGR型複合受信機をもつ防災監視室を設置することにより防災管理の徹底を図っている．

当病院の病棟の各階には，3つの安全区画が設けられ，さらに東西の避難階段には広い踊り場があり，1次避難は水平移動で果たされるようになっている．また4床室には通常のバルコニー，雁行して配置された個室には窓を介して水平避難を可能としている．なお3つの安全区画にはそれぞれ非常用エレベーターが設置されている．

建物名称	名古屋大学医学部・附属病院
計画地	名古屋市昭和区鶴舞
用途	大学・病院
設計	名古屋大学施設管理部・施設計画推進室・柳澤研究室・石本建築事務所・教育施設研究所・NTTファシリティーズ等
規模	地上14階，地下2階
延べ面積	209000 m²（完成時）

参考文献

志田弘二, 辻本誠, 柳澤忠：火災発生に伴う人命危険の評価法, 日本建築学会計画系論文報告集, 第368号, pp.69-77, 1986.

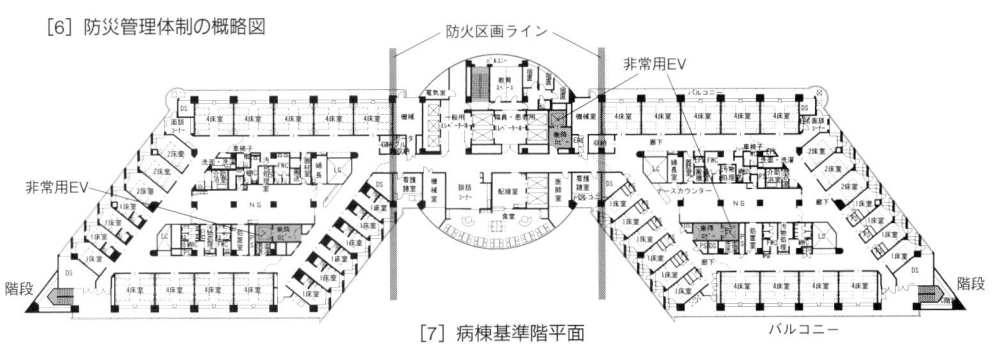

4.8 病院（2）

4.9 大規模スタジアム (1)
大規模スタジアムの防災設計

大規模スタジアムは屋外型が多いが近年は屋内型も増えている．屋外型は天候に左右されるため用途は限られるが，屋内型はスポーツに限らず展示会やコンサートなど，多種多様に使用される．

屋外型は安全で屋内型は危険と思われがちであるが，大規模スタジアムに必要な安全対策にはどちらにも共通した項目が少なからずある [1]．数万人規模の観客を収容する施設であることから，群集災害への備えは不可欠である．特にサッカー場では興奮した観客が引き起こした群集災害の事例が多い．

防災設計の要点 [1]

スタジアムから公共輸送機関までのインフラが貧弱な状態であると交通事故や混乱の原因になる．また，建物の周囲は開場を待つ観客が多数集まるので，観客同士のトラブル防止も考えなければならない．

平面計画で重要なのはスタンドの設計である．これによって収容人数に大きな差が出てくる上，退場時間（＝避難時間）も決定される．群集が一部に極端に集中したり，長時間待たされたりすることのないよう，スムーズに退場・避難できるように設計する．

断面計画で重要なのはスタンドの勾配である．見やすくするには急勾配がよいが，あまり急角度になると危険である．

設備計画では情報管理が重要である．緊急時にただちに事態を把握し，必要なところに指示できるようにしなければならない．

周辺施設の流動容量との関係 [2]

大規模スタジアムでは単に建物あるいは敷地内部だけの計画だけでなく，大量輸送機関からの経路も含めた配慮が必要である．鉄道駅では改札口や切符売場を増設しなければならない．また途中の歩道橋の拡幅や新設も必要となる．

サッカー場ではサポーター同士のトラブルを防ぐために，スタジアムまでの経路から入場ゲート，行列の場所などを分離することもある．

計画要素		安全対策の検討事項
立地計画	地域対策	周辺環境と住民への配慮
	往復経路の安全・快適	公共交通機関からの距離 駅・道路・歩道橋等の容量と安全性
配置計画	場外での危険予防	待ち行列の収容場所 サポーターの分離 屋外での避難者収容場所
	非常時の混乱防止	消防隊と避難者の分離
平面計画	混乱防止	フィールドへの観客の侵入防止 出入口の分離（選手，観客，関係者）
	スタンドの動線	ゲート・通路の形状・配置 ゲート・通路の容量（避難時間） 可動席の移動方式 バリアフリー対策（車椅子席）
	緊急施設	警備本部（場内監視） 救急室（観客用，選手用）
断面計画	スタンド勾配	観覧席の勾配 急勾配対策（手すりなど） 座席の前後間隔
	スタンド屋根	屋根葺材の防火性能
設備計画	照明	停電時の非常照明
	情報収集と伝達	通信設備 監視カメラ（場内，場外） 場内放送設備
管理運営	観客の制御	観客，サポーターの分離配置 ピーク崩し
	警備	警察，消防との連携

[1] 大規模スタジアムの防災設計の要点

2002年ワールドカップサッカー時，スタンドを4つのセクターに分け，それぞれに降車駅，入場動線などが指定され，応援チームの違うファンの流れが交差しないようにした．またJR鶴ヶ丘駅の踏切についても混雑緩和のために警備員を配置した．

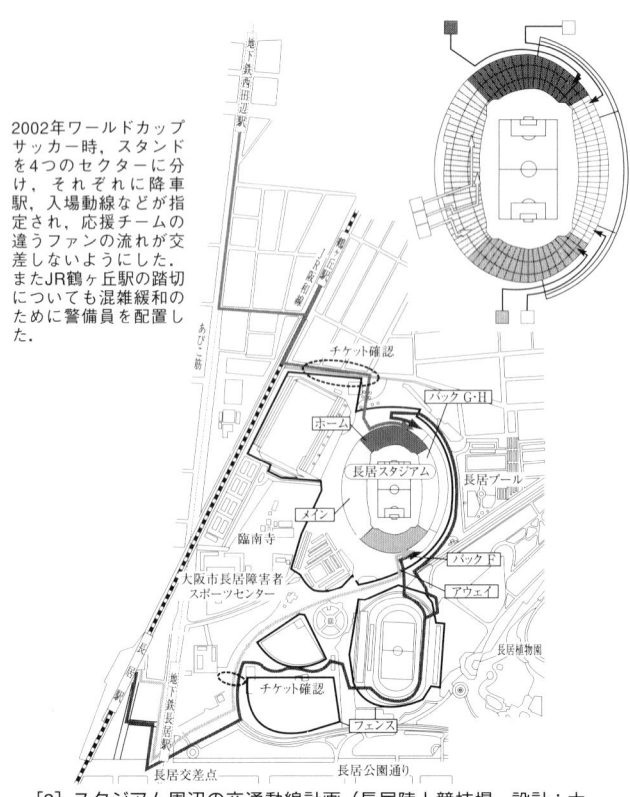

[2] スタジアム周辺の交通動線計画（長居陸上競技場，設計：大阪市都市整備局）[1)]

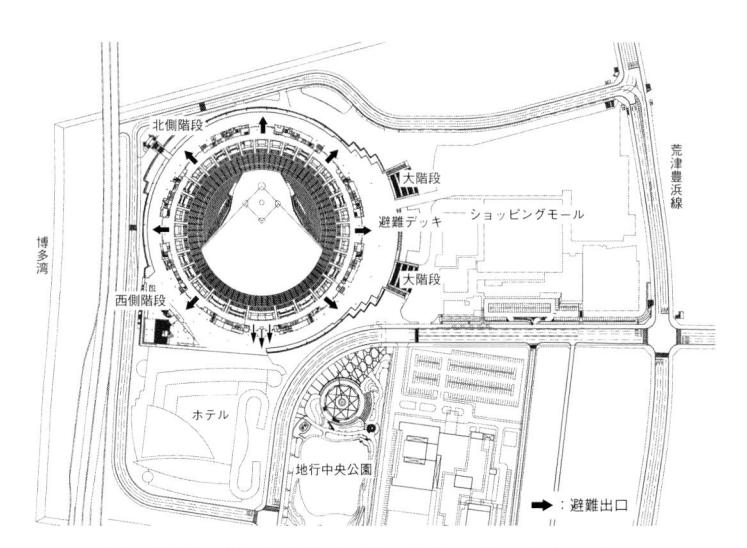

緊急自動車と避難群集の分離 [3]

場外に流出した観客が緊急自動車の進入を妨げないような対策を行っている施設もある．

避難時間の設定 [4]

避難時間は主にゲート幅と通路幅で決定される．これらを条例で規定している地域は多いが，現状では数万人規模のスタジアムが前提となっていないため，条例に適合させると不合理な設計になることもある．

この場合，性能設計を適用すると合理的な設計が可能である．屋内スタジアムでは煙のシミュレーションに基づいて避難目標時間を設定し，その時間以内に避難できるように避難施設の容量を定める．それぞれの経路での避難者の流れを想定し，各経路ごとに負担人数に応じた幅を設定するのがよい．避難目標時間を煙から求めると数十分以上になることがあるが，避難時間があまり長引くと心理的悪影響を与え，パニック発生のおそれもあるので煙の動きだけで決めることは避ける．

屋外スタジアムでは屋根がないために，煙降下時間から避難目標時間を求めることができないが，避難の円滑さや日常入退場の円滑さを考えると，避難目標時間は屋内スタジアムと同じ程度にしておくべきである．

群集の制御 [5]

スタジアムで最も混雑するのは競技や催事が終了し，観客が一斉に退場する数分間である．ゲートや通路の幅を限られた時間帯に発生する大きなピークで設計するのは不合理である．その代わりに運用で混雑のピークを崩すことがしばしば行われている．たとえば野球の試合終了後に行われるヒーローインタビューは，勝利チーム応援団の退場を遅らせる効果をもっている．

参考文献

1) 日本建築学会編：建築設計資料集成-人間, 丸善, 2003.
2) 岸野綱人ほか：観客の退席経路の選択に関する調査・研究 (スタジアムにおける避難解析その 2), 建築学会大会梗概集 (計画系), 1995. 8.

[3] 消防動線と避難者動線（福岡ドーム）

1階の建物周囲に消防車の通路を配置し，要所に内部への進入口を設けている．消防車はフィールドにも進入できる．避難者は3階の人工地盤に誘導される．人工地盤は避難者全員を収容できる広さをもち，階段で地上の広場に下りることができる．

使用形態	出火場所	避難対象者	アリーナ避難	屋外避難
スポーツ（集会火災）	フィールド	スタンド観客	8分[*1]	15分[*5]
	売店	スタンド観客	12分[*2]	
集会	フィールド	フィールド観客	12分[*3]	
	売店	フィールド観客	12分[*3]	
展示会	フィールド	フィールド観客	12分[*4]	
	売店	フィールド観客	—	

アリーナ避難時間：スタンドやフィールドにいる観客全員が，コンコースや廊下などに避難し終わるまでの時間
屋外避難時間：スタンドやフィールドにいる観客全員が，屋外に避難し終わるまでの時間
*1：集会火源火災において屋根最下部（上段席最上部床面+5.6 m）に煙が降下する時間（約13分）に余裕をみて設定
*2：フィールド出火でないため，*1よりやや長めに設定
*3：上段席ゲート床面+5.3 m まで煙層が降下する時間（約16分）に余裕をみて設定
*4：下段席ゲート床面+6.8 m まで煙層が降下する時間（約18分）に余裕をみて設定
*5：避難者の待ち時間の限度として設定

[4] 避難目標時間の設定例（天井高60 mのドームの場合）

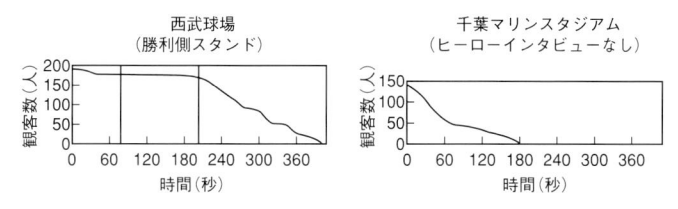

[5] 野球退場時のヒーローインタビューの効果[2]

左図ではヒーローインタビューの終了まで勝利チームを応援した観客がほとんど退場していない．右図ではヒーローインタビューがないため観客は試合終了後直ちに退場している．

4.9 大規模スタジアム (2)
寒冷地に建つ大規模多目的ドーム

札幌ドームの特徴

札幌ドームは固定屋根式のドームである．アリーナの気積は174万m²，天井の高さは63m，サッカー時の収容人数は43200人である．サッカー用のフィールドはサッカー開催時以外は天然芝の保護育成のため，ドームに隣接して設けられたオープンアリーナに搬出される．天然芝フィールドは空気圧で持ち上げるホヴァリングステージとよばれる仕組みで移動する．

防災計画の概要

多目的施設であることから，スポーツ以外に集会・コンサート等の場合と各種展示会の場合も想定し，それぞれの場合の危険要因に基づいて防災対策を設定している．

アリーナのフィールドとスタンドのほかにコンコースも含めた範囲を一体の防火区画としている．排煙は大気積を利用して蓄煙方式を採用しているが，屋根の一部に消防活動のための自然排煙口を設けている．

[1] 札幌ドーム外観

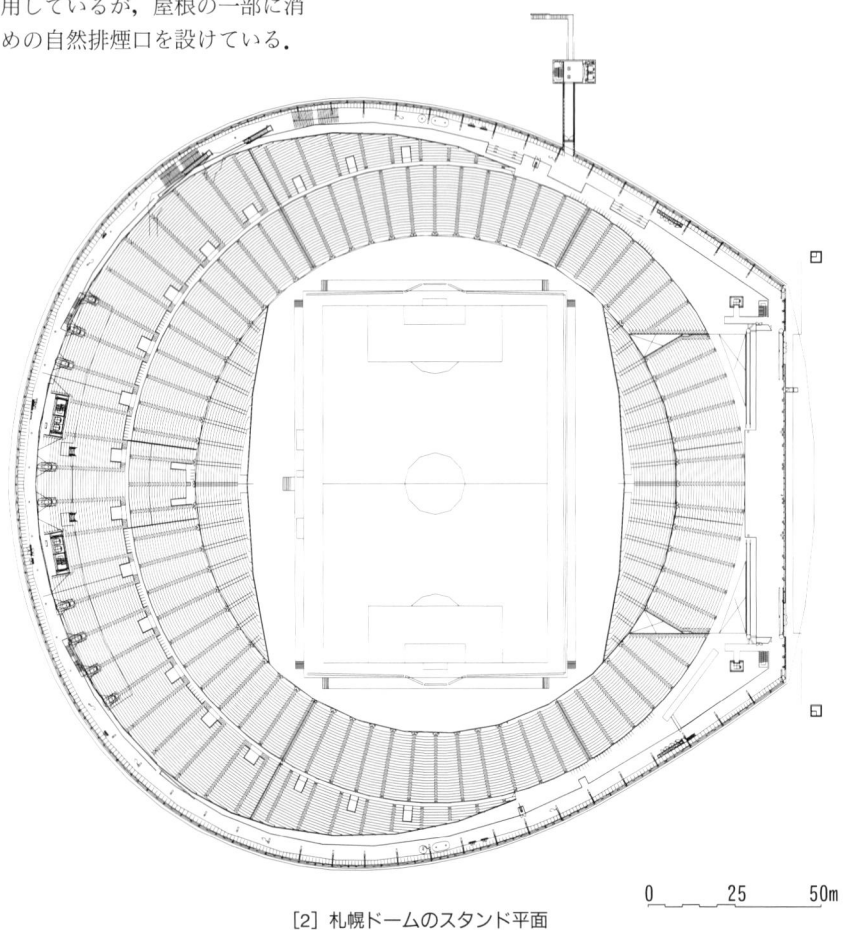

[2] 札幌ドームのスタンド平面

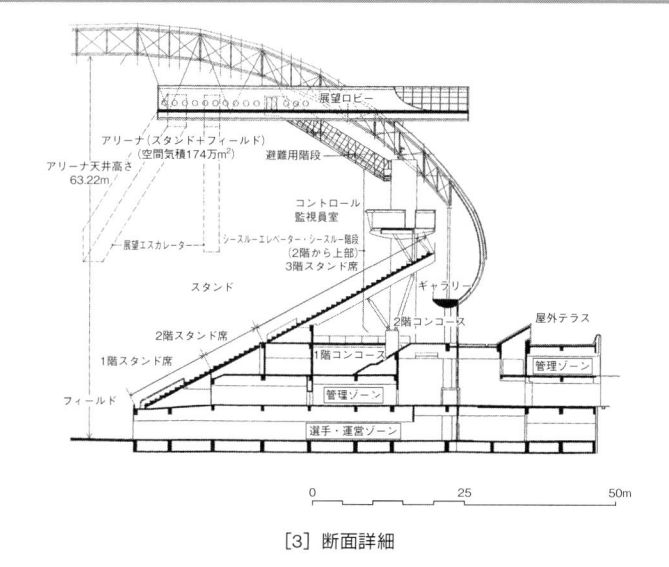

[3] 断面詳細

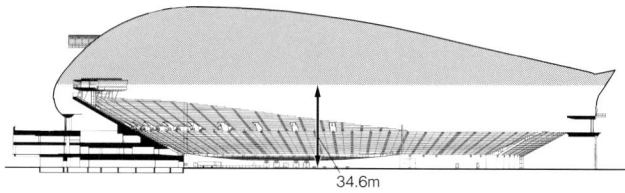

[4] 出火10分後の煙層の高さ

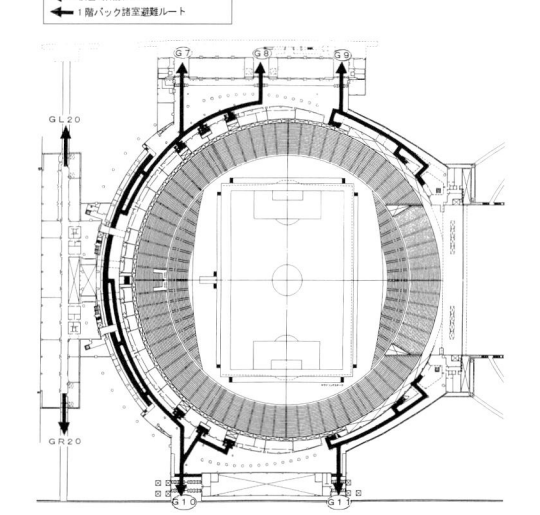

[5] 通常時の避難経路

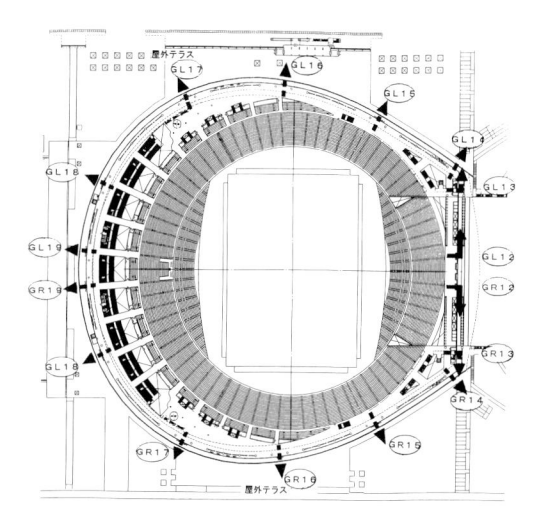

[6] 無雪時にテラスに避難する場合の経路

避難計画

スタンドは多段式でなく，1つの面（シングルスロープ）で構成されている．これはこの規模のドームとしてはほかに例がない．出入口ゲートは均等に配置され，その幅は負担人数に応じて設定されている．

主とする避難レベルは積雪時を考慮して1階としているが，雪のないときには2階のテラスレベルに避難することもできる．緊急自動車は地下1階から直接ドーム内に進入できる．

屋根に突き刺さる形で設置されているのはドームの内外が眺望できる展望台である．高所にあるため火災時にはいち早く煙が達するので，防煙対策が施してある．

煙シミュレーションによれば，コンサートまたは展示会の場合，煙がスタンドの許容煙層高さ22m間で降下する時間は約21分であるのに対し，避難は約10分で完了する．そのときの煙の高さはフィールド面から34.6mであるため避難者が煙に巻かれることはない．

建物名称	札幌ドーム
計画地	札幌市豊平区
用途	サッカー場，観覧場，多目的競技場
設計者	原広司＋アトリエ・ファイ建築研究所，アトリエブンク
規模	地下2階，地上4階
延べ面積	98281 m²
構造	S造，RC造，SRC造

4.9 大規模スタジアム (2)

4.9 大規模スタジアム (3)
大屋根の耐火設計

くろしおアリーナは，木材を多用した大空間の延焼防止性および構造安定性を確保し，ひとつ大屋根の下で一体となったスポーツ空間を実現した事例である．

2002年の夏に行われた高知国体の競泳競技用会場として建設された．夏期は50mプールとして，冬期は体育館として利用可能なフレキシブルアリーナ，通年の利用ができる25mプール，観客席，および3階トレーニングルームなどから構成されている．これらを一体的に利用できる計画にするとともに，火源の少ない部分を防火上有効な間仕切で区画し，安全性を高めるようにした．建物全体は，大屋根で覆われている．この大屋根は，立体鋼製トラス支柱に支えられている．

鉄骨トラス構造である大屋根の架構部分には，高知産杉の集成材を使用した木製梁を一部に用いた．また，立体鋼製トラス支柱は，耐火被覆を行っていない．さらに，3階トレーニングルームとフレキシブルアリーナおよび25mプールとの区画には，防火戸のかわりに，強化ガラスを用いた．これらに対し，出火場所や火災規模を設定し，安全性を評価した．すなわち，3階トレーニングルームは，可燃物が制限されており，トレーニングルーム内で，あるいはトレーニングルームを挟むフレキシブルアリーナや25mプールの木製椅子を用いた客席で出火しても，強化ガラスが破壊されないことを確認した．

また，フレキシブルアリーナおよび25mプールの木製椅子を用いた客席部分，屋外木製デッキ部分に想定した火源に対し，立体鋼製トラス支柱および屋根木製梁の構造安定性を評価した．

[1] 全景

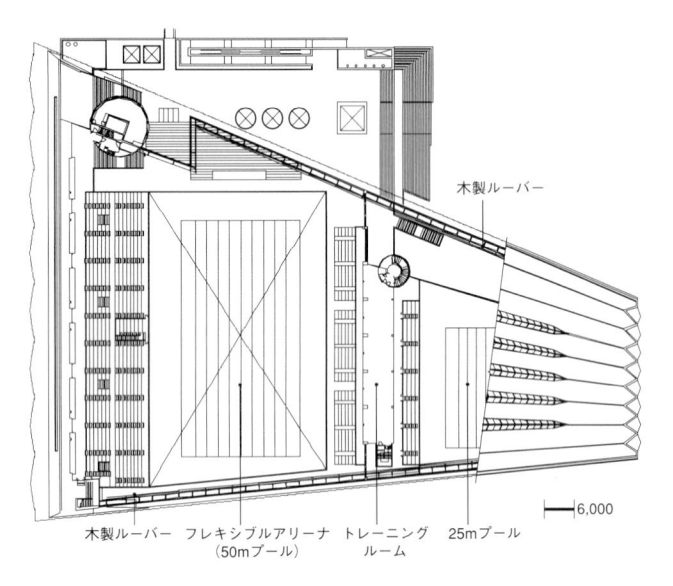

[2] 3階平面図

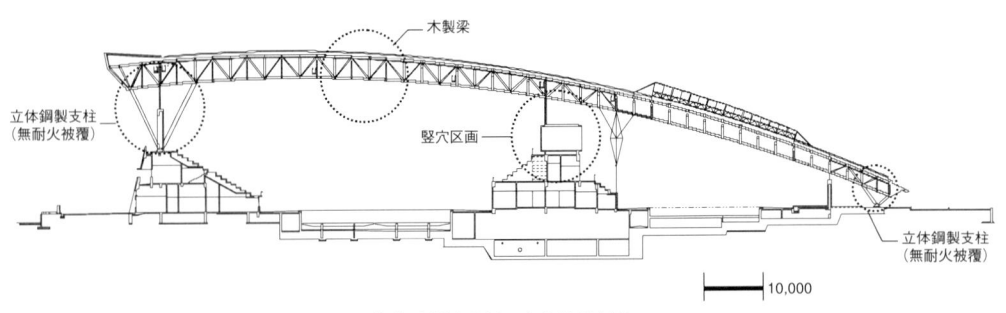

[3] 火災安全性の主な検討対象

[4] 25 m プール内観

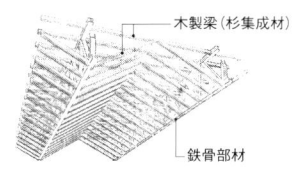

[5] 大屋根部分

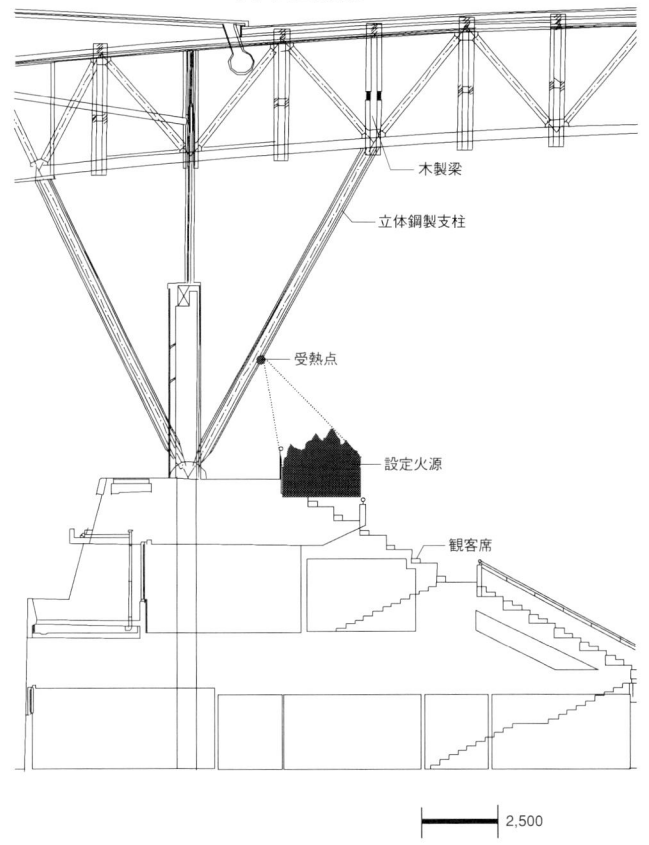

ガラスカーテンウォールの内側にも，木製ルーバーを広範囲に設けている．内装制限にはかからないが，着火した場合に木製梁に影響を及ぼす危険性が考えられることから，安全性と対策を検討した．木製ルーバーを設置する位置や観客席からの離隔距離などを決め，フレキシブルアリーナあるいは 25 m プールの客席出火に対して着火の危険性がきわめて小さいことを確認した．さらに，木製ルーバーは，難燃塗料を塗布した上で，ルーバーの上部には，開放型スプリンクラーを設け，初期消火と延焼拡大防止を行っている．

建物名称　　くろしおアリーナ
計 画 地　　高知県高知市五台山
用　　途　　屋内水泳場，体育館
設 計 者　　清水建設
　　　　　　環境建築設計事務所
規　　模　　地下 1 階，地上 3 階
延べ面積　　15417 m²
構　　造　　下部 RC 造，上部 S 造＋木造

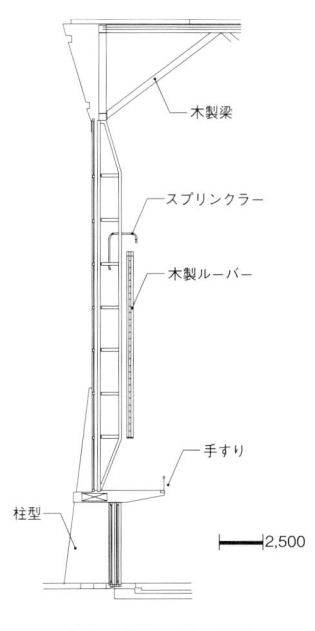

[6] 立体鋼製支柱の火災時の構造安定性の評価例

[7] 木製ルーバー周辺

4.9 大規模スタジアム（3）　117

5. 性能設計のための評価技術

5.1 避難安全性評価の考え方

評価の目的と要件 [1]

建築物の火災安全の主たる目的の一つに建物利用者の人命安全の確保がある．避難安全性評価は，火災時に建物利用者が安全に避難可能であるかどうかを評価することで，想定する建物の利用条件に対して，避難施設や煙制御の防火対策などの避難安全を確保するための手段が適切に設計されていることを確認するために行われる．

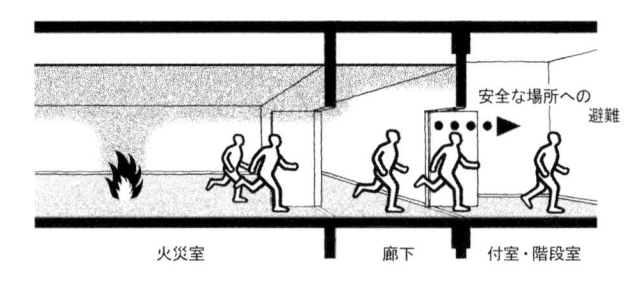

[1] 避難安全性評価の概念

評価のしくみ [2]

あらかじめ評価の対象とする建物範囲を設定した上で，設計案に対する避難所要時間および避難限界時間を算出する．それぞれ算出した避難所要時間と避難限界時間を比較することにより，避難安全性能が確保されているかどうかを評価する．

避難所要時間は避難行動の予測モデルを用い，出火から避難開始までの所要時間，および避難行動を開始してから避難を完了するまでの避難行動時間を算出する．一方，避難限界時間は火災時の煙流動予測モデルを用い，室内の環境が避難行動に支障が生じる状態（たとえば，煙層の高さが限界値を超える）になるまでの出火からの所要時間を算出する．

避難所要時間と避難限界時間は，あくまで評価にあたって想定した条件下で算出される値であるため，予測モデルの特性をふまえた上で，予測結果に反映されにくい要因についても安全対策を立案する際に考慮する必要がある．

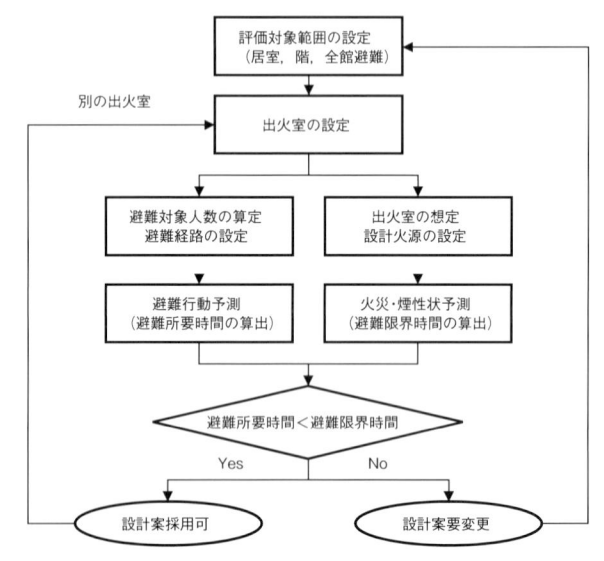

避難安全性評価では，火煙にまかれる前に，在館者が安全な場所へ避難を完了することを評価する．

[2] 避難安全性評価の流れ

評価の対象範囲 [3]

評価対象範囲は，出火後の避難行動の経過にあわせて，①居室避難，②階避難，③全館避難の3つに分類できる．居室避難は，出火した室において，その室の全員が隣接する廊下などの室外へ避難を完了するまでを対象とし，原則的に火災発生のおそれのあるすべての室について検討する．階避難は，出火を想定した室のある階において当該階の全員が階段室などの安全な空間に避難を完了するまでを対象とする．全館避難は，対象とする建物において，建物内の全員が屋外などの安全な空間に避難を完了するまでを対象とする．

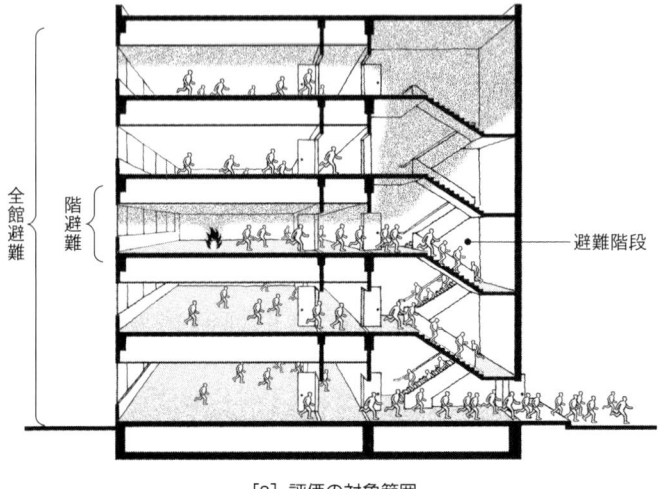

[3] 評価の対象範囲

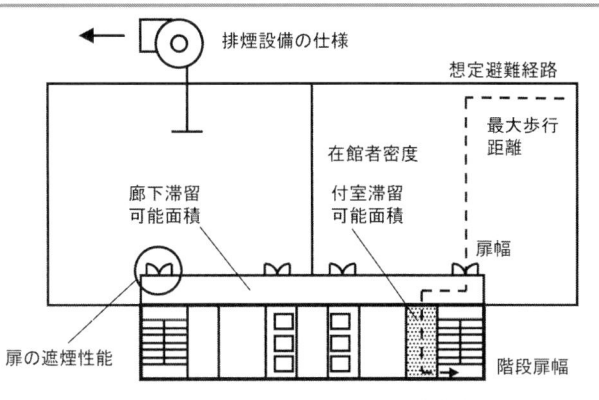

[4] 避難安全性評価のための主な設定条件

評価指標	評価基準	適用
煙層の高さ S[M]	$S=1.8$[m], $S=1.6+0.1H$[m] H：天井高さ[m]	最も一般的に用いられる．空間上部に煙層が形成されることを前提とする．
煙層温度 ΔT[K]	$\int_{t_1}^{t_2}(\Delta T)^2 dt \leq 1.0 \times 10^4$ t_1：煙層暴露開始時間[秒] t_2：煙層暴露終了時間[秒]	アトリウムや劇場などの大空間上部に避難経路がある場合などで，煙層の濃度が低い場合に用いられる．
避難者の放射受熱強度 q''[kW/m²]	$I=2.0$[kW/m²]，または $\int_{t_1}^{t_2}(q''-0.5)^2 dt \leq 2.5 \times 10^2$	避難経路に面する火災室の開口部に断熱性の小さいガラスや金属板が使用されている場合などに用いられる．

[5] 避難安全性の評価基準の例

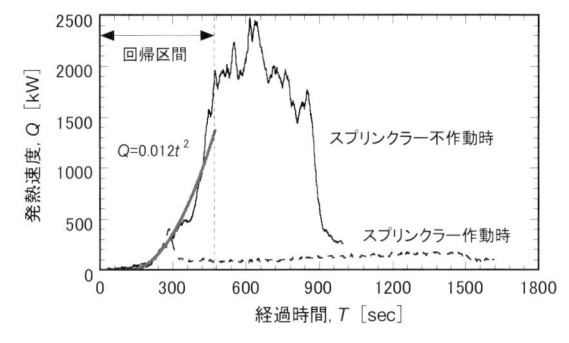

[6] 事務所机ユニットの発熱速度の測定例[1]

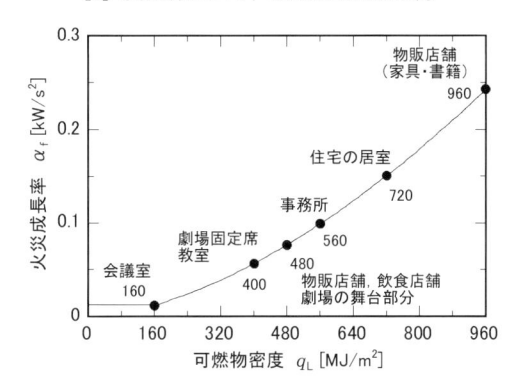

[7] 避難安全検証法における収容可燃物の可燃物密度と火災成長率

評価に関連する要因 [4]

避難所要時間を左右する要因は，施設の利用者や避難計画との関連が大きい．基本設計の段階で，建物利用者の特性に応じた避難施設の配置や安全区画を適切に配置するなどの計画を行うことによって，避難所要時間を短縮することができる．煙降下時間に関連する要因は煙制御計画との関連が深く，扉の遮煙性能や排煙設備の計画を適切に行うことによって避難限界時間を遅延させる，または煙の伝播範囲を限定することができる．

評価基準 [5]

避難限界時間は煙層の高さ，煙層の温度，濃度，火炎から避難者が受ける放射受熱強度などを指標として定められる．

評価における設計火源 [6][7]

設計火源の設定は，煙降下時間の評価結果に大きく影響を与える．想定する火災室の用途により火災時の燃焼性状は異なるため，室の用途変更が生じた場合は再度安全性評価を実施する必要がある．

避難安全性評価では，着火から室内が定常燃焼状態に至る成長火災の段階を対象としている．安全性評価で想定する成長火災段階の火源は発熱速度（Q）を指標とすると，一般的に着火後の経過時間（t）の2乗に比例するといわれており，$Q=\alpha t^2$でモデル化される．αは火災成長率とよばれ，着火物の燃焼拡大性状や室内可燃物の量および材質に依存する．

建築基準法の避難安全検証法では，可燃物の発熱量の密度に応じて，火災成長率を算出する方法が示されている [7]．

なお，スプリンクラー設備が作動した場合，十分な火災抑制効果が期待できるが，現在の一般的な避難安全設計では，スプリンクラー設備の火災抑制効果は考慮されていない．

参考文献

1) 掛川秀史：事務所ビルを対象としたスプリンクラーの火災抑止効果の調査・研究　その3，火災，Vol.258，2002をもとに作成．

5.1 避難安全性評価の考え方

5.2 避難所要時間・煙降下時間の予測手法

避難所要時間の予測方法

避難所要時間を算出する方法には，解析的モデルによる手法とコンピューターを用いた予測モデルによる手法がある．解析的モデルは手計算により比較的簡易に計算が可能だが，個人単位での行動能力の違いは考慮することができない．これに対し，コンピューターを用いた予測モデルは条件設定を詳細に行えるが，計算に時間を要するため，設計実務では，解析的モデルに基づく計算方法が一般的に用いられている．

解析的モデルの考え方 [1]

解析的モデルは，避難者数，歩行速度，出口の通過容量などの条件から，避難時間や滞留人数を簡易な数式により解析的に解く方法で，防災計画評定で用いられてきた避難計算法が代表的である．グラフを作図することにより，時間経過に対する避難者の到着・通過人数や滞留人数を求める図式解法も解析的モデルに属する（⇒5.3）．

コンピューターモデルの考え方 [2]

コンピューターを用いた予測モデルは避難行動を記述する数学モデルを構築し，モデルに従い出火後の詳細な避難状況を予測する．コンピューターモデルは空間のモデル化の方法の観点から分類すると，ネットワークモデルと座標モデルに大別される．

A. ネットワークモデル [3]

建物内部を単位空間に分割し，それらを結んで，空間をネットワークとしてモデル化する．単位空間ごとの避難者の流入・流出を計算することで，避難行動を予測する．空間構成，人間行動を簡易化しているため，座標モデルと比べて予測が容易で，多人数の避難行動を予測するのに適している．単位空間をメッシュ状に分割したものをメッシュモデルとよぶ．

B. 座標モデル [4]

建物内の壁，扉などの位置を座標として与え，空間の形状を忠実にモデル化する．避難者は，周囲の壁や人間から力学的な力が作用しているものとし，避難方向，位置を決定する．避難者個人の行動をモデル化できるため，行動能力の異なる群集の避難行動を予測するのに適している．

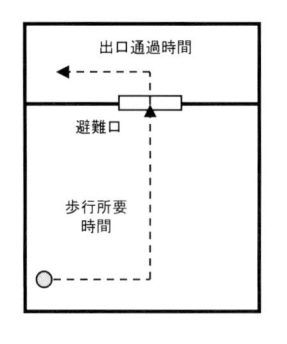

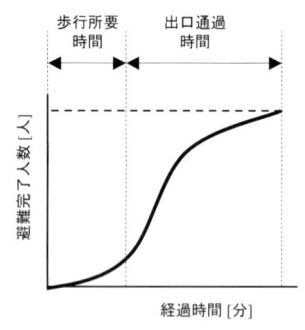

[1] 解析的モデルによる避難行動のモデル化の概念
(a) 避難行動のモデル化
(b) 避難完了人数の推移

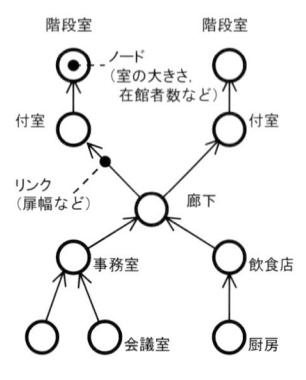

[2] コンピューターモデルによる避難行動のモデル化の概念 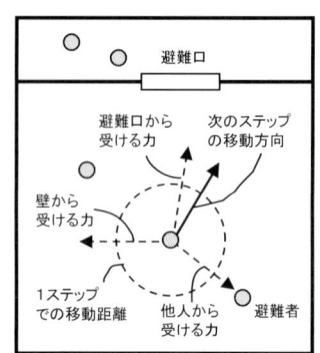
(a) ネットワークモデル
(b) 座標モデル

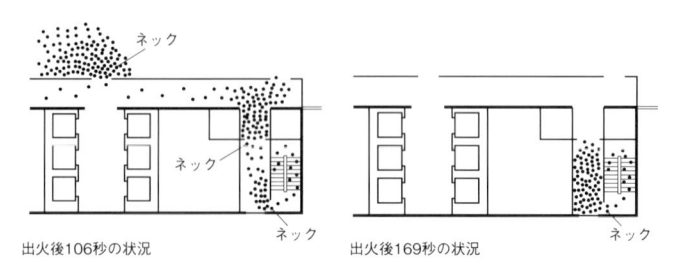

[3] 避難シミュレーションによる計算結果の例[1]
出火後106秒の状況
出火後169秒の状況

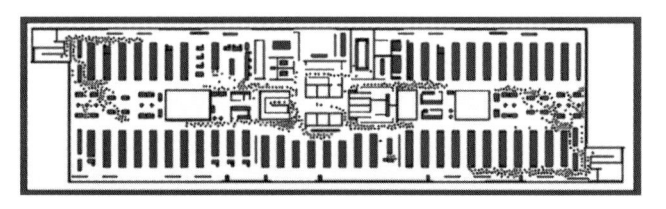

[4] 座標モデルによる計算結果の例

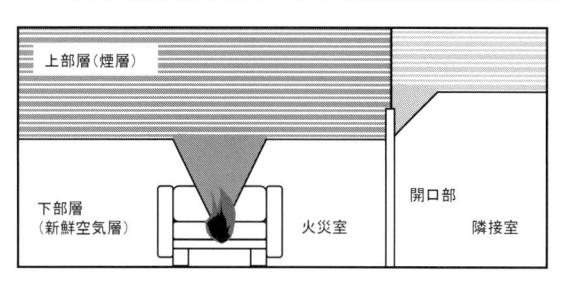

[5] ゾーンモデルによる煙流動のモデル化の概念

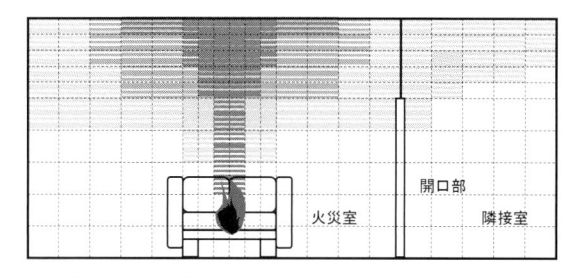

[6] フィールドモデルによる煙流動のモデル化の概念

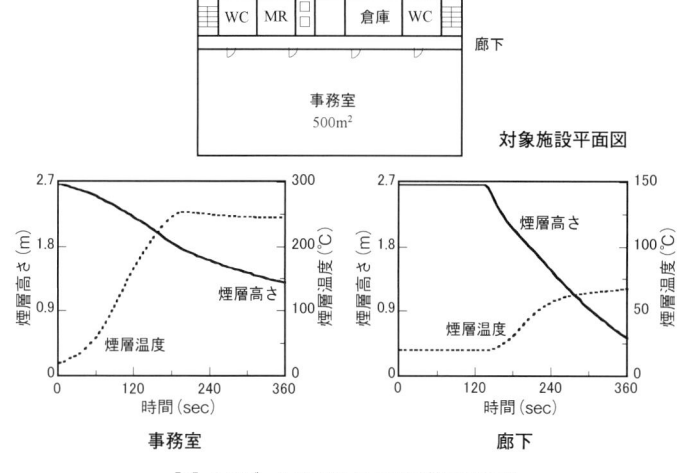

対象施設平面図

[7] 2層ゾーンモデルによる計算結果の例

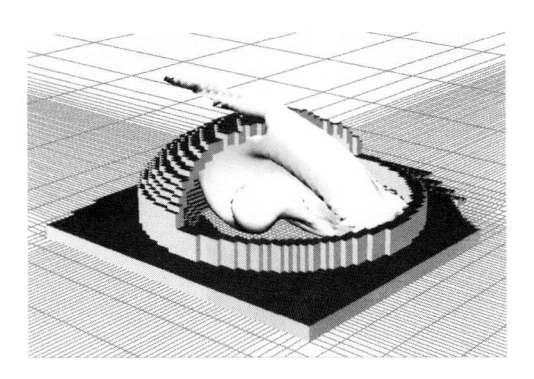

[8] フィールドモデルによる計算結果の例[2]
（福岡ドーム：屋根を開放した状態）

煙降下時間の予測方法

煙降下時間は，評価の対象とする空間ごとに出火時点を基準として，在館者の煙に対する避難安全指標（煙層の高さや煙層温度など）が危険な値に至るまでの時間である．

煙降下時間を算出するための手法は，建物内の煙流動予測モデルが一般的に用いられる．煙流動予測モデルを用いることで，出火後の時間経過に対して，各室での煙伝播の状況を求めることができる．

煙流動予測モデルの考え方

煙降下時間を算出するにあたって各室の煙層の高さ，濃度などの煙流動の状況を詳細に予測するための工学的な評価方法は，ゾーンモデルとフィールドモデルに大別される[5][6]．煙流動予測モデルで，想定する火災として，設計火源が用いられる．

A．ゾーンモデル[7]

ゾーンモデルとは室内に煙層，空気層が形成され，それぞれの層の物理的，化学的な状態を均質と仮定する．これらのモデルには火災の初期段階において，室内を煙層と空気層の2層に分かれると仮定した2層ゾーンモデルや，盛期火災に至った後のように，室内全体が均質であることを仮定した1層ゾーンモデルがある．

ゾーンモデルはそれぞれの室内での煙層の状況をマクロに捉えることができるため，現在性能的火災安全設計において最も一般的に用いられている．

B．フィールドモデル[8]

フィールドモデルとは室内の煙の流れを流体的に捉え，流体の場の運動方程式を数値的に解析するモデルである．室内の詳細な煙の流れを把握できる反面，計算を行うためにかなりの労力が必要となるため，大規模なアトリウムやドーム空間などの特殊な空間において検討される場合が多い．

参考文献
1) 新建築学大系 12 建築安全論，彰国社，1983．
2) 上原茂男：煙流動と避難に関する実務的研究と防災計画への適用，日本火災学会誌，Vol. 52，No.4，2002．

5.3 避難計算の図式解法

避難計算の図式解法はグラフを作図しながら避難時間や各所の滞留人数を求めるもので，建築防災計画評定委員会に提出する防災計画書に必要な避難計算の手法として幅広く使われた設計実務向けの簡便な計算方法である．

避難計算の前提条件

火災時の避難はそのときの状況によって千差万別であるが，簡便に計算するために下記の前提条件を設定している．

1. 避難対象者は室内に均等に分布
2. 避難は一斉に開始（ただし，出火室と非出火室とでは開始時間が異なる）
3. 避難者はあらかじめ定められた経路を通って避難
4. 歩行速度は一定（追い越しや後戻りはない）
5. 避難者の流れは出入口などのネックによって規制される
6. 避難経路が複数ある場合は最寄りの経路を利用する

計算の概要

この作図法ではまず避難行動のバーチャートを作図し，次にそれぞれについて人数を加味した流動グラフを作成する．

流動グラフは廊下や付室内の最大滞留人数を求めることが目的である．廊下や付室が狭いために滞留者を収容できないと，その外に避難者があふれることになる．このこと自体に根本的な問題はないが，たとえば廊下が混雑すれば居室からの避難時間が長引くことになる．このためこの計算では最大滞留人数の収容の可否をチェックすることにしている．

計算結果の評価の仕組み

算出する時間は居室避難，廊下避難，階避難の3種類があり，それぞれの部屋の面積やそれらの合計面積の関数で定められた許容時間との比較で評価される．

参考文献

1) 日本建築センター編：新・建築防災計画指針，日本建築センター，1995．

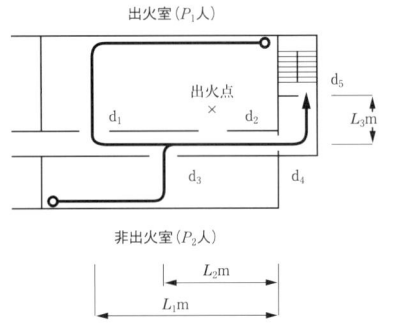

[1] 平面例

2つの部屋を受けもつ階段についての経路設定．出火室では2つの出口のうち1つを使用不可能と仮定している．各居室内では家具などを避けての歩行を考慮して，直角歩行経路としている．各居室から出た避難者は廊下と付室を経由して階段に避難する．

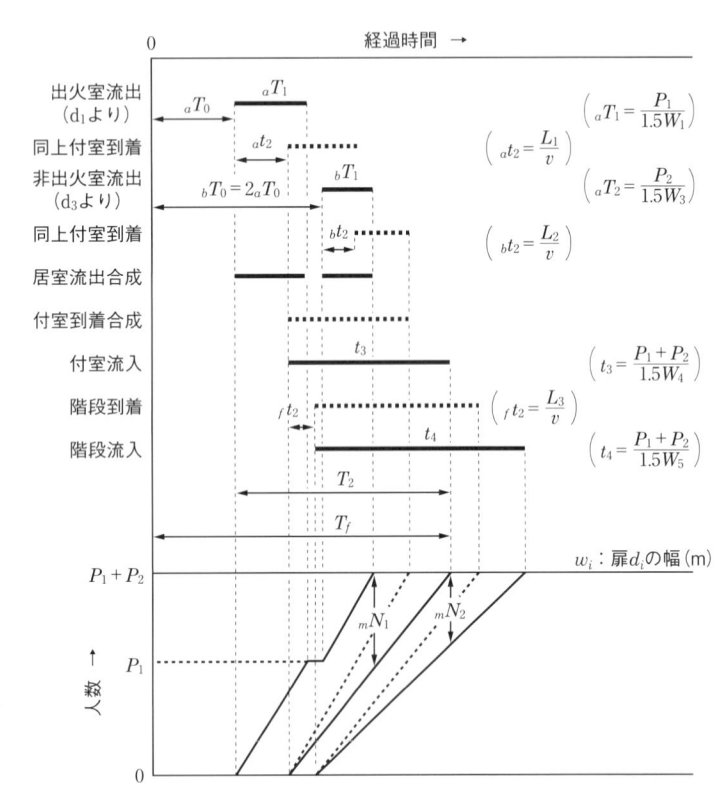

$\left({}_aT_1 = \dfrac{P_1}{1.5W_1} \right)$

$\left({}_at_2 = \dfrac{L_1}{v} \right)$

$\left({}_aT_2 = \dfrac{P_2}{1.5W_3} \right)$

$\left({}_bt_2 = \dfrac{L_2}{v} \right)$

$\left(t_3 = \dfrac{P_1+P_2}{1.5W_4} \right)$

$\left({}_ft_2 = \dfrac{L_3}{v} \right)$

$\left(t_4 = \dfrac{P_1+P_2}{1.5W_5} \right)$

w_i：扉d_iの幅(m)

図の上部は避難者の行動のバーチャートで，それぞれのネックの通過時間（実線）や次のネックへの到着時間（破線）がプロットされる．それぞれの開始時間と終了時間の計算式は図中に示したとおりである．

下部は流動グラフで，バーチャートに人数の要素を加えたもので，廊下や付室内の滞留人数を求めるために作図する．縦軸は累積人数である．廊下や付室における滞留人数は，流入と流出の2本の実線グラフの縦方向の差によって求めることができる．

図中の式で使用している係数1.5は流動係数（人/m・s），歩行速度(v)は1.3m/sを使用する．

[2] 平面例における避難計算の作図方法

(a) 平面

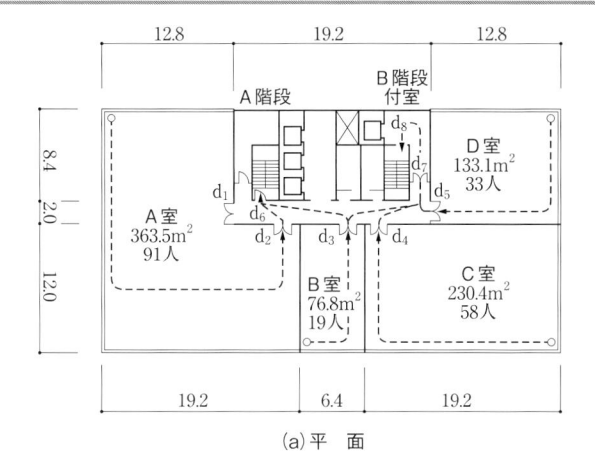

計算項目	A 室
居室面積 A_1 (m²)	363.5
居室人口密度 ρ (人/m²)	0.25
避難対象人員 N_1 (人)	91
居室扉幅の合計 (m)	$1.6 \times 2 = 3.2$
避難扉幅の合計 ΣB_1 (m)	$3.2 - 1.6 = 1.6$
居室避難扉の通過時間 t_{11} (s)	$\frac{91}{1.5 \times 1.6} = 38$
T_1 歩行時間 t_{12} (s)	$40.2 \div 1.3 = 31$
居室許容避難時間 $_rT_1$ (s)	$2\sqrt{363.5} = 38$
居室避難の判定	OK

(b) 居室避難のチェック

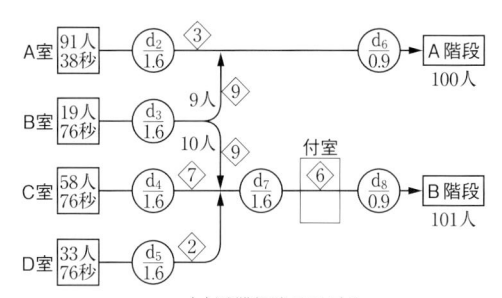

(c) 避難経路のモデル

	A 階段	B 階段
廊下避難時間 T_2	77	82
廊下許容避難時間 $_rT_2$	$4\sqrt{A_{1\cdot 2}} = 4\sqrt{849} = 116$	
判定	OK	OK
階避難時間 T_r	115	120
階許容避難時間 $_zT_r$	$8\sqrt{A_{1\cdot 2}} = 8\sqrt{849} = 233$	
判定	OK	OK

(d) 避難時間のチェック

	A 階段	B 階段	
	廊下	廊下	付室
最大滞留人数 (人)	44	48	52
滞留密度 (m²/人)	0.2	0.3	0.2
必要面積 (m²)	13.2	14.4	10.4
設計面積 (m²)	18	20	18
判定	OK	OK	OK

(e) 滞留面積のチェック

(f) A階段への避難

(g) B階段への避難

[3] 計算例

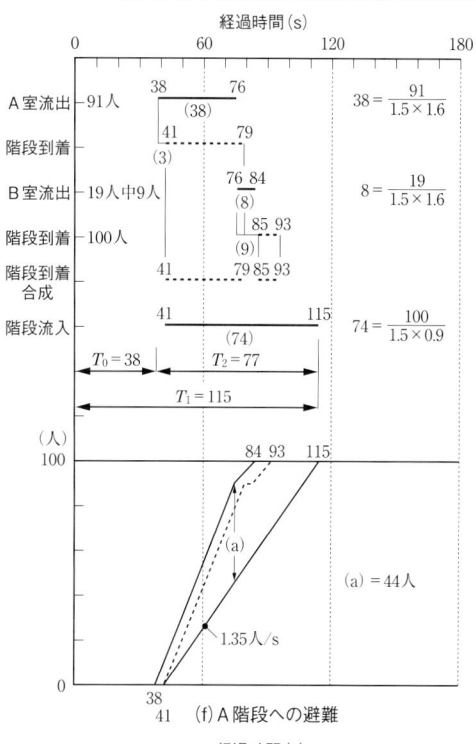

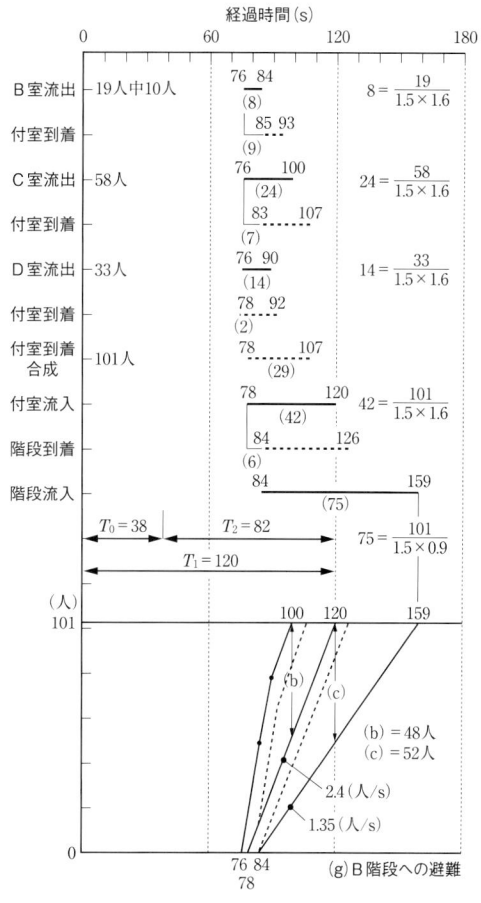

5.3 避難計算の図式解法

5.4 延焼拡大防止設計にかかわる評価技術

評価の目的

延焼拡大防止性能の評価は，対象とする建築物の区画部材などが周辺の可燃物への延焼を防止する性能を確保しているかを確認するために行われる．

評価の対象となる延焼拡大の主な経路には次のものがある．
- 火災室に面する開口部などを介した隣接区画への延焼［1］
- 局所的に燃焼する可燃物から周辺可燃物への延焼［2］

延焼拡大防止設計により区画部材の寸法や防火上の仕様，隣接する可燃物間の必要離隔距離などが決定される［3］．

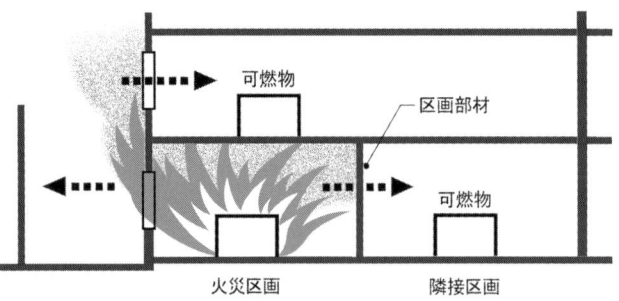

建物内部で盛期火災を想定し，同一階の隣接区画や上層階の区画部材の性能や，隣棟との離隔距離の評価を行う．

［1］盛期火災における隣接区画への延焼拡大防止

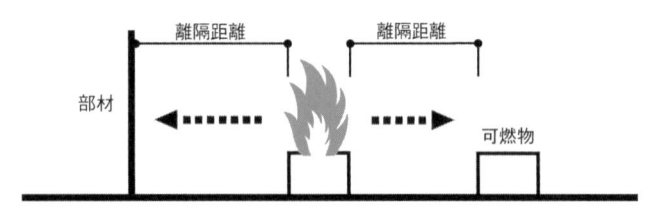

建物周辺の屋外空間やアトリウムなどの大規模空間において，局所火災を想定し，部材の耐熱性能や，可燃物との離隔距離の評価を行う．

［2］局所火災おける周辺部材や可燃物への延焼拡大防止

設計対象	代表的な適用対象空間	目的	想定する火災	具体例
区画部材などの寸法・仕様	物販店舗 事務所など	同一階の隣接区画への延焼拡大防止	盛期火災	開口部の区画部材の設計を行う際に，開口部から伝わる熱により，隣接区画近傍の可燃物に延焼拡大しないことを確認する．
	吹抜空間など	上階への延焼拡大防止	局所火災 盛期火災	吹抜けに面する開口部の区画部材の設計を行う際に，下階開口部からの噴出火炎や吹抜け底部の火炎が上階に拡大しないことを確認する．
可燃物間の離隔距離	展示場・アトリウムなど大空間	隣接可燃物への延焼拡大防止	局所火災	可燃物の配置，通路計画を行う際に，可燃物が燃焼した場合に，離隔した可燃物に燃え移らないことを確認する．

［3］延焼拡大防止設計における設計対象の例

評価のしくみ［4］

評価にあたっては対象とする部位に影響を与える火源をあらかじめ設定する．火源は盛期火災と局所火災に大別される．

火災区画内が盛期火災となった場合は，対象区画内の可燃物重量および開口部の幾何学的条件に基づき，火災継続時間および火災室の最高温度を算出する．

防火シャッターなどの防火設備を介した隣接区画への延焼拡大は，火災室の最高温度をもとに，区画部材の裏面温度を算出し，隣接空間の可燃物への着火の有無を評価する．

上層階への延焼拡大の有無を評価する場合，開口部からの噴出火炎の高さ，および気流中心軸の位置を算出し，上層階の開口部との離隔距離に基づき，延焼拡大の有無を評価する．

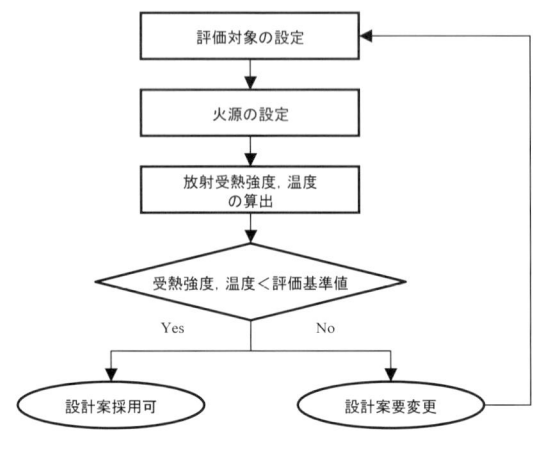

［4］延焼拡大防止性能評価の流れ

評価指標	評価基準	適用
部材の平均裏面温度 T [K]	$T \leq 160(℃)$	シャッターなどの開口部材が火災室に面する場合，非加熱側の可燃物に燃え移るかどうかを確認する際に用いられる．
可燃物の放射受熱強度 q'' [kW/m²]	$q'' \leq 10 (\mathrm{kW/m^2})$	火源からの放射により可燃物が着火するかどうかを確認する際に用いられる．材質により基準値は異なる．（10 kW/m² は木材の場合）

[5] 延焼拡大防止性能の評価基準の例

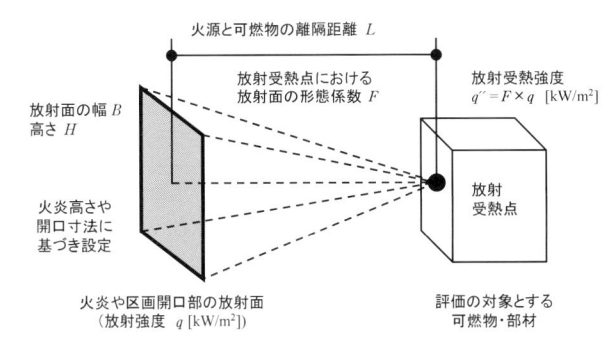

[6] 火炎・区画開口部から受ける放射のモデル化

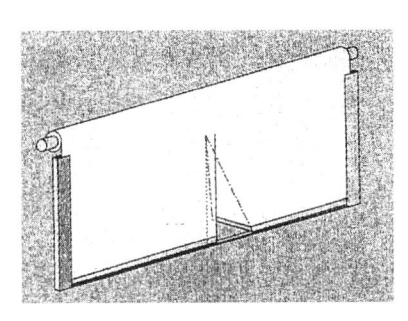

L字型の切り込みがあるウォークスルー型耐火スクリーン。クロスは約16%の透光性があり，スクリーンの反対側の状況をある程度認識できる．

[7] 耐火クロススクリーンの概念図[1]

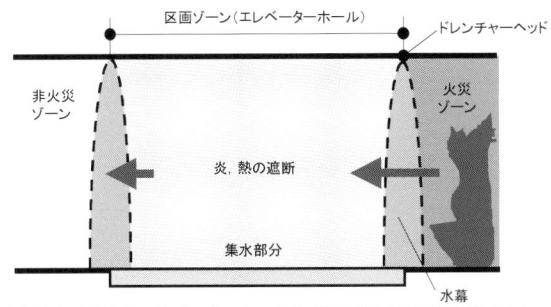

出火のおそれの少ないエレベーターホールなどの空間の両端に，ドレンチャーヘッドを設置し，形成される水幕と緩衝空間の効果により隣接区画への延焼を防止する．

[8] ドレンチャー設備による遮熱効果の概念図[2]

評価基準 [5]

可燃物への延焼を防止するには，遮熱性能すなわち非火災空間の可燃物に着火しないことが要件である．

評価指標としては，火災によって熱せられた部材の平均裏面温度や可燃物の放射受熱強度が用いられる．

放射受熱強度の予測方法 [6]

（1）火源の放射面の設定

開口部の大きさや想定する可燃物をもとに，形成される火炎の高さを予測し，火源面を設定する．火炎の高さは開口部や可燃物の寸法などに依存する．

（2）放射受熱強度の予測

設定した火源から受ける受熱強度は，評価の対象とする可燃物の放射受熱点に対する火炎面の形態係数と火源の放射強度を用いて算出する．

火源の放射強度は燃焼する可燃物の材質によって異なるが，おおむね100（kW/m²）程度となる．

新しい防火設備の事例 [7][8]

（1）耐火クロススクリーン[1]

防火シャッターに代えて，耐熱ガラスクロス製の幕材を利用した防火設備である．裏面での温度低減効果を実験により測定し，裏面温度が基準値以下となるようにしている．従来の鋼製シャッターと比べて軽量で透過性があるため，避難時の安全性に優れている点に特徴がある．

（2）ドレンチャー水幕型防火区画[2]

防火シャッターに代えて，ドレンチャーにより形成される水幕を利用した防火設備である．水幕により隣接区画への放射熱を遮断し，建物内の延焼拡大を防止する．水幕による温度低減効果を耐火炉を用いた実験によって測定し，盛期火災時の室温に対する裏面側の温度低減率を指標として，裏面温度が基準値以下となるようにしている．

参考文献

1）日本建築学会編：事例で解く改正建築基準法　性能規定化時代の防災・安全計画，彰国社，2001．
2）広田正之ほか：清水建設技術研究所新本館の防耐火技術，火災，267，2003．

5.5 耐火設計と耐火性能評価

耐火設計の目標

耐火設計の一般的な目標は，火災で建物を壊さないことであり，建築基準法では，「火災終了まで崩壊させない」を目標性能としている．

火災外力の設定

火災外力は，当該区画の火災，隣接区画の火災，隣棟火災，市街地火災の4つに分類される［1］．

これら4つの火災に対して，建物の火災耐力を検討する．通常は当該区画の火災が最も影響が大きい．この区画火災は，火災室内の燃える物の量や燃えやすさと，火災室を構成する壁の厚さや新鮮空気の供給状況によってその火災規模が決定される［2］．火災規模は，温度-時間関係となって火災耐力の検討に用いられる．

建物の火災耐力の算定

建物が火災を受けると建物を構成している柱や梁が温度上昇し，
①弱くなる(強度低下)
②軟らかくなる(剛性低下)
③熱膨張する
の3つの現象が同時に生じる［3］．これらの現象をもとに，建物が壊れるかどうかを検証する．

検証方法には以下の3つの方法がある．
①材料レベルによる方法［4］
建築部材の構成材料が，熱による強度低下や剛性低下，熱膨張をあまりしない範囲であることを，温度によって判断する方法．建築基準法では，鋼材の場合は350℃以下であることが条件となっている．
②部材レベルによる方法［5］
部材の構成材料が熱劣化しても部材が壊れなければよいという概念から，部材に常温時に考えうる最大の力をかけた状態で加熱をして壊れないことを確認する方法．
③架構レベルによる方法［6］
耐火設計の最終的な目標である，建物を壊さないことを，建物全体で証明する方法．この方法は高度な方法となり，通常は詳細な検討を行った上で専門家による工学的な判断と大臣による認定が必要となる．

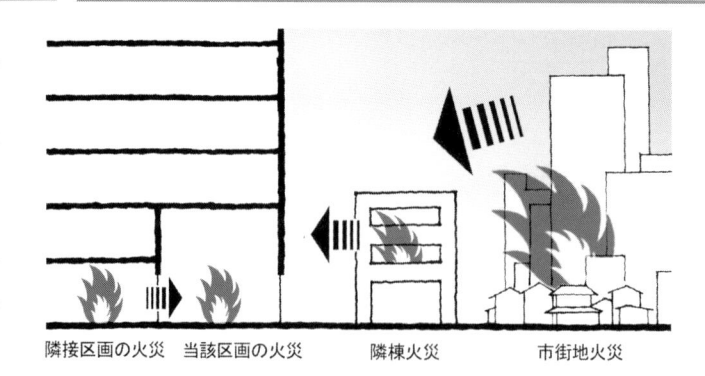

[1] 火災外力の分類

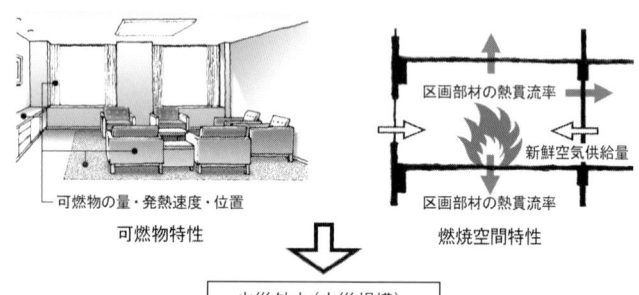

[2] 区画火災の規模の算定

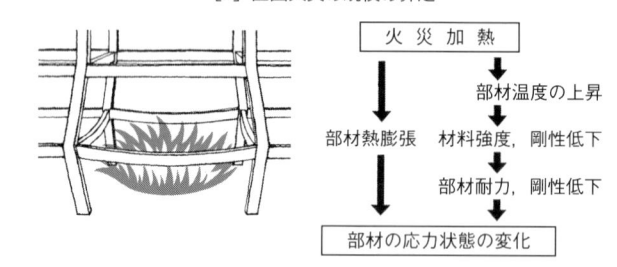

[3] 建物の火災耐力（火災時の部材と架構の変形状態）

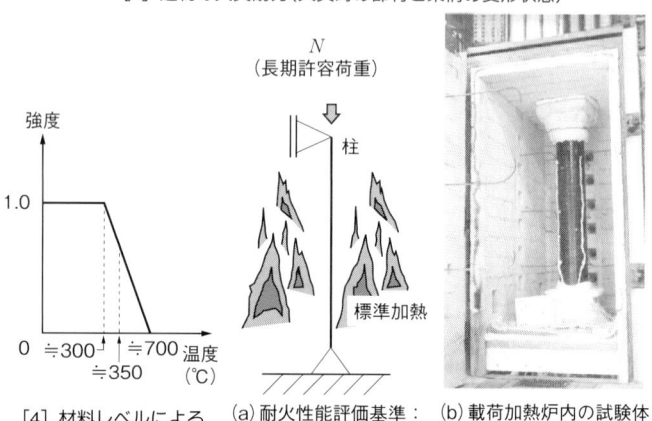

[4] 材料レベルによる耐火性能評価（鋼材の場合）

(a) 耐火性能評価基準：試験体が壊れない　(b) 載荷加熱炉内の試験体
[5] 部材レベルによる耐火性能評価（CFT柱の場合）

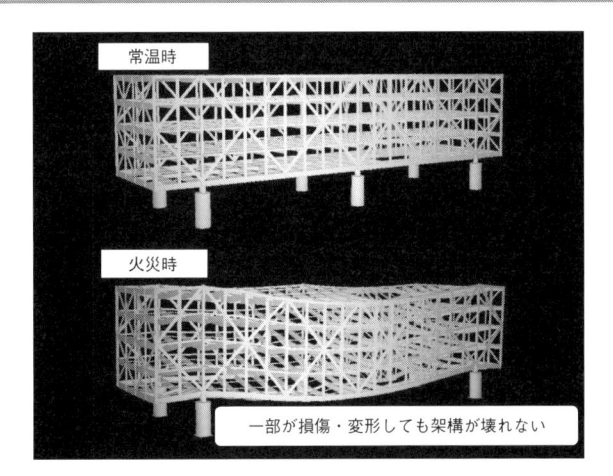

[6] 架構レベルによる評価（火災時の架構変形状態）

[7] 建築基準法の耐火設計ルートと耐火性能評価レベル

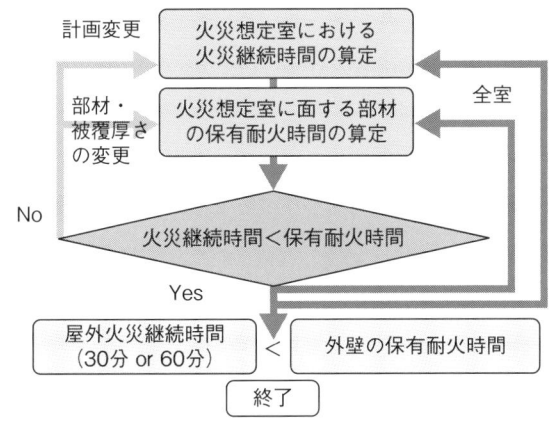

[8] 耐火性能検証法（告示1433号）の概要

判定

以上によって求めたそれぞれのレベルでの火災耐力が火災外力を上回ることを確認して耐火設計は終了する．

建築基準法上の取り扱い [7] [8]

建築基準法のもとでの現状の耐火設計の手続きには，ルートA・ルートB・ルートCの3つの方法がある．

ルートAによる設計は，建物の最上階からの階数によって30分～3時間の要求耐火時間が設定され，この耐火時間に対応する認定耐火構造を選択する設計方法である．

ルートBによる設計は，平成12年建設省告示第1433号として公布制定された「耐火性能検証法」に基づいて行われている．この耐火性能検証法では，まず，建物の火災想定室における火災継続時間を可燃物と燃焼空間の特性から求め，次に火災想定室に面する部材の保有耐火時間の算定をして，それぞれの部材の保有耐火時間が火災継続時間以上であることを確認することによって終了する．ただし市街地火災などの外部火災を受ける外壁については，30分あるいは60分の標準的な火災に対して保有耐火時間を担保することにしている．

ルートCによる設計は，認定を取得していない特殊な部材などを用いるときに選択される．特殊な部材以外は耐火性能検証法が用いられ，特殊な部材に対しては，予測される火災に対してさまざまな工学的根拠を用いて要求条件を満足していることを証明する手法である．

参考文献
1) 建築物の総合防火設計法, (財)日本建築センター, 1989.
2) 耐火性能検証法の解説及び計算例とその解説, 井上書院, 2001.

5.6 試験方法 (1)
防火材料

防火材料

防火材料(不燃材料,準不燃材料,難燃材料)は,初期火災における防火対策の一つと位置づけられる.防火材料を評価する試験方法は,①不燃性試験,②発熱性試験,③模型箱試験,④ガス有害性試験の4種類の試験方法が定められている.①,②,③の試験で,材料の燃焼特性について確認し,④の試験で避難上支障となる煙やガスの発生がないかどうかについて確認する.不燃材料の評価では,①,②のどちらか一方の試験に加え,④の試験を実施することが原則である.準不燃材料または難燃材料の評価では,②,③のどちらか一方に加え,④の試験を実施する.

不燃性試験 [1] [2]

ISO 1182 に準拠した試験法で,材料が火災の発達に直接寄与するか否かについて評価する試験である.

この試験は無機質材料などの元来燃えにくい材料に対して想定されたもので,本試験に合格すれば発熱性試験をはじめ,ほかの防火材料試験で性能を確認しなくとも使用制限が加えられない.

加熱試験には電気炉を使用する.炉内温度を750℃に安定させた電気炉の中に,円柱状の試験体(直径45 mm,高さ50 mmの円柱状)を挿入し,そのときの炉内温度上昇を測定する.製品の厚さが50 mm 以下である場合は,試験体となる円柱の高さが50 mm となるよう適当枚数積層する.

発熱性試験 [3]

試験方法は ISO 5660-1 コーンカロリーメータ法に準拠している.本試験では材料の発熱量を測定する.ガスの成分(酸素,二酸化炭素および一酸化炭素)を分析して,酸素消費法によって発熱速度を算出する.酸素消費法とは,燃焼に消費される酸素の単位質量あたりの発熱量が,材料の種類によらず概ね 13.1 MJ/kg と一定であることを利用した方法で,燃焼に使われた化学量論的酸素量が求まれば,その材料の発熱速度を算出することができる.発熱速度は火災性状予測に必要な要素の一つであり,避難・耐火設計にも使用されている.

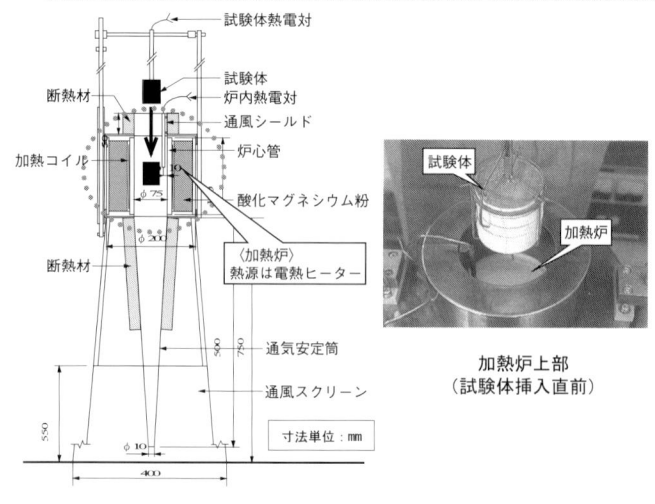

[1] 不燃性試験装置

[2] 不燃性試験結果の例

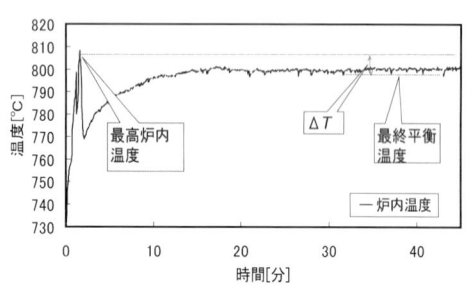

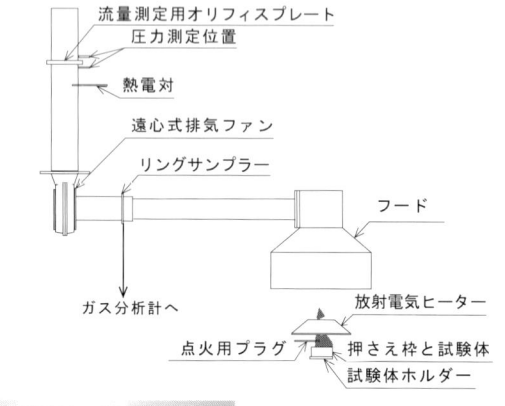

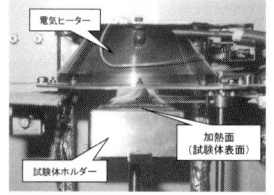

試験体を加熱炉に挿入してから試験終了までの間,炉内温度が最終平衡温度を20[℃]超えて上昇しないこと(ΔT),試験後の試験体の質量減少が30%以下であることが判定の基準となる.

試験体ホルダーに納められた試験体(大きさ99×99mm)の表面に,電熱ヒーター(円錐状)による放射熱(放射強度50kW/m²:方法書による)を与え,試験体から発生する熱分解ガスなどをフードですべて収集する.

[3] 発熱性試験装置

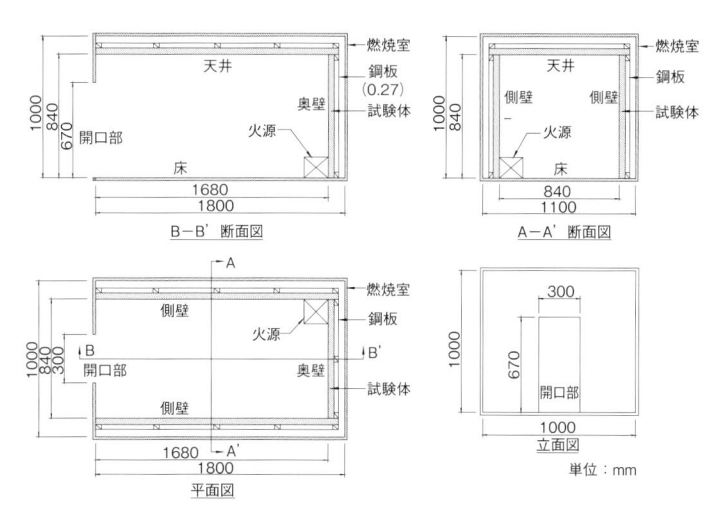

[4] 模型箱試験試験体

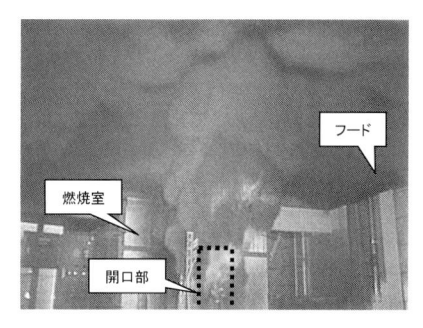

開口部から火炎が噴出しており，フラッシュオーバーが発生していることが確認できる．

[5] 模型箱試験試験状況

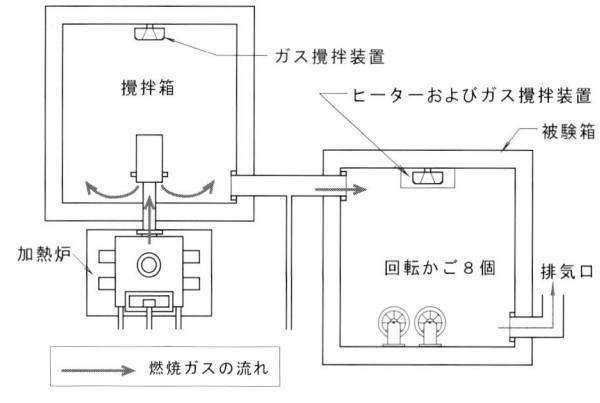

[6] ガス有害性試験装置

模型箱試験 [4] [5]

模型箱試験は実火災性状により近い試験方法で，前述①，②の試験方法のような小さな試験体では評価しきれない材料や，熱を受けて発泡する材料（耐火塗料等）などの評価が可能である．測定の原理は発熱性試験と同様に，フードで熱分解ガスなどを収集し，酸素消費法によって発熱速度を算出する．試験体は，模型箱試験体図に示すように，開口を1つ設けた箱の中に試験体を入れて試験を行う．加熱はガスバーナーを火源として，試験体の隅角部に設置する．本試験は簡易な部屋を模擬していることから，フラッシュオーバーの有無についても確認することができる．

ガス有害性試験 [6]

燃焼時に発生するガスの有害性を評価する試験で，実験動物（マウス）を使用した試験である．この試験は試験体が燃焼した際に発生するガスの毒性を，わが国の伝統的建材である木材と比較することで毒性の有無を評価している．

マウスは1回の試験で8匹使用し，8匹のマウスの平均行動停止時間が6.8分以上でなければならない．平均行動停止時間は，8匹のマウスの行動停止時間の平均から標準偏差を引いた値と定義される．試験体（大きさ22×22 cm）を加熱炉において，ガスバーナーおよび電熱ヒーターによって加熱する．ガスバーナーによる加熱は，試験開始から加熱終了（試験開始後6分）まで実施されるが，ヒーターによる放射加熱は，試験開始3分後から終了までとなる．

燃焼により発生したガスは，加熱炉上部の攪拌箱に集められ，そこからマウスを配置している被験箱へと送られる．

5.6 試験方法（2）
防耐火構造・防火設備・防火区画

防耐火構造

防耐火性能を評価するには加熱炉を使用し，各種構造部材（壁，柱，床など）を直接加熱して非損傷性，遮熱性，遮炎性といった防耐火性能を確認する．加熱炉には水平炉，柱炉，壁炉がある．

認定試験では要求耐火時間（加熱時間）の3倍の時間が経過するまで測定を続けることで，加熱後の耐火性能について確認している．一方，準耐火構造や防火構造では，このような性能は要求されていないことから，加熱終了と同時に試験を終了している．

標準加熱曲線 [1]

防耐火構造の試験では加熱を ISO 834 に規定される標準加熱温度曲線に従った加熱を行い「通常の火災」を再現している．これは区画された空間が盛期火災に至る火災を想定したもので，耐火性能検証法（平成12年建設省告示第1433号）でいう火災温度上昇係数（α）が460に相当する場合である．

水平炉 [2] [4]

水平炉は床や梁，屋根などの試験に使用する．梁の試験では，梁を炉内に入れて，梁の上面を除く3面の加熱を行う．図では載荷加熱を行う場合を示しているが，前述の壁炉での試験と同様に，条件によっては載荷を行わずに試験を実施することも可能である．また，免震ゴムを使用した免震装置の耐火性能試験も，同炉を使用する．

床や屋根の試験では，水平炉にフタをするように試験体を設置して試験を行う．屋上として利用しない屋根に限っては，試験体の屋根面1m²ごとに65kgのおもりを載せて試験を行う．

床レベルより下部にロードセルや油圧ジャッキなどの載荷装置が設置される．

柱炉 [3] [5]

柱炉は，その名のとおり柱部材の試験を行うものである．柱炉では部材にとって最も厳しい加熱条件となる柱4面すべての加熱が可能である．

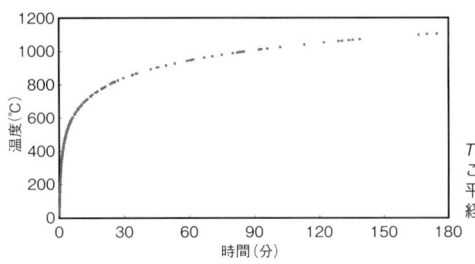

$T = 345\log_{10}(8t+1) + 20$
ここで，Tは炉内温度の平均値[℃]，tは試験の経過時間[分]を示す．

[1] 標準加熱曲線

[2] 水平炉の外観

[3] 柱炉の外観

[4] 水平炉の構造

[5] 柱炉の構造

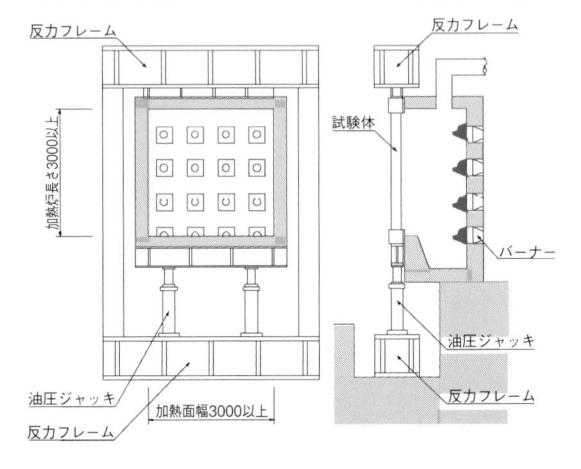

[6] 壁炉の構造

丸い部分がガスバーナーで，試験体全面に熱を加えることができるよう配置されている．バーナー上部には，炉内温度を測定するための熱電対が設置されており，この温度がISOに規定された標準加熱曲線に従うようにバーナーの開度を調整して加熱を行う．

間仕切壁などの非耐力壁を除き，常時垂直荷重を支持する構造にあっては，原則的に試験体の下方に設置された油圧ジャッキによって荷重をかけながら加熱試験を実施する．荷重は構造耐力上主要な部分の断面に，長期許容応力度に相当する応力度が生じるように設定する．ただし，耐火構造に限り，構造耐力上主要な部分に鋼材を使用している構造については，鋼材温度を測定することを条件に，載荷を行わず温度測定のみの試験を実施することが可能である．

[7] 壁炉の外観

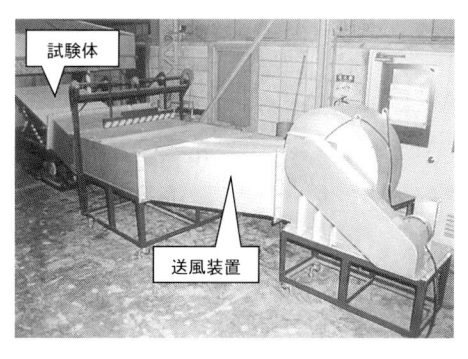

[8] 屋根の飛び火性能試験装置の外観

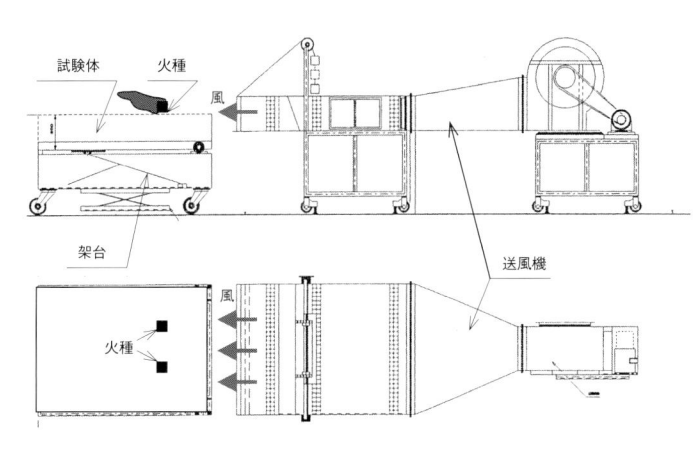

[9] 屋根の飛び火性能試験装置の構造

壁炉 [6] [7]

壁炉では間仕切壁，外壁，防火設備などの耐火性を確認するもので，防耐火構造と同様に標準加熱曲線に従った加熱を行う．試験中，非加熱側での発炎が認められなければ遮炎性を有すると判定される．ここでの発炎とは10秒以上継続する炎のことをいい，10秒未満の炎はフラッシュとよんで発炎とは区別される．

一方，遮煙性能は竪穴区画などのような煙の伝播を防ぐ必要のある箇所で使用される防火設備に要求されている．さらに，エレベータ前戸や避難に供するもので自動的に閉鎖または作動するものについては，扉の作動性についても別途その性能を確認することが必要となる．

防火区画を貫通する配管設備など

防火区画を貫通する配管設備などの試験では，実施工と同様に配管などが壁を貫通する場合は壁炉で，床を貫通する場合は水平炉にて試験を行う．加熱は標準曲線に従って行い，非加熱側で火炎の噴出がないこと，火炎の通る亀裂などの損傷がないといった性能が要求される．

屋根の飛び火性能 [8] [9]

屋根の飛び火性能を評価する試験装置は，送風装置と試験体を設置する架台から構成される．試験体を設置する架台は，0°～30°まで任意に角度を設定できるようになっており，陸屋根は0°，勾配が15°～30°の屋根では15°，30°～70°では30°に設定して試験を実施するよう規定されている．

試験は木材クリブ(角棒状の木材を井桁状に重ねたもの)を隣接から飛来する火の粉と見立てて火源とし，試験体の上面に2個設置する．試験中は送風装置によって試験体に風を当てた状況(風速約3 m/s)で火種による延焼状況と燃え抜けの有無を評価する．

5.6 試験方法 (2) | 131

索引

■ ア 行

相じゃくり　37
アクティブ対策　7
アトリウム　107
RC造　45
泡消火設備　40
安全区画　27,54
安全性　2
安全性とコスト　3
維持管理　48,51
居室避難　27,118
異種用途区画　34
イニシャルコスト　3
引火点　9
インターロッキング型スラット　38
ウォータースクリーン　39
うだつ（卯建）　44
ALCパネル　73
SRC造　45
エスカレーターホール　95
SC梁　47,83
S梁　47
LGS下地ボード張り　72
エレベーターシャフト　35
エレベーター扉　35
延焼拡大防止性能　124
延焼拡大速度　13
屋上広場　58
屋内消火栓　41
押出し排煙　31
オーバーラッピング型スラット　38

■ カ 行

加圧防煙システム　90
加圧防煙方式　31
加圧排煙システム　94
階段状大空間　106
階避難　118
火炎の高さ　12
架構全体による耐火設計技術　87
火災　2
　──により生じる損害　2
　──の進行過程　6
　──の進展　49
　──の成長　13
火災安全性能　4
火災安全設計　2
火災安全対策　6
火災外力　126

火災覚知　18
火災荷重　16
火災感知器　23
火災継続時間　16
火災性状　15
火災成長率　119
火災耐力　126
火災フェイズ管理型防災システム　87
火災プルーム　14
火災リスクマネジメント　3
ガス有害性試験　129
加熱試験　128
可燃物の管理　20
簡易消火用具　40
感覚能力　25
換気支配型燃焼　16
換気用ダクト　38
貫通処理　38
監理　51
機械排煙　29
企画設計　50
基本設計　50
給気口　33
緊急救助用スペース　42
緊急用ヘリポート　59
緊急離着陸場　42
空中スロープ　67
空調・換気兼用排煙　32
区画貫通部　38
群集災害　112
群集の制御　113
群集密度　19
くん焼　8
警戒区域　24
警報設備　22
ケーブルラック　38
煙感知器　23
煙降下時間　121
煙制御　28
　　アトリウムの──　33
煙の害　18
煙の流れ　14
煙流動予測モデル　121
建築基準法　5,127
建築物のリニューアル　49
兼用排煙　32
コアの配置　54

■ サ 行

座標モデル(避難行動)　120
3層吹抜け廊下　105

CFT柱　47,83
市街地火災　126
視覚的害(煙の害)　18
直天井　62
シザーズ階段　66
地震対応玄関防火戸　75
システム天井　62
自然排煙　29
自然排煙窓　70
実施設計　51
自動火災報知設備　24
自動(初期)消火設備　40
視認性　19
事務所ビル　80
シャッター　38
集会施設　98
住宅火災　88
住宅用火災警報器　24
重量減少計測　12
出火原因　10,20
出火率　10
準耐火構造　45
準不燃材料　21
準防火構造　44
上階延焼　60,76
消火器具　40
消火剤　40
消火栓　41
消火栓ボックス　70
消火の原理　9
定規縁　37
乗降ロビー兼用付室　65
常時開放防火戸　74
仕様設計　5
消防活動拠点　43
消防隊進入口　67
消防隊専用栓　41
消防法　5
消防用水　41
初期火源　11
初期消火設備　40
人工地盤　53
心理的害(煙の害)　18
水平避難区画　108
水平炉　130
スクリーンシャッター　39
スパンドレル　17,37
　　──の計画　61
スプリンクラー設備　40
スラット　38
性能基準　5
性能設計　5

生理的害(煙の害)　18
全館避難　118
前面空地　53
層間区画　37,60
早期発見・伝達　22
ゾーンモデル　121

■　タ　行

耐火クロススクリーン　125
耐火スクリーン区画　86
耐火性能　15
耐火設計　126
耐火塗料　47
耐火間仕切壁　73
大規模多目的ドーム　114
退場時間　112
代替進入口　42
対流　8
竪穴区画　35,37
　　　エスカレーターまわりの──　36
　　　エレベーターまわりの──　35
　　　2層吹抜けの──　84
　　　吹抜けまわりの──　36
建物火災　10
WHO憲章　2
段階避難　76
断面構成　58
蓄煙　28
蓄煙効果　63,99
着火　9
着火(発火)温度　9
着火物　10
中間避難階　58
柱炉　130
超高層ビル　76
　　　──からの脱出手段　76
　　　──のコア計画　78
重複距離　54
鉄骨造　45
テナント管理　49
展示施設　100
天井ジェット　14
天井高　83
伝導　8
戸当たり　37
当該区画の火災　126
倒壊防止　44
特別避難階段付室　64
土蔵造り　44
ドレンチャー水幕型防火区画　87,125

■　ナ　行

内装材　21
難燃材料　21
逃げ遅れ対策　89
二重らせん階段　66
2方向避難　54
熱感知器　23
熱特性　9
ネットワークモデル(避難行動)　120
熱の移動　8
燃焼　8
　　家具の──　12
　　耐火建築物内の──　16
燃焼しやすさ　9
燃焼速度　16
燃焼熱　11
燃料支配型燃焼　16

■　ハ　行

排煙　33
　　設備大空間の──　71
配管設備　131
発炎　131
パッシブ対策　7
発熱性試験　128
発熱速度　11
バルコニー　17,68
バルコニー避難　96
被害拡大の原因　4
非常放送　24
非常用エレベーター　42,64
　　──の乗降ロビー　42
非常用進入口　42,67
避難安全性評価　118
避難階　27,52
避難開始時間　18,22
避難階段　26
避難計画　26,50
　　大型店舗の──　96
　　敷地内の──　52
避難計算　19,122
避難経路　54
避難限界時間　118
避難行動　19
避難(所要)時間　113,118,120
避難タラップ　69
避難出口　27
避難動線　98
避難バルコニー　69,109
避難路　26

標準加熱曲線　130
ファサード　60,82
フィールドモデル　121
フェイルセイフ　7
不活性ガス消火設備　40
吹抜け空間　36
付室　31,64
不燃材料　21
不燃性試験　128
フラッシュ　131
フラッシュオーバー　6,13
フールプルーフ　7
噴出火炎　17
ボイド空間　89
防煙区画　29
防炎製品　21
防煙垂れ壁　29,63
防炎物品　21
防火区画　34,37
防火構造　44
防火材料　128
防火シャッター　38
防火設備　131
防火ダンパー　38
防火戸　37
防火防煙シャッター　38
防災監視体制　111
防災機器　22
防災計画　50
　　大規模スタジアムの──　112
　　病院の──　108
防災計画書　48
防災情報設備　25
防災設備　22
　　天井面の──　62
防災設備防火戸　74
防災センター　43
放射　8
放射受熱強度　125
放射熱　18
放送設備　24
防耐火構造　130
歩行速度　14,19
ホスピタルストリート　110

■　マ　行

間仕切壁　72
見透し距離　18
無炎燃焼　8
無耐火被覆　103
メッシュモデル(避難行動)　120
面積区画　34,37

燃え代設計　45
木材換算重量　16
木質耐火構造　47
木製防火戸　75
木造建物の火災　10
模型箱試験　129
モール吹抜け　97

■ ヤ 行

屋根の飛び火性能　131
有炎燃焼　8
誘導灯　74
有毒ガス　18
要求耐火時間　44

■ ラ 行

ライフサイクルリスク　3
ランニングコスト　3
リスクコミュニケーション　2,15
流動グラフ(避難行動)　122
流動係数　19
隣接区画の火災　126
隣棟火災　126
隣棟連絡ブリッジ　59
類焼防止対策　44
連結送水管　41
ろう城　76
ろう城区画　109

■ 事例索引

赤坂溜池タワー　90
アクア・トトぎふ　102
芦屋浜高層集合住宅　76
アズワン株式会社本社ビル　84
熱川大和館　48
飯田橋ガーデンエアタワー　79
泉ガーデンタワー　61
イトーヨーカドー大宮店　63
稲毛海浜ニュータウン地区センター商業施設　56
梅田DTタワー　79
エルザタワー　89
オーウェル東京ビル　70
大賀ホール　99
大阪国際ビルディング　78
大阪全日空ホテル・シェラトン　57
大阪大学基礎工学部　104
ONWARD樫山名古屋支店ビル　60

霞が関ビル　78

金井ビル　48
キヤノン本社棟　54
京橋清水ビル　81
銀座セブンビル　67
九段第3合同庁舎・千代田区役所本庁舎　32
くろしおアリーナ　116
慶應義塾大学日吉新研究室棟　107
ケルン市オペラハウス　98
コウヅキキャピタルウェスト　82
コズミクスⅡ　85

済生会八幡病院　109
札幌シャンテ　95
札幌ドーム　71,114
30 St. Mary Axe　78
サンケイビル　54
サントリーホール　63
三和東京ビル　79
JRセントラルタワーズ　53
汐留シティセンター　78
汐留タワー　86
汐留メディアタワー　79
清水建設技術研究所本館　87
白木屋　92
新国技館　53
心斎橋そごう　96
新宿NSビル　79
新宿オークタワー　79
新宿歌舞伎町明星56ビル　11,51
新宿住友ビル　79
新宿センタービル　69,76
新宿三井ビル　78
水道機工本社ビル　60
スカイシティ南砂　88
住友生命岡山ビル　78
住友不動産新宿中央公園ビル　60
西武高槻ショッピングセンター　92
西武百貨店池袋　92
世界貿易センタービル　78
千日デパート　59,92

代官山アドレス　57
ダイヤモンドシティ・アルル　97
大洋デパート　48,92
館山市いとう屋　48
地中美術館　101
中部国際空港　70
帝国劇場　98
電通本社ビル　79

東京オペラシティ　78
東京生命芝ビル　56
東京大学医学部付属病院　110
東京都庁舎　79
東京都美術館　100
東京都立芦花高等学校　105
トヨタ車体　開発センター　61
トヨタ東京ビル　64
ドンキホーテ浦和花月店　92

長居陸上競技場　112
長崎屋尼崎店　92,93
名古屋大学医部・附属病院　111
日建設計東京ビル　62
日本アイ・ビー・エム本社ビル　79
日本テレビタワー　54,79

パークシティ杉並　89
白寿本社ビル　83
はこだて未来大学　106
阪急河原町店　68
パンジョ　67
ファーストインターステートビル　77
福岡ドーム　113,121
プラダブティック青山店　94
プルデンシャルタワー　79,89
ポーラ箱根美術館　103

マブチモーター本社　61
丸の内トラストタワーN館　79
丸の内ビル　79
三井物産本社ビル　78
元麻布ヒルズフォレストタワー　91

やすらぎの里さくら館　25
有楽町センタービル　66,76
有楽町マリオン　32
ユナイテッドシネマとしまえん　98
横浜ランドマークタワー　78

六本木ヒルズ森タワー　78

図解　火災安全と建築設計		定価はカバーに表示

2009 年 3 月 25 日　初版第 1 刷

編　集　日 本 建 築 学 会

発行者　朝　倉　邦　造

発行所　株式会社　朝 倉 書 店

東京都新宿区新小川町6-29
郵便番号　162-8707
電　話　03(3260)0141
FAX　03(3260)0180
http://www.asakura.co.jp

〈検印省略〉

© 2009 〈無断複写・転載を禁ず〉

真興社・渡辺製本

ISBN 978-4-254-26634-4　C 3052

Printed in Japan

前東大 長澤　泰・東大 神田　順・東大 大野秀敏・
東大 坂本雄三・東大 松村秀一・東大 藤井恵介編

建　築　大　百　科　事　典

26633-7 C3552　　　　B 5 判 720頁 本体28000円

「都市再生」を鍵に見開き形式で構成する新視点の総合事典。ユニークかつ魅力的なテーマを満載。〔内容〕安全・防災(日本の地震環境, 建築時の労働災害, シェルター他)／ストック再生(建築の寿命, 古い建物はどこまで強くなるのか？他)／各種施設(競技場は他に何に使えるか？, オペラ劇場の舞台裏他)／教育(豊かな保育空間をつくる, 21世紀のキャンパス計画他)／建築史(ルネサンスとマニエリスム, 京都御所他)／文化(場所の記憶—ゲニウス・ロキ, 能舞台, 路地の形式他)／他

京大 古阪秀三総編集

建築生産ハンドブック

26628-3 C3052　　　　B 5 判 724頁 本体32000円

建築の企画・設計やマネジメントの領域にまで踏み込んだ新しいハンドブック。設計と生産の相互関係や発注者側からの視点などを重視。コラム付。〔内容〕第1部：総説(建築市場／社会のしくみ／システムとプロセス他) 第2部：生産システム(契約・調達方式／参画者の仕事／施設別生産システム他) 第3部：プロジェクトマネジメント(PM・CM／業務／技術／契約法務他) 第4部：設計(プロセス／設計図書／エンジニアリング他) 第5部：施工(計画／管理／各種工事／特殊構工法他)

前文化庁 半澤重信著

文化財の防災計画
—有形文化財・博物館等資料の災害防止対策—

26622-1 C3052　　　　B 5 判 116頁 本体6500円

本書は有形の文化財すなわち美術品・民俗文化財およびそれらを収納・安置する建造物を盗難や毀損, 地震, 雷, 火災等の災害から守るための技術的な方法を具体的に記述している。〔内容〕防犯計画／防災計画／防震計画／防火計画／他

日本建築学会編

都市・建築の　感性デザイン工学

26635-1 C3052　　　　B 5 判 208頁 本体4200円

よりよい都市・建築を設計するには人間の感性を取り込むことが必要である。哲学者・脳科学者・作曲家の参加も得て, 感性の概念と都市・建築・社会・環境の各分野を横断的にとらえることで多くの有益な設計上のヒントを得ることができる。

日本建築学会編

人　間　環　境　学
—よりよい環境デザインへ—

26011-3 C3052　　　　B 5 判 148頁 本体3900円

建築, 住居, デザイン系学生を主対象とした新時代の好指針〔内容〕人間環境学とは／環境デザインにおける人間的要因／環境評価／感覚, 記憶／行動が作る空間／子供と高齢者／住まう環境／働く環境／学ぶ環境／癒される環境／都市の景観

前東大 高橋鷹志・前東大 長澤　泰・東大 西出和彦編
シリーズ〈人間と建築〉1

環　境　と　空　間

26851-5 C3352　　　　A 5 判 176頁 本体3800円

建築・街・地域という物理的構築環境をより人間的な視点から見直し, 建築・住居系学科のみならず環境学部系の学生も対象とした新趣向を提示。〔内容〕人間と環境／人体のまわりのエコロジー(身体と座, 空間知覚)／環境の知覚・認知・行動

前東大 高橋鷹志・前東大 長澤　泰・阪大 鈴木　毅編
シリーズ〈人間と建築〉2

環　境　と　行　動

26852-2 C3352　　　　A 5 判 176頁 本体3200円

行動面から住環境を理解する。〔内容〕行動から環境を捉える視点(鈴木毅)／行動から読む住居(王青・古賀紀江・大月敏雄)／行動から読む施設(柳澤要・山下哲郎)／行動から読む地域(狩野徹・橘弘志・渡辺治・市岡綾子)

前東大 高橋鷹志・前東大 長澤　泰・新潟大 西村伸也編
シリーズ〈人間と建築〉3

環 境 と デ ザ イ ン

26853-9 C3352　　　　A 5 判 192頁 本体3400円

〔内容〕人と環境に広がるデザイン(横山俊祐・岩佐明彦・西村伸也)／環境デザインを支える仕組み(山田哲弥・鞆田茂・西村伸也・田中康裕)／デザイン方法の中の環境行動(横山ゆりか・西村伸也・和田浩一)

柏原士郎・田中直人・吉村英祐・横田隆司・阪田弘一・木多彩子・飯田　匡・増田敬彦他著

建築デザインと環境計画

26629-0 C3052　　　　B 5 判 208頁 本体4800円

建築物をデザインするには安全・福祉・機能性・文化など環境との接点が課題となる。本書は大量の図・写真を示して読者に役立つ体系を提示。〔内容〕環境要素と建築のデザイン／省エネルギー／環境の管理／高齢者対策／環境工学の基礎

富永　譲・二瓶博厚・遠藤勝勧・坂田充弘・丸谷芳正著

建　築　製　図

26631-3 C3052　　　　B 5 判 168頁 本体3400円

建築を学ぶ学生のための設計製図テキスト。建築にかかわるさまざまな図面の描き方と, 設計のすべてを学ぶ。〔内容〕建築という仕事／製図の基本／スケール感覚／パースを描く／模型を考える／作品研究／作品のコピー／設計のプロセス

上記価格（税別）は2009年1月現在